全国会计从业资格无纸化考试辅导教材

根据财政部最新会计从业资格考试大纲编写

2016

财经法规
与会计职业道德

会计从业资格无纸化考试辅导教材组 编写

第五版

东北财经大学出版社
Dongbei University of Finance & Economics Press
大连

图书在版编目（CIP）数据

财经法规与会计职业道德 / 会计从业资格无纸化考试辅导教材组编写.
—5版. —大连：东北财经大学出版社，2016.8
（全国会计从业资格无纸化考试辅助教材）
ISBN 978-7-5654-2298-0

Ⅰ．财… Ⅱ．会… Ⅲ．①财政法−中国−资格考试−自学参考
资料 ②经济法−中国−资格考试−自学参考资料 ③会计人员−职业道德−
资格考试−自学参考资料 Ⅳ．①D922.2 ②F233

中国版本图书馆CIP数据核字（2016）第092984号

东北财经大学出版社出版
（大连市黑石礁尖山街217号　邮政编码　116025）
网　　址：http：//www.dufep.cn
读者信箱：dufep@dufe.edu.cn
大连图腾彩色印刷有限公司印刷　东北财经大学出版社发行
幅面尺寸：170mm×240mm　字数：394千字　印张：18.5　插页：1
2016年8月第5版　　　　　　　　2016年8月第31次印刷
责任编辑：田世忠　高　铭　　　　责任校对：惠恩乐
封面设计：张智波　　　　　　　　版式设计：钟福建

定价：32.00元

教学支持　售后服务　　联系电话：（0411）84710309
版权所有　侵权必究　　举报电话：（0411）84710523
如有印装质量问题，请联系营销部：（0411）84710711

第五版前言

会计从业资格考试是由国家财政部组织的全国性考试。根据《会计从业资格管理办法》（财政部令第73号）等有关规定，实行会计从业资格考试制度是我国会计职业准入制度的重要组成部分，参加会计从业资格考试且成绩合格是取得会计从业资格证书、从事会计工作的必备条件。2013年9月，财政部发布的《会计从业资格考试管理规定》（财会〔2013〕19号）对加强会计从业资格考试管理、规范会计从业资格考试行为的相关内容作出了相应规定。随着会计改革的不断深化，会计从业人员知识更新的需求不断提升，以及会计核算技术和会计管理手段的不断升级，2014年4月，财政部发布了会计从业资格考试大纲（财办会〔2014〕13号），并于2014年10月1日起施行。自2014年10月1日起，各地区统一使用财政部根据新版考试大纲组织建设的新版无纸化考试题库。

2014年发布的考试大纲以增加和修改为主，以删除为辅，知识结构更加合理，做到了与会计专业技术资格考试科目的有效衔接，层级明晰、结构科学、重点突出、难度适中。

为了配合全国各地会计从业资格考试工作的开展，我们组织了有关专家、教授，严格按照2014年新考试大纲，并根据2012年12月发布的《会计从业资格管理办法》和2012年至2016年发布的关于"营改增"的系列新法规和新政策对会计从业资格考试辅导教材进行了比较全面、认真的修订。

本次修订主要有以下特色：

（1）增加了真题演练的数量，使考生能够更全面地结合真题理解考点。

（2）丰富了解析的内容，便于考生巩固知识点，加深理解，熟悉解题思路。

（3）模拟试题增加了答案速查表，能够快速找到答案。

（4）配套光盘中的"同步练习"完全覆盖考点，考点命中率达到100%，并作出了深入的解析，便于考生有针对性地复习薄弱环节。

（5）配套光盘中的"模拟考场"完全模拟财政部无纸化考试系统，便于考生熟悉真实考试环境，并能够自动评分，便于考生随时调整复习计划备战从业资格考试。

本次修订工作得到了省财政厅、东北财经大学会计学院和出版社各位领导及老师的一致支持，在此表示衷心感谢！

我们力争使本次修订能及时、准确地反映考试大纲有关的最新变化，但限于时间和经验，书中仍有不当之处，敬请广大读者积极反馈使用意见和建议！

编　者

2016年6月

目　录

第一章
会计法律制度

考纲知识体系

考情分析

本章主要涉及的考点有会计法律制度的构成、会计工作管理体制、会计档案管理、内部控制制度、会计机构的设置、会计核算的要求、会计工作交接的要求、会计违法行为的法律责任等。

主要题型有单项选择题、多项选择题、判断题和案例分析题。

学习的重点是会计核算的要求、会计工作交接的要求、会计违法行为的法律责任。

第一节 会计法律制度的概念与构成

一、会计法律制度的概念

会计法律制度是指国家权力机关和行政机关制定的，用以调整会计关系的各种法律、法规、规章和规范性文件的总称。

会计关系是指会计机构和会计人员在办理会计事务过程中以及国家在管理会计工作过程中发生的各种经济关系。

二、会计法律制度的构成

目前，我国会计法律制度体系主要包括会计法律、会计行政法规、会计部门规章和地方性会计法规。

（一）会计法律

会计法律，是指由全国人民代表大会及其常务委员会经过一定立法程序制定的有关会计工作的法律。我国目前有两部会计法律，分别是《中华人民共和国会计法》（以下简称《会计法》）和《中华人民共和国注册会计师法》（以下简称《注册会计师法》）。1999年10月31日，第九届全国人民代表大会常务委员会第十二次会议修订通过，自2000年7月1日起施行的《会计法》是会计法律制度中层次最高的法律规范，是制定其他会计法规的依据，也是指导会计工作的最高准则。

1.《会计法》

（1）《会计法》的立法宗旨

《会计法》的立法宗旨是规范会计行为，保证会计资料真实、完整，加强经济管理和财务管理，提高经济效益，维护社会主义市场经济秩序。

其中，会计行为是指以会计核算和会计监督为主要内容的会计管理活动。会计资料是指记录和反映单位实际发生的经济业务活动的专业性资料，包括会计凭证、会计账簿、财务会计报告和其他书面会计资料。会计资料应符合的质量要求是真实性和完整性。会计资料的真实性是指会计资料要真实地反映经济业务事项的实际发生情况，不能人为地扭曲、掩盖，以使会计资料使用者通过会计资料了解实际财务状况和经营成果。会计资料的完整性是指提供的会计资料要符合规定的要求，所有附件要齐全，相关手续要齐备，以使会计资料使用者全面地了解整体情况。

（2）《会计法》的适用范围

《会计法》的适用范围包括以下内容：

①《会计法》对人的效力范围是指：办理会计事务的单位和个人，包括国家机关、社会团体、公司、企业、事业单位和其他组织；主管机关和其他机关，包括各级财政部门以及审计、税务、中国人民银行、证券监管、保险监管等部门。

②《会计法》对地域的适用范围应理解为除中国香港、澳门、台湾地区之外的中华人民共和国领域。香港、澳门、台湾地区的会计事务不受《会计法》约束。在中华人民共和国境外的中国投资企业应当执行所在国的法律，不受中国《会计法》的约束。但是，这些企业在向国内提供财务会计报告和其他会计资料时，应当按照国内法律和投资主体的要求进行。我国驻外使馆，由于不受外国管辖又不与所在国直接发生经济业务事项，故只执行国内会计法律，不执行所在国的会计法律。

③《会计法》在时间上的效力范围。1999年10月31日修订的《会计法》，自2000年7月1日起发生法律效力，对2000年7月1日以前发生的会计行为，没有追溯力。

2.《注册会计师法》

《注册会计师法》于1993年10月31日第八届全国人民代表大会常务委员会第四次会议通过，1993年10月31日中华人民共和国主席令第十三号公布，自1994年1月1日起施行。

（1）《注册会计师法》的立法宗旨

《注册会计师法》的立法宗旨是为了发挥注册会计师在社会经济活动中的鉴证和服务作用，加强对注册会计师的管理，维护社会公共利益和投资者的合法权益，促进社会主义市场经济的健康发展。

（2）《注册会计师法》的适用范围

《注册会计师法》的适用范围包括以下内容：

①《注册会计师法》的适用对象是注册会计师、会计师事务所及注册会计师协会。注册会计师是指依法取得注册会计师证书并接受委托从事审计和会计咨询、会计服务业务的执业人员。注册会计师执行业务应当加入会计师事务所，可依法承办会计咨询、会计服务业务；会计师事务所是依法设立并承办注册会计师业务的机构。会计师事务所可以由注册会计师合伙设立，合伙人对会计师事务所的债务承担连带责任；注册会计师协会是由注册会计师组成的社会团体。注册会计师应当加入注册会计师协会。中国注册会计师协会依法拟订注册会计师执业准则、规则，报国务院财政部门批准后施行。

②《注册会计师法》对地域的适用范围。根据《注册会计师法》第二十九条规定："会计师事务所受理业务，不受行政区域、行业的限制；但是，法律、行政法规另有规定的除外。"此外，根据《注册会计师法》第四十四条规定："外国人申请参加中国注册会计师全国统一考试和注册，按照互惠原则办理。外国会计师事务所在中国境内设立常驻代表机构，须报国务院财政部门批准。外国会计师事务所与中国的会计师事务所共同举办中外合作会计师事务所，须经国务院对外经济贸易主管部门或者国务院授权的部门和省级人民政府审查同意后报国务院财政部门批准。除前款规定的情形外，外国会计师事务所需要在中国境内临时办理有关业务的，须经有关的省、自治区、直辖市人民政府财政部门批准。"

③《注册会计师法》在时间上的效力范围。《注册会计师法》自1994年1月1日起施行。1986年7月3日，国务院颁布的《中华人民共和国注册会计师条例》同时废止。

（二）会计行政法规

会计行政法规是指由国务院制定并发布，或者国务院有关部门拟订并经国务院批准发布，调整经济生活中某些方面会计关系的法律规范，如国务院颁布的《企业财务会计报告条例》《总会计师条例》等。

《企业财务会计报告条例》是国务院于2000年6月21日颁布的，自2001年1月1日起实施。它是对《会计法》中有关财务会计报告的规定的细化。它主要规定了企业财务会计报告的构成、编制和对外提供的要求、法律责任等。该条例要求企业负责人对本企业的财务会计报告的真实性和完整性负责；强调任何组织或者个人不得授意、指使、强令企业编制和对外提供虚假的或者隐瞒重要事实的财务会计报告；规定有关部门或机构必须依据法律法规，索要企业财务会计报告。该条例还对违法违规行为应承担的法律责任作了明确规定。

《总会计师条例》是对《会计法》中有关规定的细化和补充，共分五章二十三条，是国务院于1990年12月31日颁布的，它主要规定了单位总会计师的职责、权限、任免、奖惩等。

（三）会计部门规章

会计部门规章是指国家主管会计工作的行政部门即财政部以及其他相关部委根据法律和国务院的行政法规、决定、命令，在本部门的权限范围内制定的、调整会计工作中某些方面内容的国家统一的会计准则制度和规范性文件，包括国家统一的会计会计核算制度、会计监督制度、会计机构和会计人员管理制度及会计工作管理制度等。

会计部门规章是根据《中华人民共和国立法法》规定的程序，由财政部制定，并由部门首长签署命令予以公布的制度办法，如以财政部第26号部长令签发的《会计从业资格管理办法》和以财政部第33号部长令签发的《企业会计准则——基本准则》。财政部为了规范财政部门会计监督工作、保障财政部门有效实施会计监督，保护公民、法人和其他组织的合法权益，于2001年2月20日发布并开始实施《财政部门实施会计监督办法》。它适用于国务院财政部门及其派出机构和县级以上地方各级人民政府财政部门，对国家机关、社会团体、公司、企业、事业单位和其他组织执行《会计法》和国家统一的会计制度的行为实施监督检查以及对违法会计行为实施行政处罚。

（四）地方性会计法规

地方性会计法规是指由省、自治区、直辖市人民代表大会或常务委员会在同宪法、会计法律、行政法规和国家统一的会计准则制度不相抵触的前提下，根据本地区情况制定发布的关于会计核算、会计监督、会计机构和会计人员以及会计工作管理的规范性文件。

【真题演练】（　　）是我国会计工作的根本性法律，也是制定其他会计法规的依据。（2013年，单项选择题）

A.会计部门规章　　　　　　B.《会计法》

C.会计行政法规　　　　　　D.会计规范性文件

【答案】B

【解析】《会计法》是会计法律制度中层次最高的法律规范，是制定其他会计法规的依据，也是指导会计工作的最高准则。

第二节　会计工作管理体制

会计工作管理体制是指会计工作的管理制度和管理方法，具体包括会计工作管理组织形式、管理权限划分、管理机构设置等内容。

我国会计工作管理体制主要包括以下三方面内容：一是明确会计工作的行政管理；二是明确会计工作的自律管理；三是明确单位内部的会计工作管理。

一、会计工作的行政管理

（一）会计工作行政管理体制

国务院财政部门主管全国的会计工作。县级以上地方各级人民政府财政部门管理本行政区域内的会计工作。管理体制上实行"统一领导，分级管理"的原则。

（二）会计工作行政管理的内容

财政部门履行的会计行政管理职能主要有：

1.制定国家统一的会计准则制度

国家统一的会计制度由国务院财政部门根据《会计法》制定并公布。国务院有关部门对会计核算和会计监督有特殊要求的行业，依照《会计法》和国家统一的会计制度制定具体办法或者补充规定，报国务院财政部门审核批准。中国人民解放军总后勤部可以依照《会计法》和国家统一的会计制度制定军队实施国家统一的会计制度的具体办法，报国务院财政部门备案。其中，会计制度是指政府管理部门对处理会计事务所作出的规章、准则、办法等规范性文件的总称，包括对会计工作、会计核算、会计监督、会计人员、会计档案等方面的规范性文件。由于我国实行社会主义市场经济，国家对经济工作需要进行必要的宏观调控，实行统一的会计制度也是国家对经济工作进行统一管理的措施之一。我国现行国家统一的会计制度主要包括以下四项内容：第一，会计核算；第二，会计监督制度；第三，会计机构和会计人员管理制度；第四，会计工作管理制度。对于会计制度的制定权限，《会计法》分了三个层次做了清晰、具体的规定：

（1）国务院财政部门制定国家统一的会计制度

国家统一的会计制度是指国务院财政部门根据《会计法》制定的关于会计核算、会计监督、会计机构和会计人员以及会计工作管理的制度。为保证会计制度的统一性，也便于《会计法》的实施，在全国范围内实施的或者内容上必须统一规范的会计制度，由国务院财政部制定，在会计制度制定权限上坚持必要的统一。

（2）国务院其他部门制定各行业特殊要求的补充规定

各行业对会计核算和会计监督有特殊要求的内容，并且一个行业的特殊要求是其他行业所没有的。在国家统一的会计制度中只有原则规定而没有具体规定的，根据《会计法》的有关规定，由国务院行业主管部门制定实施国家统一的会计制度的补充规定，并报国务院财政部门审核批准。

（3）中国人民解放军总后勤部规定军队实施的具体办法

由于部队与地方相比在会计工作的管理等诸方面有一定的特殊性，所以法律对其会计制度的制定权做了单独的规定。

2.会计市场管理

除了统一的会计制度之外，财政部门针对公司、企业会计的特点，对市场中的公司、企业会计核算作出特别的规定。要求公司、企业进行会计核算，除了应当遵守国家统一的会计制度之外，还应该遵守财政部门对公司、企业的特别规定。公司、企业必须根据实际发生的经济业务事项，按照国家统一的会计制度的规定确认、计量和报告资产、负债、所有者权益、收入、费用、成本和利润；不得随意改变资产、负债、所有者权益的确认标准或者计量方法，虚列、多列、不列或者少列资产、负债、所有者权益；不得虚列或隐瞒收入、推迟或提前确认收入；不得随意改变费用、成本的确认标准或计量方法，虚列、多列或者少列费用、成本；不得随意调整利润的计算、分配方法，编造虚假利润或者隐瞒利润；不得违反国家统一的会计制度规定。

3.会计专业人才评价

会计工作是一项专业性和政策性都很强的技术工作。为保证会计工作、会计资料的真实性、合法性和完整性，我国的会计法规还对具体办理会计事务的会计人员的从业资格、职业道德、专业能力等方面做了明确的规定，具体包括以下方面：

（1）会计人员的从业资格

为了保证会计核算与会计监督的质量，使会计人员能够胜任各会计岗位，《会计法》第三十八条规定，从事会计工作的人员，必须取得会计从业资格证书。担任单位会计机构负责人（会计主管人员）的，除取得会计从业资格证书外，还应当具备会计师以上专业技术职务资格或从事会计工作3年以上经历。会计人员从业资格管理办法由国务院财政部门规定。在国家机关、社会团体、企业、事业单位和其他组织从事会计工作的人员，必须取得会计从业资格，持有会计从业资格证书。不具备会计从业资格的人员，不得参加会计专业技术资格考试或者评审、会计专业职务的聘任，不得申请取得会计人员荣誉证书。各单位不得使用不具备会计从业资格的人员从事会计工作。

（2）会计人员的管理

财政部门负责会计从业资格管理、会计专业技术职务资格管理、会计人员评优表彰奖惩以及会计人员继续教育等。

会计从业资格管理实行属地原则。县级以上财政部门（含县级）负责本行政区域内的会计从业资格管理。新疆生产建设兵团负责所属农场、连队等单位的会计从业资格管理。中央在京单位的会计从业资格管理，由中共中央直属机关事务管理局国务院机关事务管理局按照各自权限分别负责。中国人民解放军、中国人民武装警察部队、铁道部系统的从业资格管理，由中国人民解放军总后勤部、中国人民武装警察部队后勤部和铁道部分别负责。

4.会计监督检查

根据《会计法》第三十二条第一款规定，财政部门应履行以下监督职责：

（1）对会计账簿设置的监督职责

根据《会计法》总则的规定，各单位必须依法设置会计账簿。其中，"依法"应从广义上来理解，主要包括三个方面：一是法律；二是法规；三是行政规章。财政部门应对此进行监督，以保证只要法律、法规和行政规章有具体的规定，单位就必须依法设置会计账簿。

（2）对会计资料真实、完整的监督职责

根据《会计法》有关规定，各单位必须做到：保证会计账簿真实、完整；根据实际发生的经济业务事项进行会计核算，填制会计凭证，登记会计账簿，编制财务会计报告，不得以虚假的经济业务事项或资料进行会计核算；会计凭证、会计账簿、财务会计报告和其他会计资料应该符合国家统一的会计制度规定；不得伪造、变造会计凭证、会计账簿及其他会计资料，不得提供虚假的财务会计报告，财政部门负责对以上情况进行监督、检查。财政部门在实施监督检查过程中，如若发现重大违法嫌疑，财政部门及其派出机构有权向相关单位和机构进行审核、查询，相关单位和金融机构应提供方便，不得拒绝。

（3）对会计核算的监督职责

财政部门有权监督各单位对法定的经济业务事项进行会计核算，遵守会计年度，遵守记账单位，遵守会计登记制度，遵守法定文字记录，妥善保管会计资料，公司、企业遵守会计核算的特别规定。

（4）对会计人员从业资格的监督职责

财政部门有责任制定会计人员从业资格管理办法，并对各单位进行监督检查，保证从事会计工作人员必须取得会计从业资格。担任单位会计机构负责人的，除取得会计从业资格证书外，还应当具备会计师以上专业技术职务资格或从事会计工作三年以上经历。

此外，《会计法》第三十三条第一款规定："财政、审计、税务、人民银行、证券监管、保险监管等部门应当依照有关法律、行政法规规定的职责，对有关单位的会计资料实施监督检查。"这一规定体现了财政部门与其他政府管理部门在管理会计事务中的相互协作、配合的关系。

二、会计工作的自律管理

（一）中国注册会计师协会

注册会计师协会是由注册会计师组成的社会团体。中国注册会计师协会（The Chinese Institute of Certified Public Accountants，CICPA）是由1988年成立并接受财政部监督指导的中国注册会计师协会和1992年成立并接受审计署监督指导的中国注册审计师协会于1996年6月19日联合组成的注册会计师全国组织。联合后的中国注册会计师协会依法对全国社会审计行业实行管理。根据《注册会计师法》规定，中国注册会计师协会是中国注册会计师行业的全国组织，接受财政部、民政部的监督、指导。省、自治区、直辖市注册会计师协会是注册会计师行业的地方组织。

中国注册会计师协会的宗旨是服务、监督、管理、协调，即以诚信建设为主线，服务本会会员，监督会员执业质量、职业道德，依法实施注册会计师行业管理，协调行业内、外部关系，维护社会公众利益和会员合法权益，促进行业健康发展。

中国注册会计师协会作为行业协会，依法对社会审计行业进行自律管理。其主要职责是：拟订职业准则；制定规范指南和质量检查办法；监督和检查注册会计师和会计师事务所的业务质量；制订后续教育规范和计划，并组织实施；制定同业公平竞争的管理办法；协调会计师事务所之间的业务关系。另外，注册会计师协会还根据财政部门的授权和委托，承担一部分行政管理职能。

（二）中国会计学会

中国会计学会（Accounting Society of China，ASC）创建于1980年，是财政部所属由全国会计领域各类专业组织，以及会计理论界、实务界会计工作者自愿结成的学术性、专业性、非营利性社会组织。目前，中国会计学会已成为联系政府机构、工商界和学术界的桥梁和纽带，是会计精英就财务会计改革与实践进行交流的高层次平台。

学会下设有20个分会、12个专业委员会，主办有《会计研究》会刊，以及《会计最新动态》、《会计研究动态》电子期刊。通过信息化和面授方式，为会员提供专业的培训和咨询；通过政产学研相结合的活动体系，为会员提供知识碰撞、经验交流、人脉拓展的平台。作为一个非营利、全国性的会计专业组织，中国会计学会将继续立足中国会计改革与发展的实际，推动全国会计理论与实务界的交流与合作，同时又面向世界，增强中国与世界会计领域的对话与联系。

（三）中国总会计师协会

中国总会计师协会是经财政部审核同意、民政部正式批准，依法登记成立的跨地区、跨部门、跨行业、跨所有制的非营利性国家一级社团组织，是总会计师行业的全国性自律组织。

三、单位内部的会计工作管理

单位内部的会计工作管理主要包括：（1）单位负责人的职责；（2）会计机构的设置；（3）会计人员的选拔任用；（4）会计人员回避制度。

单位负责人负责单位内部的会计工作管理，应当保证会计机构、会计人员依法履行职责，不得授意、指使、强令会计机构和会计人员违法办理会计事项，对本单位的会计工作和会计资料的真实性、完整性负责。单位负责人是指单位法定代表人或者法律、行政法规规定代表单位行使职权的主要负责人。

（一）单位负责人要组织、管理好本单位的会计工作

《会计法》第四条规定，单位负责人对本单位的会计工作和会计资料的真实性、完整性负责。单位负责人中的"单位"，是指国家机关、社会团体、公司、企业、事业单位和其他组织，其中有些是法人，如公司、机关法人、事业法人等，有些是非法人，如合伙企业、个人独资企业等。如果单位是法人，则单位负责人为该单位的法定代表人。如果单位是非法人，则单位负责人是法律、行政法规规定代表单位行使职权的主要负责人。单位负责人对会计工作负责的具体内容包括以下三个方面：依法设置会计机构和会计人员；依法从事会计行为；单位负责人应当承担违法责任。

（二）会计人员的选拔任用由所在单位具体负责

根据《会计法》第三十六条规定："各单位应当根据会计业务的需要，设置会计机构，或者在有关机构中设置会计人员并指定会计主管人员；不具备设置条件的，应当委托经批准设立从事会计代理记账业务的中介机构代理记账。国有的和国有资产占控股地位或者主导地位的大、中型企业必须设置总会计师。总会计师的任职资格、任免程序、职责权限由国务院规定。"各单位可依据会计业务的需要决定是否设置单独的会计机构。不设置单独会计机构的单位，一般应当在本单位有关机构中设置专职的会计人员，并指定会计主管人员。设置了会计机构的单位，在会计机构中应当配备数量和素质与其工作相适应的会计人员，而不具备设置会计机构与会计人员条件的单位，其会计业务应当委托经批准设立的从事代理记账业务的中介机构进行；总会计师，是在单位主要领导人领导下，主管本单位的会计机构进行会计核算、会计监督工作的负责人。总会计师制度有利于我国企业加强财务管理、成本管理，充分发挥会计核算、会计监督职能，促进我国企业不断提高经济效益。

【真题演练】（　　　）应当负责本单位内部的会计管理工作。（2012年，单项选择题）

A.单位负责人　　　　　　　　B.会计机构负责人

C.总会计师　　　　　　　　　D.会计主管人员

【答案】A

【解析】我国《会计法》规定，单位负责人负责单位内部的会计工作管理，应当保证会计机构、会计人员依法履行职责，不得授意、指使、强令会计机构和会计人员违法办理会计事项，并对本单位的会计工作和会计资料的真实性、完整性负责。

第三节　会计核算

　　会计核算是以货币为计量单位，用专门的会计方法，对生产经营活动或者预算执行过程及其结果进行连续、系统、全面的记录，计算分析，定期编制并提供财务会计报告和其他一系列内部管理所需的会计资料。会计核算是为经营决策和宏观经济管理提供依据的一项会计活动。

　　我国会计法律制度对会计核算的原则、会计资料基本要求以及会计年度、记账本位币、填制会计凭证、登记会计账簿、编制财务会计报告、财产清查、会计档案管理等作出了统一规定。

一、总体要求

（一）会计核算依据

　　《会计法》第九条规定，各单位必须根据实际发生的经济业务事项进行会计核算，填制会计凭证，登记会计账簿，编制财务会计报告。任何单位不得以虚假的经济业务事项或者资料进行会计核算。《企业会计制度》第一章第十一条规定，企业在会计核算时，应当遵循以下基本原则：

　　（1）会计核算应当以实际发生的交易或事项为依据，如实反映企业的财务状况、经营成果和现金流量。

　　（2）企业应当按照交易或事项的经济实质进行会计核算，而不应当仅仅以它们的法律形式作为会计核算的依据。

　　（3）企业提供的会计信息应当能够反映企业的财务状况、经营成果和现金流量，以满足会计信息使用者的需要。

　　（4）企业的会计核算方法前后各期应当保持一致，不得随意变更。如有必要变更，应当将变更的内容和理由、变更的累积影响数，以及累积影响数不能合理确定的理由等，在会计报表附注中予以说明。

（5）企业的会计核算应当按照规定的会计处理方法进行，会计指标应当口径一致、相互可比。

（6）企业的会计核算应当及时进行，不得提前或延后。

（7）企业的会计核算和编制的财务会计报告应当清晰明了，便于理解和利用。

（8）企业的会计核算应当以权责发生制为基础。凡是当期已经实现的收入和已经发生或应当负担的费用，不论款项是否收付，都应当作为当期的收入和费用；凡是不属于当期的收入和费用，即使款项已在当期收付，也不应当作为当期的收入和费用。

（9）企业在进行会计核算时，收入与其成本、费用应当相互配比，同一会计期间内的各项收入和与其相关的成本、费用，应当在该会计期间内确认。

（10）企业的各项财产在取得时应当按照实际成本计量。其后，各项财产如果发生减值，应当按照本制度规定计提相应的减值准备。除法律、行政法规和国家统一的会计制度另有规定者外，企业一律不得自行调整其账面价值。

（11）企业的会计核算应当合理划分收益性支出与资本性支出的界限。凡支出的效益仅及于本年度（或一个营业周期）的，应当作为收益性支出；凡支出的效益及于几个会计年度（或几个营业周期）的，应当作为资本性支出。

（12）企业在进行会计核算时，应当遵循谨慎性原则的要求，不得多计资产或收益、少计负债或费用，且不得计提秘密准备。

（13）企业的会计核算应当遵循重要性原则的要求，在会计核算过程中对交易或事项应当区别其重要程度，采用不同的核算方式。对资产、负债、损益等有较大影响，并进而影响财务会计报告使用者据以作出合理判断的重要会计事项，必须按照规定的会计方法和程序进行处理，并在财务会计报告中予以充分、准确地披露；对于次要的会计事项，在不影响会计信息真实性和不至于误导财务会计报告使用者作出正确判断的前提下，可适当简化处理。

（二）对会计资料的基本要求

会计资料，主要是指会计凭证、会计账簿、财务会计报告等会计核算专业资料。它是会计核算的重要成果，是投资者作出投资决策、经营者进行经营管理、国家进行宏观调控的重要依据。《会计法》第十三条规定："会计凭证、会计账簿、财务会计报告和其他会计资料，必须符合国家统一的会计制度的规定。使用电子计算机进行会计核算的，其软件及其生成的会计凭证、会计账簿、财务会计报告和其他会计资料，也必须符合国家统一的会计制度的规定。任何单位和个人不得伪造、变造会计凭证、会计账簿及其他会计资料，不得提供虚假的财务会计报告。"

通过本条法律规定我们可以看出，对会计资料的基本要求如下：

1.会计资料的生成和提供必须符合国家统一的会计准则制度的规定

会计核算的一切手续、程序、方法，凡是国家统一的会计制度做了规定的，都要遵照制度规定办理，以保证会计资料的真实、完整和准确。会计资料应符合的质量要求是真实性和完整性。真实性是指会计资料要真实地反映经济业务事项的实际发生情况，不能人为地扭曲、掩盖，以使会计资料使用者通过会计资料了解实际财务状况和经营成果。完整性是指提供的会计资料要符合规定的要求，所有附件要齐全，相关手续要齐备，以使会计资料使用者全面地了解整体情况。

2.提供虚假的会计资料是违法行为

《会计法》第十三条第三款规定："任何单位和个人不得伪造、变造会计凭证、会计账簿及其他会计资料，不得提供虚假的财务会计报告。"

二、会计凭证

会计凭证是指记录经济业务发生或者完成情况的书面证明，是登记账簿的依据。会计凭证是会计资料的重要组成部分，是形成其他会计资料的重要来源。根据《会计法》第十四条第一款的规定，会计凭证包括原始凭证和记账凭证。

1.原始凭证的取得、填制和审核

原始凭证是在经济业务事项发生时由经办人员直接取得或者填制，用以表明某项经济业务事项已经发生或其完成情况，明确有关经济责任的一种原始凭据。《会计法》第十四条第二款规定："办理本法第十条所列的经济业务事项，必须填制或者取得原始凭证并及时送交会计机构。"由于经济业务是多种多样的，因此，原始凭证的内容及格式取决于它所反映的经济业务的内容。《会计基础工作规范》对原始凭证的种类做了规定。

原始凭证是会计核算的起点和基础，是记账的原始依据。原始凭证的填制必须符合记录真实，内容完整，手续完备，书写清楚、规范，连续编号，不得涂改、刮擦、挖补，填制及时等基本要求。如果原始凭证填制错误或者原始凭证被伪造，就会破坏经济业务的本来面貌。为此，《会计基础工作规范》对原始凭证的取得、填制的基本要求做了详细的规定。

原始凭证的内容必须具备以下内容：凭证的名称；填制凭证的日期；填制凭证单位名称或者填制人姓名；经办人员的签名或者盖章；接受凭证单位名称；经济业务内容；数量、单价和金额。从外单位取得的原始凭证，必须盖有填制单位的公章；从个人取得的原始凭证，必须有填制人员的签名或者盖章。自制原始凭证必须有经办单位领导人或者其指定的人员的签名或者盖章。对外开出的原始凭证，必须加盖本单位公章。凡填有大写和小写金额的原始凭证，大写与小写金额必须相符。购买实物的原始凭证，必须有验收证明。支付款项的原始凭证，必须有收款单位和收款人的收款证明。一式几联的发票和收据，必须用双面复写纸（发票和收据本身具备复写纸功能的除外）套写，并连续编号。作废时应当加盖"作废"戳记，连同存根一起保存，不得撕毁。发生销货退回的，除填制退货发票外，还必须有退货验收证明；退款时，必须取得对方的收款收据或者汇款银行的凭证，不得以退货发票代替收据。职工公出借款凭据，必须附在记账凭证之后。收回借款时，应当另开收据或者退还借据副本，不得退还原借款收据。经上级有关部门批准的经济业务，应当将批准文件作为原始凭证附件；批准文件需要单独归档的，应当在凭证上注明批准机关名称、日期和文件字号。原始凭证不得涂改、挖补。发现原始凭证有错误的，应当由开出单位重开或者更正，更正处应当加盖开出单位的公章。

对原始凭证进行审核，是确保会计资料质量的重要措施之一，也是会计机构、会计人员的重要职责。《会计法》第十四条第三款规定："会计机构、会计人员必须按照国家统一的会计制度的规定对原始凭证进行审核，对不真实、不合法的原始凭证有权不予接受，并向单位负责人报告；对记载不准确、不完整的原始凭证予以退回，并要求按照国家统一的会计制度的规定更正、补充。"

2.记账凭证的编制和审核

会计机构、会计人员要根据审核无误的原始凭证填制记账凭证。记账凭证，俗称传票，是会计部门根据审核无误的原始凭证汇总表填制，直接据以登记账簿的书面证明。记账凭证可以分为收款凭证、付款凭证和转账凭证，也可以使用通用记账凭证。

记账凭证的基本要求是记账凭证的内容必须具备以下内容：填制凭证的日期；凭证编号；经济业务摘要；会计科目；金额；所附原始凭证张数；填制凭证人员、稽核人员、记账人员、会计机构负责人、会计主管人员的签名或者盖章。收款和付款记账凭证还应当由出纳人员签名或者盖章。以自制的原始凭证或者原始凭证汇总表代替记账凭证的，也必须具备记账凭证应有的项目。填制记账凭证时，应当对记账凭证进行连续编号。一笔经济业务需要填制两张以上记账凭证的，可以采用分数编号法编号。记账凭证可以根据每一张原始凭证填制，或者根据若干张同类原始凭证汇总填制，也可以根据原始凭证汇总表填制。但不得将不同内容和类别的原始凭证汇总填制在一张记账凭证上。除结账和更正错误的记账凭证可以不附原始凭证外，其他记账凭证必须附有原始凭证。如果一张原始凭证涉及几张记账凭证，可以把原始凭证附在一张主要的记账凭证后面，并在其他记账凭证上注明附有该原始凭证的记账凭证的编号或者附原始凭证复印件。一张原始凭证所列支出需要几个单位共同负担的，应当将其他单位负担的部分，开给对方原始凭证分割单，进行结算。原始凭证分割单必须具备原始凭证的基本内容：凭证名称、填制凭证日期、填制凭证单位名称或者填制人姓名、经办人的签名或者盖章、接受凭证单位名称、经济业务内容、数量、单价、金额和费用分摊情况等。

填制会计凭证，字迹必须清晰、工整，并符合下列要求：

（1）阿拉伯数字应当一个一个地写，不得连笔写。阿拉伯数字金额前面应当书写货币币种符号或者货币名称简写和币种符号。币种符号与阿拉伯数字金额之间不得留有空白。凡阿拉伯数字前写有币种符号的，数字后面不再写货币单位。

（2）所有以元为单位（其他货币种类为货币基本单位，下同）的阿拉伯数字，除表示单价等情况外，一律填写到角分；无角分的，角位和分位可写"00"，或者符号"—"；有角无分的，分位应当写"0"，不得用符号"—"代替。

（3）汉字大写数字金额如零、壹、贰、叁、肆、伍、陆、柒、捌、玖、拾、佰、仟、万、亿等，一律用正楷或者行书体书写，不得用〇、一、二、三、四、五、六、七、八、九、十等简化字代替，不得任意自造简化字。大写金额数字到元或者角为止的，在"元"或者"角"字之后应当写"整"字或者"正"字；大写金额数字有分的，分字后面不写"整"或者"正"字。

（4）大写金额数字前未印有货币名称的，应当加填货币名称。货币名称与金额数字之间不得留有空白。

（5）阿拉伯数字金额中间有"0"时，汉字大写金额要写"零"字；阿拉伯数字金额中间连续有几个"0"时，汉字大写金额中可以只写一个"零"字；阿拉伯金额数字元位是"0"，或者数字中间连续有几个"0"、元位也是"0"但角位不是"0"时，汉字大写金额可以只写一个"零"字，也可以不写"零"字。

三、会计账簿

会计账簿是指由一定格式的账页组成，以经过审核的会计凭证为依据，全面、系统、连续地记录各项经济业务的簿籍。会计账簿包括总账、日记账、明细账和其他辅助性账簿。《会计法》对会计账簿的种类、登记规则等内容进行了详细的规定。

从会计工作实际情况看，依法建账仍是一个比较薄弱的环节。有的单位不设账，有的单位则是"包包账""捆捆账"，有的单位虽设了账，但账目不全，数据不实、不清，有的单位为了达到非法目的而设置账外账等等。针对会计账簿和登记中存在的种种问题，《会计法》不仅规定各单位必须依法建账，还对各单位设置会计账簿的种类作出了规定。

根据规定，各单位应当依法设置的会计账簿包括：

1.总账

总账也称总分类账，是根据会计科目（也称总账科目）开设的账簿，用于分类登记单位的全部经济业务事项，提供资产、负债、资本、费用、成本、收入和成果等总括核算的资料。总账一般有订本账和活页账两种。各单位可以根据采用的记账方法和财务处理程序的需要设置总账。

2.明细账

明细账也称明细分类账，是根据总账科目所属的明细科目设置的，用于分类登记某一类经济业务事项，提供有关明细核算资料。明细账是会计资料形成的基础环节。明细账可采用订本式、活页式、卡片式、三栏式、多栏式、数量金额式、横线登记式。

3.日记账

日记账是一种特殊的序时明细账，它是按照经济业务事项发生的时间先后顺序，逐日逐笔地进行登记的账簿。日记账包括库存现金日记账和银行存款日记账。日记账是各单位加强库存现金和银行存款管理的重要账簿。日记账一般采用订本式。

4.其他辅助账簿

其他辅助账簿也称备查账簿，是为备忘查询而设置的。在实际会计实务中，主要包括各种租借设备、物资的辅助登记或有关应收、应付款项的备查簿，担保、抵押备查簿等。

按照《会计基础工作规范》第五十九条的规定，启用会计账簿时，应当在账簿封面上写明单位名称和账簿名称。在账簿扉页上应当附启用表，内容包括：启用日期、账簿页数、记账人员和会计机构负责人、会计主管人员姓名，并加盖名章和单位公章。记账人员或者会计机构负责人、会计主管人员调动工作时，应当注明交接日期、接办人员或者监交人员姓名，并由交接双方人员签名或者盖章。启用订本式账簿，应当从第一页到最后一页顺序编定页数，不得跳页、缺号。使用活页式账页，应当按账户顺序编号，并需定期装订成册。装订后再按实际使用的账页顺序编订页码。另加目录，记明每个账户的名称和页次。

《会计法》第十五条第一款规定："会计账簿登记，必须以经过审核的会计凭证为依据，并符合有关法律、行政法规和国家统一的会计制度的规定。"按照《会计基础工作规范》第六十条的规定，登记会计账簿的基本要求如下：

（1）登记会计账簿时，应当将会计凭证日期、编号、业务内容摘要、金额和其他有关资料逐项记入账内，做到数字准确、摘要清楚、登记及时、字迹工整。

（2）登记完毕后，要在记账凭证上签名或者盖章，并注明已经登账的符号，表示已经记账。

（3）账簿中书写的文字和数字上面要留有适当空格，不要写满格；一般应占格距的二分之一。

（4）登记账簿要用蓝黑墨水或者碳素墨水书写，不得使用圆珠笔（银行的复写账簿除外）或者铅笔书写。

（5）下列情况，可以用红色墨水记账：按照红字冲账的记账凭证，冲销错误记录；在不设借贷等栏的多栏式账页中，登记减少数；在三栏式账户的余额栏前，如未印明余额方向，在余额栏内登记负数余额；根据国家统一会计制度的规定可以用红字登记的其他会计记录。

（6）各种账簿按页次顺序连续登记，不得跳行、隔页。如果发生跳行、隔页，应当将空行、空页划线注销，或者注明"此行空白"、"此页空白"字样，并由记账人员签名或者盖章。

（7）凡需要结出余额的账户，结出余额后，应当在"借或贷"等栏内写明"借"或者"贷"等字样。没有余额的账户，应当在"借或贷"等栏内写"平"字，并在余额栏内用"0"表示。库存现金日记账和银行存款日记账必须逐日结出余额。

（8）每一账页登记完毕结转下页时，应当结出本页合计数及余额，写在本页最后一行和下页第一行有关栏内，并在摘要栏内注明"过次页"和"承前页"字样，也可以将本页合计数及金额只写在下页第一行有关栏内，并在摘要栏内注明"承前页"字样。

四、财务报表

财务报表是对企业财务状况、经营成果和现金流量的结构性表述。财务报表至少应包括下列组成部分：（1）资产负债表；（2）利润表；（3）现金流量表；（4）所有者权益（或股东权益，下同）变动表；（5）附注。财务报表上述组成部分具有同等的重要程度。小企业编制的会计报表可以不包括现金流量表。

附注是对资产负债表、利润表、现金流量表和所有者权益变动表等报表中列示项目的文字描述或明细资料，以及对未能在这些报表中列示项目的说明等。附注应当披露财务报表的编制基础，相关信息应当与资产负债表、利润表、所有者权益变动表和现金流量表等报表中列示的项目相互参照。一般应当按照下列顺序披露：财务报表的编制基础；遵循企业会计准则的声明；重要会计政策的说明，包括财务报表项目的计量基础和会计政策的确定依据等；重要会计估计的说明，包括下一会计期间内很可能导致资产和负债账面价值重大调整的会计估计的确定依据；会计政策和会计估计变更以及差错更正的说明；对已在资产负债表、利润表、所有者权益变动表和现金流量表中列示的重要项目的进一步说明，包括终止经营税后利润的金额及构成情况等；或有和承诺事项、资产负债表日后非调整事项、关联方关系及其交易等需要说明的事项。

会计报表之间、会计报表各项目之间，凡有对应关系的数字，应当相互一致。本期会计报表与上期会计报表之间有关的数字应当相互衔接。如果不同会计年度会计报表中各项目的内容和核算方法有变更，应当在年度会计报表附注中加以说明。

五、会计档案管理

《会计法》第二十三条规定："各单位对会计凭证、会计账簿、财务会计报告和其他会计资料应当建立档案，妥善保管。会计档案的保管期限和销毁办法，由国务院财政部门会同有关部门制定。"

《会计档案管理办法》明确指出，单位应当加强会计档案管理工作，建立和完善会计档案的收集、整理、保管、利用和鉴定销毁等管理制度，采取可靠的安全防护技术和措施，保证会计档案的真实、完整、可用、安全。单位的档案机构或者档案工作人员所属机构负责管理本单位的会计档案。单位也可以委托具备档案管理条件的机构代为管理会计档案。

（一）会计档案的内容

会计档案是指单位在进行会计核算等过程中接收或形成的，记录和反映单位经济业务事项的，具有保存价值的文字、图表等各种形式的会计资料，包括通过计算机等电子设备形成、传输和存储的电子会计档案，具体包括：（1）会计凭证类，包括原始凭证、记账凭证；（2）会计账簿类，包括总账、明细账、日记账、固定资产卡片及其他辅助性账簿；（3）财务会计报告类，包括月度、季度、半年度、年度财务会计报告；（4）其他会计资料类，包括银行存款余额调节表、银行对账单、纳税申报表、会计档案移交清册、会计档案保管清册、会计档案销毁清册、会计档案鉴定意见书及其他具有保存价值的会计资料。

（二）会计档案的管理部门

财政部和国家档案局主管全国会计档案工作，共同制定全国统一的会计档案工作制度，对全国会计档案工作实行监督和指导。县级以上地方人民政府财政部门和档案行政管理部门管理本行政区域内的会计档案工作，并对本行政区域内会计档案工作实行监督和指导。

（三）会计档案的归档

各单位每年形成的会计档案，应当由会计机构按照归档要求，负责整理立卷归档。单位可以利用计算机、网络通信等信息技术手段管理会计档案。

单位的会计机构或会计人员所属机构按照归档范围和归档要求，负责定期将应当归档的会计资料整理立卷，编制会计档案保管清册。

当年形成的会计档案，在会计年度终了后，可由单位会计管理机构临时保管一年，再移交单位档案管理机构保管。因工作需要确需推迟移交的，应当经单位档案管理机构同意。

单位会计管理机构临时保管会计档案最长不超过3年。临时保管期间，会计档案的保管应当符合国家档案管理的有关规定，且出纳人员不得兼管会计档案。

（四）会计档案的移交

单位会计管理机构在办理会计档案移交时，应当编制会计档案移交清册，并按照国家档案管理的有关规定办理移交手续。

纸质会计档案移交时应当保持原卷的封装。电子会计档案移交时应当将电子会计档案及其元数据一并移交，且文件格式应当符合国家档案管理的有关规定。特殊格式的电子会计档案应当与其读取平台一并移交。

单位档案管理机构接收电子会计档案时，应当对电子会计档案的准确性、完整性、可用性、安全性进行检测，符合要求的才能接收。

（五）会计档案的保管期限

会计档案的保管期限分为永久和定期两类。定期保管期限一般分为10年和30年。会计档案的保管期限，从会计年度终了后的第一天算起。

（六）会计档案的销毁

1.销毁程序

对于保管期满可以销毁的会计档案，应当按照规定的程序销毁。电子会计档案的销毁还应当符合国家有关电子档案的规定，并由单位档案管理机构、会计管理机构和信息系统管理机构共同派员监销。

2.不得销毁的会计档案

保管期满但未结清的债权债务会计凭证和涉及其他未了事项的会计凭证不得销毁，纸质会计档案应当单独抽出立卷，电子会计档案单独转存，保管到未了事项完结时为止。单独抽出立卷或转存的会计档案，应当在会计档案鉴定意见书、会计档案销毁清册和会计档案保管清册中列明。

3.单位撤销、解散、破产、分立后的会计档案处置

单位因撤销、解散、破产或其他原因而终止的，在终止或办理注销登记手续之前形成的会计档案，按照国家档案管理的有关规定处置。

单位分立后原单位解散的，其会计档案应当经各方协商后由其中一方代管或按照国家档案管理的有关规定处置，各方可以查阅、复制与其业务相关的会计档案。

【真题演练】定期保管的会计档案，其最长期限是（　　）。（2007年，单项选择题）

A.10年　　　　　B.15年　　　　　C.25年　　　　　D.30年

【答案】D

【解析】本题的考点为会计档案的保管期限，定期保管期限一般分为10年和30年。

第四节　会计监督

所谓会计监督，是指单位内部的会计机构和会计人员以及依法享有经济监督检查职权的政府有关部门和依法经批准成立的社会中介组织，对国家机关、社会团体、企业、事业单位和其他组织，实施以政府财政部门为主的国家监督和以注册会计师为主的社会监督。

狭义的会计监督是指会计人员在进行会计核算的同时，对特定主体经济活动的真实性、合法性和合理性进行审查。它是会计的基本职能之一。广义的会计监督还包括对会计监督活动的再监督。因此，会计监督有内部监督和外部监督之分。其中，外部监督包括政府监督和社会监督。

一、单位内部会计监督

单位内部会计监督是指为了保护单位资产的安全、完整，保证其经营活动符合国家法律、法规和内部有关管理制度，提高经营管理水平和效率，而在单位内部采取的一系列相互制约、相互监督的制度和方法，对内部经济活动的合法性、合理性和会计资料的真实性、完整性以及本单位内部预算执行情况所进行的监督。它是我国经济监督体系的重要组成部分。会计监督是会计的基本职能之一，包括单位内部的会计监督。会计监督实质上是内部管理、内部控制的表现，它的目的是保证依照法律的规定处理会计事务，保证单位的资金安全和正确使用，遵守国家统一的会计制度，保证会计工作质量。

（一）单位内部会计监督的概念与要求

单位内部会计监督是指机构、会计人员依照法律的规定，通过会计手段对经济活动的合法性、合理性和有效性进行的一种监督。

各单位应当建立、健全本单位内部会计监督制度。

（二）内部控制

1.内部控制的概念与目标

对企业而言，内部控制是指由企业董事会、监事会、经理层和全体员工实施的、旨在实现控制目标过程。对行政事业单位而言，内部控制是指单位为实现控制目标，通过制定制度、实施措施和执行程序，对经济活动的风险进行防范和管控。

企业内部控制的目标主要包括：合理保证企业经营管理合法合规、资产安全、财务报告及相关信息真实完整，提高经营效率和效果，促进企业实现发展战略。行政事业单位内部控制的目标主要包括：合理保证单位经济活动合法合规、资产安全和使用有效、财务信息真实完整，防范舞弊和预防腐败，提高公共服务的效率和效果。

2.内部控制的原则

企业、行政事业单位建立与实施内部控制，均应遵循全面性原则、重要性原则、制衡性原则和适应性原则。此外，企业还应遵循成本效益原则。

3.内部控制的责任人

对企业而言，董事会负责内部控制的建立健全和有效实施。监事会对董事会建立与实施内部控制进行监督。经理层负责组织领导企业内部控制的日常运行。企业应当成立专门机构或者指定适当的机构具体负责组织协调内部控制的建立实施及日常工作。

对行政事业单位而言，单位负责人对本单位内部控制的建立健全和有效实施负责。单位应当建立适合本单位实际情况的内部控制体系，并组织实施。

4.内部控制的内容

企业建立与实施有效的内部控制，应当包括下列要素：（1）内部环境；（2）风险评估；（3）控制活动；（4）信息与沟通；（5）内部监督。

行政事业单位建立与实施内部控制的具体工作包括：梳理单位各类经济活动的业务流程，明确业务环节，系统分析经济活动风险，确定风险点，选择风险应对策略，在此基础上根据国家有关规定建立健全单位各项内部管理制度并督促相关工作人员认真执行。

5.内部控制的方法

对企业而言，控制措施一般包括：不相容职务分离控制、授权审批控制、会计系统控制、财产保护控制、预算控制、运营分析控制和绩效考评控制等。

行政事业单位内部控制的方法一般包括：不相容岗位相互分离、内部授权审批控制、归口管理、预算控制、财产保护控制、会计控制、单据控制、信息内部公开等。

（三）内部审计

1.内部审计的概念与内容

内部审计是指单位内部的一种独立客观的监督和评价活动，它通过单位内部独立的审计机构和审计人员审查和评价本部门、本单位财务收支和其他经营活动以及内部控制的适当性、合法性和有效性来促进单位目标的实现。

内部审计的内容是一个不断发展变化的范畴，主要包括财务审计、经营审计、经济责任审计、管理审计和风险管理等。

2.内部审计的特点与作用

内部审计的审计机构和审计人员都设在本单位内部，审计的内容更侧重于经营过程是否有效、各项制度得到遵守与执行。审计结果的客观性和公正性较低，并且以建议性意见为主。

内部审计在单位内部会计监督制度中的重要作用有：（1）预防保护作用；（2）服务促进作用；（3）评价鉴证作用。

> **【真题演练】**以下不属于单位内部会计监督要实现的工作目标的是（　　　）。（2012年，单项选择题）
>
> A.保证资产的安全和完整，保证账面资产与实存资产定期核对相符
>
> B.保证单位领导提出的各项指标的实现
>
> C.保证所有交易和事项以正确的金额，在恰当的会计期间及时记录于会计账户，使会计报表的编制符合会计准则的要求
>
> D.保证会计记录的可靠性和及时提供真实的会计信息
>
> **【答案】**B
>
> **【解析】**会计监督的目的是保证依照法律的规定处理会计事务，保证单位的资金安全和正确使用，遵守国家统一的会计制度，保证会计工作质量。

二、会计工作的政府监督

（一）会计工作政府监督的概念

会计工作的政府监督主要是指财政部门代表国家对单位和单位中相关人员的会计行为实施的监督检查，以及对发现的违法会计行为实施的行政处罚。会计工作的政府监督是一种外部监督。

财政部门是会计工作政府监督的实施主体。除财政部门外，审计、税务、人民银行、银行监管、证券监管、保险监管等部门依照有关法律、行政法规规定的职责和权限，可以对有关单位的会计资料实施监督检查。在社会主义市场经济条件下，必须加强对各单位会计行为的国家监督。这是成熟的市场经济国家的通行做法。

（二）财政部门会计监督的主要内容

财政部门实施会计监督检查的对象是会计行为，并为发现的有违法会计行为的单

位和个人实施行政处罚。违法会计行为是指公民、法人和其他组织违反《会计法》和其他有关法律、行政法规、国家统一的会计制度的行为。

财政部对各单位下列事项实施监督：

1.对单位依法设置会计账簿的检查

财政部门依法对各单位设置会计账簿的下列情况实施监督检查：

（1）应当设置会计账簿的是否按规定设置会计账簿。

（2）是否存在账外设账的行为。

（3）是否存在伪造、变造会计账簿的行为。

（4）设置会计账簿是否存在其他违反法律、行政法规和国家统一的会计制度的行为。

2.对单位会计资料真实性、完整性的检查

财政部门依法对各单位会计凭证、会计账簿、财务会计报告和其他会计资料的真实性、完整性实施监督检查，内容包括：

（1）应当办理会计手续、进行会计核算的经济业务事项是否如实在会计凭证、会计账簿、财务会计报告和其他会计资料上反映。

（2）填制的会计凭证、登记的会计账簿、编制的财务会计报告与实际发生的经济业务事项是否相符。

（3）财务会计报告的内容是否符合有关法律、行政法规和国家统一的会计制度的规定。

（4）其他会计资料是否真实、完整。

（5）使用的会计软件及其生成的会计资料是否符合法律、行政法规和国家统一的会计制度的规定等。

3.对单位会计核算情况的检查

财政部门依法对各单位会计核算的下列情况实施监督检查：

（1）采用会计年度、使用记账本位币和会计记录文字是否符合法律、行政法规和国家统一的会计制度的规定。

（2）填制或者取得原始凭证、编制记账凭证、登记会计账簿是否符合法律、行政法规和国家统一的会计制度的规定。

（3）财务会计报告的编制程序、报送对象和报送期限是否符合法律、行政法规和国家统一的会计制度的规定。

（4）会计处理方法的采用和变更是否符合法律、行政法规和国家统一的会计制度的规定。

（5）是否按照法律、行政法规和国家统一的会计制度的规定建立并实施内部会计监督制度。

（6）会计档案的建立、保管和销毁是否符合有关规定。

（7）会计核算是否有其他违法会计行为。

4.对单位会计人员从业资格和任职资格的检查

财政部门依法对各单位任用会计人员的下列情况实施监督检查：

（1）从事会计工作的人员是否持有会计从业资格证书。

（2）会计机构负责人（会计主管人员）是否具备法律、行政法规和国家统一的会计制度规定的任职资格。

5.对会计师事务所出具的审计报告的程序和内容的检查

国务院财政部门和省、自治区、直辖市人民政府财政部门，依法对注册会计师、会计师事务所和注册会计师协会进行监督、指导。财政部门对会计师事务所出具审计报告的程序和内容进行监督和检查。

三、会计工作的社会监督

（一）会计工作社会监督的概念

会计工作的社会监督主要是指由注册会计师及其所在的会计师事务所依法对委托单位的经济活动进行的审计、鉴证的一种外部监督。

此外，单位和个人检举违反《会计法》和国家统一的会计准则制度规定的行为，也属于会计工作社会监督的范畴。《会计法》第三十条规定：任何单位和个人对违反本法和国家统一的会计制度规定的行为，有权检举。收到检举的部门有权处理的，应当依法按照职责分工及时处理；无权处理的，应当及时移送有权处理的部门处理。收到检举的部门、负责处理的部门应当为检举人保密，不得将检举人姓名和检举材料转给被检举单位和被检举人个人。

社会监督以其特有的中介性和公正性而得到法律的认可，具有很强的权威性、公正性。单位内部的会计监督和有关部门对单位实施的国家监督，以及由注册会计师承办的社会监督，构成了会计监督的整体。它们之间相辅相成，共同为社会经济服务。

（二）注册会计师审计与内部审计的关系

内部审计是由各部门、各单位内部设置的专门机构或人员实施的审计。它是随着企业规模扩大、内部分级管理的出现而逐步形成的。早期的内部审计诞生于19世纪中叶的英国。第二次世界大战后，由于市场经济竞争更加激烈，促使企业更加重视内部经济管理，内部审计得到迅速发展。

注册会计师审计与内部审计二者的联系主要有：

（1）都是现代审计体系的重要组成部分。

（2）都关注内部控制的健全性和有效性。

（3）注册会计师审计可能涉及对内部审计成果的利用。

注册会计师审计与内部审计也存在很大的区别：

1.两者独立性不同

内部审计为组织内部服务，接受总经理或董事会的领导，独立性较弱；注册会计师审计为需要可靠信息的第三方提供服务，不受被审计单位管理层的领导和制约，独立性较强。

2.两者的审计方式不同

内部审计依照单位经营管理需要自行组织实施，具有较大的灵活性；注册会计师审计则是受托审计，必须按照《注册会计师法》、执业准则和规则实施审计。

3.两者的审计职责和作用不同

内部审计的结果只对本部门、本单位负责，只作为本部门、本单位改进经营管理的参考，不对外公开；注册会计师审计需要对投资者、债权人及其他利益相关者负责，对外出具的审计报告具有鉴证作用。

4.两者接受审计的自愿程度不同

内部审计是代表总经理或董事会实施的组织内部监督，是内部控制的重要组成部分，单位内部的组织必须接受内部审计人员的监督；注册会计师审计是以独立的第三方对被审计单位进行的审计，委托人可自由选择会计师事务所。

注册会计师审计与内部审计尽管存在很大的差别，但是注册会计师审计作为一种外部审计，在工作中要利用内部审计的工作成果。任何一种外部审计在对一个单位进行审计时，都要对其内部审计情况进行了解并考虑是否利用其工作成果，这是由于：

（1）内部审计是单位内部控制的一个重要组成部分。内部审计作为单位内部的经济监督机构，虽然不参与单位内部的经营管理活动，但主要对各项经营管理活动是否达到预定目标、是否遵循了单位的规章制度等进行监督，属于单位内部控制体系的一个组成部分。外部审计人员在对被审计单位进行审计时，要对内控制度进行测评，就必须了解其内部审计的设置和工作情况。

（2）内部审计和外部审计在工作上具有一致性。内部审计在审计内容、审计方法等方面都和外部审计有许多相似之处。例如，在进行财务审计时，两者在方法上都要评价内控制度，检查凭证、账册，核对账表一致性等。这就为外部审计利用内部审计工作的成果创造了条件。

（3）利用内部审计工作成果可以提高工作效率，节约审计费用。外部审计人员在对内部审计工作进行评价后，利用其全部或部分工作成果，可以减少现场测试的工作量，提高工作效率，从而节约被审计单位的审计费用。

（三）注册会计师的业务范围

1993年10月31日，第八届全国人民代表大会常务委员会第四次会议通过了《注册会计师法》。根据《注册会计师法》的规定，注册会计师是依法取得注册会计师证书并接受委托从事审计和会计咨询、服务业务的执业人员，是社会监督中的重要力量。《会计法》第三十一条规定：有关法律、行政法规规定，须经注册会计师进行审计的单位，应当向受委托的会计师事务所如实提供会计凭证、会计账簿、财务会计报告和其他会计资料以及有关情况。任何单位或者个人不得以任何方式要求或者示意注册会计师及其所在的会计师事务所出具不实或者不当的审计报告。

注册会计师承办业务，由其所在的会计师事务所统一受理并与委托人签订委托合同。会计师事务所对本所注册会计师承办的业务承担民事责任。按照《注册会计师法》的规定，注册会计师业务范围主要包括：审计业务以及会计咨询和会计服务业务。

1.审计业务

审计业务是指注册会计师接受委托，对企业、其他经济组织或个人的财务会计报告或者其他特定事项所进行的审计，并以出具审计报告为目的。

注册会计师的审计业务包括：

（1）审查企业财务报告，出具审计报告。出具审计报告是注册会计师业务的主要部分。注册会计师在根据独立审计准则的要求，完成了预定的审计程序，取得相应的审计证据后，应编制和出具审计报告。审计报告主要表述注册会计师的审计意见，具有法定证明效力，无须任何单位和部门的审定。注册会计师及其所在的会计师事务所对其出具的审计报告的真实性、合法性承担相应的法律责任。

（2）验证企业资本，出具验资报告。根据《中华人民共和国公司法》、《企业登记管理条例》等国家法律、法规的规定，公司及其他企业在设立审批时，必须提交注册会计师的验资报告。

在验资时，注册会计师应当根据国家有关法律、行政法规的规定，对被审验单位的实收资本及其相关资产、负债的真实性、合法性进行审验。在取得充分、适当的验资证据，分析、评价验资结论后，注册会计师应编制和出具验资报告，表明验资意见。验资报告具有法定证明效力。注册会计师及其所在的会计师事务所对其出具的验资报告承担相应的法律责任。

（3）办理企业合并、分立、清算事宜中的审计业务，出具有关报告。企业在合并、分立或终止清算时，应当按照国际财务会计法规的规定，分别编制合并时与分立时的会计报表以及清算报表。企业委托注册会计师对其编报的报表进行审计，以增加会计报表使用人对这些报表的信赖程度。

在对这些会计报表的审计过程中，注册会计师应当审查形成会计报表各项目数据的所有会计资料及其反映的紧急业务事项，并关注合并、分立及清算过程中出现的特定事项，在取得充分、适当的审计证据后，复核各项审计结论，编制和出具审计报告，发表审计意见。该审计报告同样具有法定证明效力，承办注册会计师及其所在的会计师事务所应当承担相应的法律责任。

（4）法律、行政法规规定的其他审计业务。

2.会计咨询、会计服务业务

注册会计师执行的会计咨询、会计服务业务，就是注册会计师凭借其专门知识和实践经验，受托或主动服务于被审计单位的经营管理者和其他业务人员，在帮助企业健全内部管理制度和会计制度，进行财务诊断，建立经营、会计等电算化系统，组织财会人员培训，以及对重大经济决策和主要投资项目、生产项目等的实施进行论证等方面为客户提供专业服务。

通常，会计咨询、会计服务业务包括以下内容：设计财务会计制度、培训会计人员；担任会计顾问，提供会计、财务、税务和其他经济管理咨询；代理记账；代理纳税申报；代办申请注册登记，协助拟订合同、协议、章程及其他经济文件；办理投资评估、资产评估和项目可行性研究中的有关业务；其他会计咨询和会计服务业务。

会计咨询、服务业务不是注册会计师的法定业务。一般情况下，注册会计师个人或组织也可承办会计咨询、服务业务，注册会计师承办会计咨询、服务业务不具有公证性质，出具的有关报告也不具有法定证明效力。

第五节　会计机构与会计人员

会计机构是各单位办理会计事务的职能机构。会计人员是指直接从事会计工作的人员。建立健全会计机构，配备数量和素质相当、具备从业资格的会计人员，是各单位做好会计工作、充分发挥会计职能作用的重要保证。《会计法》《会计基础工作规范》等对会计机构设置和会计人员配备要求作了具体规定。

一、会计机构的设置

（一）办理会计事务的组织形式

各单位办理会计事务的组织方式有三种：（1）单独设置会计机构；（2）有关机构中配置专职会计人员；（3）实行代理记账。

（二）会计机构负责人的任职资格

《会计法》第三十八条规定："从事会计工作的人员，必须取得会计从业资格证书。担任单位会计机构负责人（会计主管人员）的，除取得会计从业资格证书外，还应当具备会计师以上专业技术职务资格或者从事会计工作三年以上经历。"

另外，《会计基础工作规范》第七条从下列6个方面，更加详细、具体地规定了会计机构负责人（会计主管人员）应具备的基本条件：

（1）坚持原则，廉洁奉公。

（2）具有会计专业技术资格。

（3）主管一个单位或者单位内一个重要方面的财务会计工作时间不少于两年。但是，在1999年10月发布的新《会计法》将"专业技术资格"和"工作经历"的要求改为除取得会计从业资格证书外，还应当具备会计师以上专业技术职务资格或者从事会计工作三年以上经历。

（4）熟悉国家财经法律、法规、规章和方针、政策，掌握本行业业务管理的有关知识。

（5）有较强的组织能力。

（6）身体状况能够适应本职工作的要求。

二、会计工作岗位设置

（一）会计工作岗位的概念

会计工作岗位是指单机构内部根据业务分工而设置的从事会计工作、办理会计事项的具体职位。

（二）会计工作岗位设置的要求

会计工作岗位设置的要求包括：（1）按需设岗；（2）符合内部牵制的要求；（3）建立岗位责任制；（4）建立轮岗制度。

《会计基础工作规范》对各单位会计工作岗位的设置规定了基本原则，包括：

1.各单位应当根据会计业务需要设置会计工作岗位

会计工作岗位一般可分为：会计机构负责人或者会计主管人员，出纳，财产物资核算，工资核算，成本费用核算，财务成果核算，资金核算，往来结算，总账报表，稽核，档案管理等。开展会计电算化和管理会计的单位，可以根据需要设置相应工作岗位，也可以与其他工作岗位相结合。

通常，业务活动规模大、业务过程复杂、经济业务量大和管理严格的单位，会计机构会相应比较大，会计人员相应比较多，会计机构内部的岗位职责分工也相应比较细；相反，业务活动规模小、业务过程简单、经济业务量少和管理要求不严的单位，会计机构就会相应较小，会计人员相应较少，会计机构内部的岗位职责分工也相应较粗。

2.会计工作岗位的设置应符合内部牵制制度的要求

《会计基础工作规范》第十二条规定：会计工作岗位，可以一人一岗、一人多岗或者一岗多人。出纳人员不得兼管稽核、会计档案保管和收入、费用、债权债务账目的登记工作。

内部牵制制度，也称钱账分管制度，是内部控制制度的重要组成部分。内部牵制制度是指凡是涉及款项和财物收付、结算及登记的任何一项工作，必须由两人或两人以上分工办理，以起到相互制约作用的一种制度。它是内部会计控制制度的重要内容。制定该项制度时，应当与会计人员岗位责任制度结合起来考虑。实行内部牵制制度，主要是为了加强会计人员相互制约、相互监督、相互核对，提高会计核算工作的质量，防止会计事务处理中发生的失误和差错以及营私舞弊等行为的发生。

3.会计人员的工作岗位应当有计划地进行轮换

《会计基础工作规范》第十三条规定："会计人员的工作岗位应当有计划地进行轮换。"定期或不定期地轮换会计人员的工作岗位有利于会计人员全面熟悉会计核算与监督业务，不断提高会计业务技能和业务素质。

4.建立岗位责任制

会计工作岗位责任制是指明确各项会计工作的职责范围、具体内容和要求，并落实到每个会计工作岗位或会计人员的一种会计工作责任制度。《会计基础工作规范》

第十一条规定："各单位应当根据会计业务需要设置会计工作岗位。会计工作岗位一般可分为：会计机构负责人或者会计主管人员，出纳，财产物资核算，工资核算，成本费用核算，财务成果核算，资金核算，往来结算，总账报表，稽核，档案管理等。开展会计电算化和管理会计的单位，可以根据需要设置相应工作岗位，也可以与其他工作岗位相结合。"同时，第九条又规定："大、中型企业、事业单位、业务主管部门应当根据法律和国家有关规定设置总会计师。总会计师由具有会计师以上专业技术资格的人员担任。总会计师行使《总会计师条例》规定的职责、权限。总会计师的任命（聘任）、免职（解聘）依照《总会计师条例》和有关法律的规定办理。"

总会计师是在单位负责人领导下，主管经济核算和财务会计工作的负责人。我国的《总会计师条例》是在1990年12月发布的。该条例对总会计师的地位、职责、权限、任免与奖惩做了完整、全面、系统、具体的规定。

总会计师的任职条件有：坚持社会主义方向，积极为社会主义市场经济建设和改革开放服务；坚持原则、廉洁奉公；取得会计师专业资格，主管一个单位或者单位内一个重要方面的财务工作时间不少于三年；有较高的理论政策水平，熟悉国家财经法律、法规、方针、政策和制度，掌握现代化管理的有关知识；具备本行业的基本业务知识，熟悉行业情况，有较强的组织领导能力；身体健康，能胜任本职工作。

根据《总会计师条例》的规定，总会计师的职责主要包括两个方面：一是由总会计师负责组织的工作，包括组织编制和执行预算、财务收支计划、信贷计划，拟订资金筹措和使用方案，开辟财源，有效地使用资金；建立、健全经济核算制度，强化成本管理，进行经济活动分析，精打细算，提高经济效益；负责对本单位财务会计机构的设置和会计人员的配备，组织对会计人员进行业务培训和考核；支持会计人员依法行使职权等。二是由总会计师协助、参与的工作，主要有协助单位负责人对本单位的生产经营和业务管理等问题作出决策，参与新产品开发、技术改造、科学研究、商品（劳务）价格和工资、方案的制订，参与重大经济合同和经济协议的研究、审查。

《总会计师条例》规定，总会计师有以下权限：一是对违法违纪问题的制止和纠正权；二是有建立健全单位经济核算的组织指挥权；三是对单位财务收支具有审批签署权；四是有对本单位会计人员的管理权，包括对本单位会计机构设置、会计人员配备、继续教育、考核、奖惩等。

三、会计工作交接

会计人员工作调动、离职或因病暂时不能工作，应与接管人员办理交接手续。交接是会计工作的一项重要制度，也是会计基础工作的重要内容。这项制度有利于分清移交人员和交接人员的责任，可使会计工作前后衔接，保证会计工作的顺利进行，防止账目不清、财务混乱。

（一）交接的范围

《会计法》第四十一条第一款规定："会计人员调动工作或者离职，必须与接管人员办清交接手续。"《会计基础工作规范》第二十五条规定："会计人员工作调动或者因故离职，必须将本人所经管的会计工作全部移交给接替人员。没有办清交接手续的，不得调动或者离职。"第三十三条规定："会计人员临时离职或者因病不能工作且需要接替或者代理的，会计机构负责人、会计主管人员或者单位领导人必须指定有关人员接替或者代理，并办理交接手续。"

（二）交接程序

《会计法》第四十一条第二款规定："一般会计人员办理交接手续，由会计机构负责人（会计主管人员）监交；会计机构负责人（会计主管人员）办理交接手续，由单位负责人监交，必要时主管单位可以派人会同监交。"

办理会计工作交接，应按以下程序进行：

1.提出交接申请

为了防止调动工作或者离职申请被批准后，会计人员还没办理会计交接手续，会计人员在向单位或者机关提出调动工作或者离职的申请时，应当同时向会计机构提出会计交接申请。

交接申请的内容通常应当包括：申请人姓名、申请调动工作或者离职的缘由、时间、会计交接的具体安排、有无重大报告事项或者建议等。

2.办理移交手续前的准备工作

根据《会计基础工作规范》第二十七条的规定，会计人员办理移交手续前，必须及时做好以下工作：

（1）已经受理的经济业务尚未填制会计凭证的，应当填制完毕。

（2）尚未登记的账目，应当登记完毕，并在最后一笔余额后加盖经办人员印章。

（3）整理应该移交的各项资料，对未了事项写出书面材料。

（4）编制移交清册，列明应当移交的会计凭证、会计账簿、会计报表、印章、现金、有价证券、支票簿、发票、文件、其他会计资料和物品等内容；实行会计电算化的单位，从事该项工作的移交人员还应当在移交清册中列明会计软件及密码、会计软件数据磁盘（磁带等）及有关资料、实物等内容。

（5）会计机构负责人、会计主管人员移交时，还必须将全部财务会计工作、重大财务收支和会计人员的情况等，向接替人员详细介绍。对需要移交的遗留问题，应当写出书面材料。

3.移交点收

《会计法》第二十九条规定："移交人员在办理移交时，要按移交清册逐项移交；接替人员要逐项核对点收。"具体要求如下：

（1）库存现金、有价证券要根据会计账簿有关记录进行点交。库存现金、有价证券必须与会计账簿记录保持一致。不一致时，移交人员必须限期查清。

（2）会计凭证、会计账簿、会计报表和其他会计资料必须完整无缺。如有短缺，必须查清原因，并在移交清册中注明，由移交人员负责。

（3）银行存款账户余额要与银行对账单核对，如不一致，应当编制银行存款余额调节表调节相符，各种财产物资和债权债务的明细账户余额要与总账有关账户余额核对相符；必要时，要抽查个别账户的余额，与实物核对相符，或者与往来单位、个人核对清楚。

（4）移交人员经管的票据、印章和其他实物等，必须交接清楚；移交人员从事会计电算化工作的，要对有关电子数据在实际操作状态下进行交接。

（5）公章、收据、空白支票、发票、科目印章以及其他物品等必须交接清楚。

（6）实行会计电算化的单位，交接双方要对有关电子数据在实际操作状态下进行，以确认有关数字正确无误。

4.专人负责监交

《会计法》和《会计基础工作规范》对会计工作的监交都作了规定。会计人员在办理交接手续时有人监交，可以起到督促、公正作用。具体要求是：一般会计人员办理交接手续，由单位的会计机构负责人、会计主管人员负责监交；会计机构负责人、会计主管人员办理交接手续，由单位领导人负责监交。

5.交接后的有关事宜

《会计基础工作规范》第三十一条和三十二条规定："交接完毕后，交接双方和监交人员要在移交清册上签名或者盖章，并应在移交清册上注明：单位名称，交接日期，交接双方和监交人员的职务、姓名，移交清册页数以及需要说明的问题和意见等。移交清册一般应当填制一式三份，交接双方各执一份，存档一份。接替人员应当继续使用移交的会计账簿，不得自行另立新账，以保持会计记录的连续性。"

（三）交接人员的责任

《会计基础工作规范》第三十五条规定："移交人员对移交的会计凭证、会计账簿、会计报表和其他会计资料的合法性、真实性承担法律责任。"这就是说，如果会计资料移交后，发现是在其经办会计工作期间内发生的问题，由原移交人员负责，即使接替人员在交接时因疏忽没有发现所接会计资料在合法性、真实性方面的问题，如事后发现，也应由原移交人员负责。如果所发现的会计资料真实性、合法性方面的问题不在原移交人员的经办期间发生，而是其后，则不应由原移交人员承担责任。

四、会计从业资格

会计工作是一项专业性与政策性很强的技术工作，因此，从事会计工作的人员应当具备从业资格和条件。这是保证会计工作质量的重要前提。

《会计法》第三十八条规定，从事会计工作的人员，必须取得会计从业资格证书。会计从业资格证书是具备会计从业资格的证明文件，即任何人从事会计工作，必须先取得会计从业资格证书。

（一）会计从业资格的概念

会计从业资格是指进入会计职业、从事会计工作的一种法定资质。

会计从业资格证书是具备会计从业资格的证明文件，在全国范围内有效。

（二）会计从业资格证书的适用范围

《会计从业资格管理办法》第二条和第三十八条规定：在国家机关、社会团体、企业、事业单位和其他组织中担任会计机构负责人（会计主管）的人员，以及从事下列会计工作的人员应当取得会计从业资格：

（1）出纳；

（2）稽核；

（3）资本、基金核算；

（4）收入、支出、债权债务核算；

（5）职工薪酬、成本费用、财务成果核算；

（6）财产物资的收发、增减核算；

（7）总账；

（8）财务会计报告编制；

（9）会计机构内会计档案管理；

（10）其他会计工作。

（三）会计从业资格的取得

1.会计从业资格的取得实行考试制度

会计从业资格实行无纸化考试，考试科目为：财经法规与会计职业道德、会计基础、会计电算化（或者珠算）。会计从业资格考试科目应当一次性通过。

会计从业资格考试大纲由财政部统一制定并公布。

2.会计从业资格报名条件

申请参加会计从业资格考试的人员，应当符合下列基本条件：（1）遵守会计和其他财经法律、法规；（2）具备良好的道德品质；（3）具备会计专业基本知识和技能。

同时，《会计从业资格管理办法》第八条还规定，如果由于下列违法情形，被依法吊销会计从业资格证书的人员，自被吊销之日起五年内（含五年）不得参加会计从业资格考试，不得重新取得会计从业资格证书：

（1）不依法设置会计账簿；

（2）私设会计账簿；

（3）未按照规定填制、取得原始凭证或者填制、取得的原始凭证不符合规定的；

（4）以未经审核的会计凭证为依据登记会计账簿或者登记会计账簿不符合规定的；

（5）随意变更会计处理方法；

（6）向不同的会计资料使用者提供的财务会计报告编制依据不一致；

（7）未按照规定使用会计记录文字或者记账本位币；

（8）未按照规定保管会计资料，致使会计资料毁损、灭失；

（9）未按照规定建立并实施单位内部会计监督制度或者拒绝依法实施监督或者不

如实提供有关会计资料及有关情况；

（10）任用会计人员不符合本法规定；

（11）伪造、变造会计凭证、会计账簿，编制虚假财务会计报告；

（12）隐匿或者故意销毁依法应当保存的会计凭证、会计账簿、财务会计报告。

同样，《会计法》第四十条规定："因有提供虚假财务会计报告，做假账，隐匿或者故意销毁会计凭证、会计账簿、财务会计报告，贪污、挪用公款，职务侵占等与会计职务有关的违法行为被依法追究刑事责任的人员，不得取得或者重新取得会计从业资格证书。除前款规定的人员外，因违法违纪行为被吊销会计从业资格证书的人员，自被吊销会计从业资格证书之日起五年内，不得重新取得会计从业资格证书。"

（四）会计从业资格的管理

1. 会计从业资格的管理机构

县级以上地方人民政府财政部门负责本行政区域内的会计从业资格管理。中共中央直属机关事务管理局、国家机关事务管理局、中国人民解放军总后勤部、中国人民武装警察部队后勤部等中央主管单位和新疆生产建设兵团财务局等按各自权限负责本部门（本系统）的会计从业资格的管理。

2. 信息化管理制度

会计从业资格实行信息化管理。会计从业资格管理机构应当建立持证人员从业档案信息系统，及时记载、更新持证人员的有关信息。

3. 监督检查制度

会计从业资格管理机构应当对会计从业资格证书的持有、换发、调转、变更登记等情况及持证人员继续教育、遵守会计法律和职业道德等情况实施监督检查。

4. 持证人员继续教育制度

持证人员应当接受继续教育。持证人员参加继续教育采取学分制管理制度。

5. 变更登记制度

持证人员的基础信息及继续教育、表彰奖励等情况发生变化的，应到所属会计从业资格管理机构办理从业档案信息变更。

6. 调转登记制度

持证人员所属会计从业资格管理机构发生变化的，应当及时办理调转登记手续。

7. 定期换证制度

会计从业资格证书实行6年定期换证制度。持证人员应当在会计从业资格证书到期前6个月内，到所属会计从业资格管理机构办理换证手续。

8. 会计从业资格的撤销

有下列情形之一的，会计从业资格管理机构可以撤销持证人员的会计从业资格：（1）会计从业资格管理机构工作人员滥用职权、玩忽职守，作出给予持证人会计从业资格决定的；（2）超越法定职权或者违反法定程序，作出给予持证人员会计从业资格决定的；（3）对不具备会计从业资格的人员，作出给予会计从业资格决定的。持证人员以欺骗、贿赂、舞弊等不正当手段取得会计从业资格的，会计从业资格管理机构应当撤销其会计从业资格。

9.会计从业资格的注销

持证人员死亡或者丧失行为能力以及会计从业资格被依法吊销的，会计从业资格管理机构应当注销其会计从业资格。

五、会计专业技术资格与职务

（一）会计专业技术资格

会计专业技术资格，是指担任会计专业职务的任职资格。会计专业技术资格分为初级资格、中级资格和高级资格三个级别。对于不同会计专业技术资格的管理，国家实行不同的管理制度。初级、中级资格的取得实行全国统一考试制度。高级会计师资格的取得实行考试与评审相结合的制度。

（二）会计专业职务

会计专业职务是区别会计人员业务技能的技术等级。会计专业职务分为高级会计师、会计师、助理会计师和会计员。其中，高级会计师为高级职务，会计师为中级职务，助理会计师和会计员为初级职务。

会计各等级专业职务的任职条件包括：

1.会计员的主要工作职责和基本条件

会计员主要负责具体审核和办理财务收支，编制记账凭证，登记会计账簿，编制会计报表和办理其他会计事务等。

会计员的基本任职条件包括：初步掌握财务会计知识和技能；熟悉并能贯彻执行有关会计法规和财务会计制度；能担负一个岗位的财务会计工作；大学专科或中等专业学校毕业，在财务会计工作岗位上见习一年期满。

2.助理会计师的主要工作职责和基本条件

助理会计师主要负责草拟一般的财务会计制度、规定、办法；解释、解答财务会计法规、制度中的一般规定；分析检查某一方面或某些项目的财务收支和预算的执行情况等。

助理会计师的基本任职条件包括：掌握一般的财务会计基础理论和专业知识；熟悉并能正确执行有关的财经方针、政策和财务会计法规、制度；能担负一个方面或某个重要岗位的财务会计工作；取得硕士学位，或取得第二学士学位或研究生班结业证书，具备履行助理会计师职责的能力；大学本科毕业，在财务会计工作岗位上见习一年期满；大学专科毕业并担任会计员职务二年以上，或中等专业学校毕业并担任会计员职务四年以上。

3.会计师的主要工作职责和基本条件

会计师主要负责草拟比较重要的财务会计制度、规定、办法；解释、解答财务会计法规、制度中的重要问题；分析检查财务收支和预算的执行情况；培养初级会计人才等。

会计师的基本任职条件包括：系统地掌握财务会计基本理论和专业知识；掌握并能正确贯彻执行有关的财经方针、政策和财务会计法规、制度；具有一定的财务会计工作经验，能担负一个单位或管理一个地区、一个部门、一个系统某个方面的财务会计工作；取得博士学位，并具有履行会计师职责的能力；取得硕士学位并担任助理会计师职务二年左右；取得第二学士学位或研究生班结业证书，并担任助理会计师职务二至三年；大学本科或大学专科毕业并担任助理会计师职务四年以上；掌握一门外语。

4.高级会计师的主要工作职责和基本条件

高级会计师主要负责草拟和解释、解答在一个地区、一个部门、一个系统或在一个部门、一个系统的经济核算和财务会计工作；培养中级以上会计人才等。

高级会计师的基本任职条件包括：较系统地掌握经济、财务会计理论和专业知识。具有较高的政策水平和丰富的财务会计工作经验，能担负一个地区、一个部门或一个系统的财务会计管理工作。取得博士学位，并担任会计师职务二至三年；取得硕士学位、第二学士学位或研究生班结业证书，或大学本科毕业并担任会计师职务五年以上；较熟练地掌握一门外语。

对各级专业职务的学历和从事财务会计工作年限的要求，一般都应具备，但对确有真才实学、成绩显著、贡献突出、符合任职条件的，在确定其相应专业职务时，可以不受以上学历和工作年限的限制。

【真题演练】会计机构保管会计档案的专职人员不得由单位（　　　）担任。（2012年，单项选择题）

A.稽核人员　　　B.结账人员　　　C.审计人员　　　D.出纳人员

【答案】D

【解析】会计职务与出纳职务分离，出纳人员不得兼任稽核、会计档案保管和收入、支出、费用、债权、债务账目的登记工作。

第六节　法律责任

一、法律责任概述

法律责任是指违反法律规定的行为应当承担的法律后果，即法律制裁。违反《会计法》的法律责任是指违反《会计法》和有关会计工作法律、法规以及国家统一会计制度规定的行为，应当承担的法律后果。《会计法》规定的法律责任涉及两种责任形式：一是行政责任；二是刑事责任。也就是说，违反《会计法》将要受到行政制裁或刑事制裁。违反《会计法》关于会计核算、会计监督、会计机构、会计人员有关规定的，应当承担法律责任。法律责任的种类包括：责令限期改正、罚款、行政处分、吊销会计从业资格证书、追究刑事责任等。

（一）行政责任

对违反《会计法》有关规定的行为，情节轻微，不构成犯罪的，应当予以行政制裁。《会计法》规定的行政责任的形式有两种，即行政处罚和行政处分。

（1）行政处罚。行政处罚是指特定的行政主体基于一般行政管理职权，对其认为违反行政法上的强制性义务，违反行政管理程序的行政管理相对人所实施的一种行政制裁措施。行政处罚的形式包括：①罚款；②责令限期改正；③吊销会计从业资格证书等。

（2）行政处分。行政处分是国家工作人员违反法律法规所应承担的一种行政法律责任，是行政机关对国家工作人员故意或者过失侵犯行政相对人的合法权益所实施的法律制裁。行政处分的形式有：①警告；②记过；③记大过；④降级；⑤撤职；⑥开除。由于行政处分只是内部的纪律制裁形式，《会计法》第四十二条规定，行政处分的对象仅限于直接负责的主管人员和其他直接责任人员中的国家工作人员，而且这种行政处分是必须给予的，是不可选择的，不以其是否被罚款为前提。另外，要注意，此处只规定给予违法者以行政处分，并没有规定处分的形式和内容，要由执法机关根据具体情况自行决定。

行政处分的实施机关只能是国家工作人员所在单位或者有关单位。

（二）刑事责任

刑事责任是对违反《会计法》有关规定，造成严重后果，按照《刑法》的规定构成犯罪的行为，要按照《刑法》的规定追究刑事责任，分别定罪、量刑。刑事责任包括主刑和附加刑。

主刑是对犯罪分子适用的主要刑罚方法，只能独立适用，不能附加适用，对犯罪分子只能判一种主刑。主刑分为管制、拘役、有期徒刑、无期徒刑和死刑。

附加刑是既可以独立适用又可以附加适用的刑罚方法。其分为罚金、剥夺政治权利、没收财产。对犯罪的外国人，也可以独立或附加适用驱逐出境。

二、不依法设置会计账簿等会计违法行为的法律责任

有不依法设置会计账簿等会计违法行为的，由县级以上人民政府财政部门责令限期改正，可以对单位并处三千元以上五万元以下的罚款；对其直接负责的主管人员和其他直接责任人员，可以处二千元以上二万元以下的罚款；属于国家工作人员的，还应当由其所在单位或者有关单位依法给予行政处分；构成犯罪的，依法追究刑事责任。会计人员有不依法设置会计账簿等会计违法行为、情节严重的，由县级以上人民政府财政部门吊销其会计从业资格证书。

1.违反会计制度规定应承担法律责任的行为

违反会计制度规定应承担法律责任的行为如下：不依法设置会计账簿的；私设会

计账簿的；未按照规定填制、取得原始凭证或者填制、取得的原始凭证不符合规定的；以未经审核的会计凭证为依据登记会计账簿或者登记会计账簿不符合规定的；随意变更会计处理方法的；向不同的会计资料使用者提供的财务会计报告编制依据不一致的；未按照规定使用会计记录文字或者记账本位币的；未按照规定保管会计资料，致使会计资料毁损、灭失的；未按照规定建立并实施单位内部会计监督制度或者拒绝依法实施的监督或者不如实提供有关会计资料及有关情况的；任用会计人员不符合《会计法》规定的。

2.违反会计制度规定行为应承担的法律责任

根据《会计法》第四十二条规定，上述十种行为应承担以下法律责任：

（1）责令限期改正。所谓责令限期改正，是指要求违法行为人在一定期限内停止违法行为并将其违法行为恢复到合法状态。违法单位或个人应按照县级以上人民政府部门的责令限期改正决定的要求，停止违法行为，纠正错误。

（2）通报。通报是指县级以上人民政府财政部门采取通报的方式对违法行为责任人予以批评、公告。通报决定由作出通报的财政部门送达被通报人，并通过一定媒介在一定的范围内发布。

（3）罚款。罚款是指县级以上人民政府部门根据上述所述行为的性质、情节及危害程度，在责令限期改正的同时，可以对违法单位和有关人员处以罚款的处罚。罚款包括对单位的罚款、对直接的主管人员和其他直接责任人员的罚款。对单位的罚款额在三千元以上五万元以下，对直接负责的主管人员和其他直接负责人员，可以处二千元以上二万元以下的罚款。

所谓直接负责的主管人员是指在单位实施违法行为过程中起领导、组织、决策作用的单位负责人。所谓其他直接责任人员，是指在单位实施违法行为的过程中直接参与实施违法行为的人员，一般包括会计人员、会计机构负责人和其他参与实施违法行为的工作人员。

（4）给予行政处分。行政处分是指对违法行为直接负责的主管人员和其他直接负责人员中的国家工作人员，视情节轻重，还应当按照干部管理权限由其所在单位、上级单位或者行政监察部门给予警告、记过、记大过、降级、撤职和开除等行政处分。

（5）吊销会计从业资格证书。吊销会计从业资格证书是对有《会计法》所列违法行为的会计人员，情节严重的，由县级以上人民政府财政部门吊销会计从业资格证书。

（6）依法追究刑事责任。我国《刑法》并没有对上述所列行为单独明确规定为犯罪，但是，行为人因偷税、骗取出口退税、贪污等行为，造成严重后果，按照刑法的有关规定，构成犯罪的，应当依照《刑法》的规定分别定罪、量刑。

三、其他会计违法行为的法律责任

（一）伪造、变造会计凭证、会计账簿，编制虚假财务会计报告的法律责任

伪造、变造会计凭证、会计账簿，编制虚假财务会计报告，构成犯罪的，依法追究刑事责任。不构成犯罪的，由县级以上人民政府财政部门予以通报，可以对单位并处五千元以上十万元以下的罚款；对其直接负责主管人员和其他责任人员，可以处三千元以上五万元以下的罚款；属于国家工作人员的，还应由其所在单位或者有关单位依法给予撤职直至开除的行政处分；会计人员，由县级以上人民政府财政部门吊销会计从业资格证书。

（二）隐匿或者故意销毁依法应当保存的会计凭证、会计账簿、财务会计报告的法律责任

隐匿或者故意销毁依法应当保存的会计凭证、会计账簿、财务会计报告，构成犯罪，依法追究刑事责任。不构成犯罪的，由县级以上人民政府财政部门予以通报，可以对单位并处五千元以上十万元以下的罚款；对其直接负责的主管人员和其他直接责任人员，可以处三千元以上五万元以下的罚款；属于国家工作人员的，还应由其所在单位或者有关单位依法给予撤职直至开除的行政处分；会计人员，由县级以上人民政府财政部门吊销会计从业资格证书。

（三）授意、指使、强令会计机构、会计人员及其他人员伪造、变造会计凭证、会计账簿，编制虚假财务会计报告或者隐匿、故意销毁依法应当保存的会计凭证、会计账簿、财务会计报告的法律责任

授意、指使、强令会计机构、会计人员及其他人员伪造、变造会计凭证、会计账簿，编制虚假财务会计报告或者隐匿、故意销毁依法应当保存的会计凭证、会计账簿、财务会计报告，构成犯罪的，依法追究刑事责任；不构成犯罪的，可以处五千元以上五万元以下的罚款；属于国家工作人员的，由所在单位或者有关单位依法给予降级、撤职、开除的行政处分。

（四）单位负责人对会计人员实行打击报复的法律责任

单位负责人对依法履行职责的会计人员实打击报复，构成犯罪的，依法追究刑事责任；尚不构成犯罪的，由其所在单位或者有关单位依法给予行政处分。对受打击报复的会计人员，应当恢复其名誉和原有职务、级别。

【真题演练】根据我国《刑法》的规定，刑罚中的附加刑分为（　　）。（2007年，多项选择题）

A.管制　　　　　　　　B.罚金　　　　　　　　C.拘役

D.没收财产　　　　　E.剥夺政治权利

【答案】BDE

【解析】我国《刑法》第三十四条规定，附加刑的种类包括罚金、剥夺政治权利、没收财产。

>> 同步练习

一、单项选择题

1.下列属于会计行政法规的是（　　）。

A.《注册会计师法》　　　　　　　　B.《企业财务会计报告条例》

C.《会计档案管理办法》　　　　　　D.《企业会计制度》

2.《会计法》规定，用电子计算机软件生成的会计资料必须符合的要求是（　　）。

A.企业本身的工作制度　　　　　　B.国家统一的会计制度

C.地方会计法规　　　　　　　　　D.没有具体要求

3.根据规定，担任单位会计机构负责人（会计主管人员）的，除取得会计从业资格证书外，还应当具备会计师以上专业技术职务资格或从事会计工作（　　）以上经历。

A.2年　　　　　　　B.3年　　　　　　　C.5年　　　　　　　D.7年

4.目前，我国在法律法规和组织形式上已建成三位一体的会计监督体系。下列不属于会计监督体系的是（　　）。

A.单位内部会计监督　　　　　　　B.会计工作的社会监督

C.税务部门监督　　　　　　　　　D.会计工作的政府监督

5.下列选项中不属于从事代理记账工作人员的义务的是（　　）。

A.依法履行职责和保守商业秘密

B.对委托人示意要求提供不实会计资料，应当拒绝

C.对委托人提出的有关会计处理原则问题不负有解释的责任

D.应当遵守会计法律法规和国家统一的会计制度

6.会计人员每年接受培训（面授）的时间累计不应少于（　　）。

A.36个小时　　　　　B.24个小时　　　　C.48个小时　　　　D.72个小时

7.当会计人员违反会计法律制度的有关规定，有资格作出撤销其会计从业资格证书的决定的是（　　）。

A.省级人民政府财政部门　　　　　B.县级以上人民政府财政部门

C.中国注册会计师协会　　　　　　D.省级以上人民法院

8.会计机构负责人办理会计工作交接手续时，负责监交的人员是（　　）。

A.其他会计人员　　　　　　　　　B.一般会计人员

C.会计机构负责人　　　　　　　　D.单位负责人

9.国家对会计从业资格考试的取得实行（　　）。

A.考试制度　　　　　　　　　　　B.评审制度

C.考试与评审结合制度　　　　　　D.审批制度

10.下列各项中，不属于企业需要永久保存的会计档案是（　　）。

A.会计档案保管清册　　　　　　　　B.会计档案销毁清册

C.库存现金日记账　　　　　　　　　D.年度财务会计报告

11.出纳人员可以兼任以下（　　　）工作。

A.稽核　　　　　　　　　　　　　　B.银行日记账的登记

C.会计档案的保管　　　　　　　　　D.收入、支出、费用账目的登记

12.根据《中华人民共和国会计法》的规定，主管全国会计工作的政府部门是（　　　）。

A.国务院财政部门　　　　　　　　　B.国家税务总局

C.审计署　　　　　　　　　　　　　D.商务部

13.下列各项中，不属于单位负责人的是（　　　）。

A.总会计师　　　　　　　　　　　　B.有限责任公司董事长

C.执行合伙企业事务的合伙人　　　　D.国有企业厂长

14.在采购办公用品过程中，办公室主任李某指使采购员张某伪造购物发票，多报销1 000元。对该行为，县级以上财政部门可以对李某进行的处罚是（　　　）。

A.通报，2 000元以上20 000元以下的罚款

B.通报，3 000元以上30 000元以下的罚款

C.通报，5 000元以上10 000元以下的罚款

D.5 000元以上50 000元以下的罚款

二、多项选择题

1.财政部门履行的会计行政职能主要包括（　　　）。

A.会计准则制度及相关标准规范的制定和组织实施

B.会计市场管理

C.会计专业人才评价

D.会计监督检查

2.根据《会计基础工作规范》的规定，出纳人员不得监管（　　　）。

A.审核　　　　　　　　　　　　　　B.会计档案保管

C.债权债务账目的登记　　　　　　　D.收入、费用项目的登记

3.下列各项中，不得取得或重新取得会计从业资格证书的有（　　　）。

A.因随意变更会计处理方法而被吊销会计从业资格证书五年的人员

B.因贪污、挪用公款，构成犯罪而受到刑事处罚的人员

C.因参与做假账、提供虚假财务会计报告而构成犯罪被追究刑事责任的人员

D.持证人用假学历骗取会计从业资格证书而被吊销会计从业资格证书不满一年的人员

4.根据财政部、国家档案局2015年12月11日发布的《会计档案管理办法》的规定，以下各项属于会计档案的有（　　　）。

A.会计凭证　　　　　　　　　　　　B.会计账簿

C.财务报表　　　　　　　　　　　　D.会计档案保管清册

5.下列各项中，不属于会计法律的是（　　　）。

A.《会计法》　　　　　　　　　　　B.《总会计师条例》

C.《企业会计制度》　　　　　　　　D.《会计基础工作规范》

6.下列有关原始凭证的表述中，符合《会计法》和《会计基础工作规范》规定的有（　　　）。

A.填制原始凭证必须以实际发生的经济业务事项为依据

B.自制原始凭证必须经单位负责人签名和盖章

C.购买实物的原始凭证，必须有验收证明

D.原始凭证记载的金额不能更改

7.《企业财务会计报告条例》规定的会计期间包括（　　　）。

A.年度　　　　　　B.半年度　　　　　　C.月度　　　　　　D.半个月

8.行政处分主要有（　　　）。

A.警告　　　　　　B.记过　　　　　　C.记大过　　　　　　D.降级

9.根据《会计法》的规定，在下列行为中，尚不构成犯罪的，可以对单位处3 000元以上50 000元以下罚款的违法行为有（　　　）。

A.随意变更会计处理方法

B.编制虚假财务会计报告

C.以未经审核的会计凭证为依据登记会计账簿

D.未按照规定建立并实施单位内部会计监督制度

10.根据《会计法》和《会计基础工作规范》的有关规定，下列对原始凭证的填制、审核和更正的做法错误的有（　　　）。

A.王某在原始凭证作废时，加盖了"作废"戳记，并销毁了作废凭证

B.某企业将经公司负责人批准的重大经济业务的批准文件作为原始凭证的附件

C.王某发现原始凭证的金额上有错误，要求出具单位更正并加盖公章

D.原始凭证必须经过审核后才能记账

11.下列各项中，属于违反《会计法》规定的有（　　　）。

A.以未经审核的会计凭证为依据登记会计账簿的行为

B.随意变更会计处理方法的行为

C.未在规定期限办理纳税申报的行为

D.未按规定建立并实施单位内部会计监督制度的行为

12.下列各项中，属于《会计法》规定的行政处罚的形式的有（　　　）。

A.责令限期改正　　　　　　　　　　B.罚金

C.吊销会计从业资格证书　　　　　　D.暂停营业

13.会计从业资格管理机构在监督检查过程中发现（　　　）应当撤销持证人员的会计从业资格。

A.会计从业资格管理机构工作人员滥用职权、玩忽职守，作出给予持证人员会计从业资格决定的

B.持证人员以欺骗手段取得会计从业资格的

C.持证人员以舞弊等不正当手段取得会计从业资格的

D.持证人员会计从业资格被依法吊销的

14.2015年8月，公司负责存货明细账登记的会计张某因公外派，财务经理指定由出纳兼任张某的工作，并办理了交接手续。这是否符合规定，以下正确的是（　　）。

A.不符合规定，设置会计工作岗位的基本原则是一人一岗

B.不符合规定，出纳人员不得兼管账目登记工作

C.符合规定，设置会计工作岗位在符合内部牵制制度下可以一人多岗

D.符合规定，出纳人员可以负责存货明细账的登记工作

三、判断题

1.《会计法》适用于中华人民共和国境内的企业，因此已回归祖国的香港、澳门地区的企业属于我国《会计法》约束的范围。　　　　　　　　　　　（　　）

2.国有的和国有资产占控股地位或者主导地位的大、中型企业必须设置总会计师。　　　　　　　　　　　　　　　　　　　　　　　　　　　　（　　）

3.注册会计师审计与内部审计具有不同的审计目的，但是具有相同的独立性。
　　　　　　　　　　　　　　　　　　　　　　　　　　　　　　　（　　）

4.以人民币以外的货币为记账本位币的单位，在编制财务会计报告时，可以以该外币直接反映，无须折算为人民币。　　　　　　　　　　　　　　　（　　）

5.会计机构负责人、会计主管人员的直系亲属不得在本单位会计机构中担任出纳工作。　　　　　　　　　　　　　　　　　　　　　　　　　　　（　　）

6.单位内部会计监督制度的本质是一种内部控制制度，其建立与否一般可由各单位自行决定。　　　　　　　　　　　　　　　　　　　　　　　　（　　）

7.移交人对移交的会计凭证、会计账簿等有关资料的合法性、真实性承担法律责任。　　　　　　　　　　　　　　　　　　　　　　　　　　　　（　　）

8.违反《会计法》的规定，将检举人姓名和检举材料转给被检举单位和被检举人个人的，由县级以上的财政部门依法给予行政处分。　　　　　　　　　（　　）

9.从事会计工作的人员是否具备从业资格，也是财政部门实施会计监督的内容之一。　　　　　　　　　　　　　　　　　　　　　　　　　　　　　（　　）

10.单位内部会计监督制度的本质是一种内部控制制度，其建立与否一般可由各单位自行决定。　　　　　　　　　　　　　　　　　　　　　　　　（　　）

11.为了提高会计人员的专业水平和工作效率，会计人员的工作不能进行轮岗。
　　　　　　　　　　　　　　　　　　　　　　　　　　　　　　　（　　）

12.以虚假的经济业务为前提，编制虚假的会计凭证，属于变造会计凭证的

行为。 （　　）

13.国务院发布的《财务会计报告条例》的法律地位低于全国人大常委会通过的《中华人民共和国会计法》。 （　　）

14.会计工作的政府监督主体是县级以上的人民政府财政部门，财政部门实施会计监督的对象是会计行为。 （　　）

四、案例分析题

1.资料：能力有限责任公司（以下简称"能力公司"）是一家国有大型企业。2015年12月，公司总经理针对公司效益下滑、面临亏损的情况，电话请示出差在外的董事长。董事长指示把财务会计报告做得漂亮一些。总经理要求总会计师按董事长意见办。总会计师对当年度的会计报告进行了技术处理，虚拟了若干笔无交易的销售收入，从而使公司报表由亏变盈，经诚信会计师事务所审计后对外报出。

2016年5月，财政部门在《会计法》执法检查中发现能力公司存在重大作假行为，拟依法对该公司董事长、总经理、总会计师等相关人员作出行政处罚，并下达了处罚告知书。能力公司相关人员收到处罚告知书后，均要求举行听证会。

在听证会上，有关当事人作了如下陈述：

公司董事长称：我前段时间出差在外，对公司情况不太了解，虽然在财务会计报告上签名并盖章，但只是履行会计手续，我不能负任何责任。具体情况由公司总经理说明。

公司总经理称：我是搞技术出身的，主抓公司生产经营，对会计我是门外汉。我虽在财务会计报告上签名并盖章，那也是履行程序，以前也是这样的，我不应承担责任。有关财务会计报告的情况应由公司总会计师解释。

公司总会计师称：公司对外报出的财务会计报告是经过诚信会计师事务所审计的，他们出具了无保留意见的审计报告。诚信会计师事务所应对公司财务会计报告的真实性、完整性负责，承担由此带来的一切责任。

根据上述情况，回答下列问题：

（1）对总会计师的观点说法正确的有（　　）。

A.会计师事务所受托进行审计，按照客观、公正、相对独立的原则出具审计报告，并对审计报告的客观公正性、真实性承担审计责任

B.公司总会计师不承担责任的理由成立

C.委托人委托会计师事务所进行审计的，应当如实提供会计资料，并对会计资料的真实性、完整性承担会计责任

D.公司总会计师不承担责任的理由不成立

（2）总会计师按领导意图，虚拟业务进行会计核算，违反的会计职业道德要求有（　　）。

A.诚实守信　　　　B.坚持准则　　　　C.提高技能　　　　D.客观公正

（3）会计职业道德建设的力量包括（　　）。

A.社会各界齐抓共管　　　　　　B.财政部门的组织推动

C.会计职业组织的行业自律　　　　D.公安局的监督检查

（4）对总经理的观点说法正确的有（　　　）。

A.事实上，公司总经理并未参与会计造假

B.公司总经理不承担责任的理由成立

C.总经理不能以不懂会计为由推脱责任

D.总经理作为主管会计工作的负责人，在财务会计报告上签字并盖章，应承担
　相应的法律责任

（5）对董事长的观点说法正确的有（　　　）。

A.董事长对本单位的会计工作和会计资料的真实性、完整性负责，这一规定不
　因其当时是否在场而改变

B.董事长不是直接造假人，不应承担责任

C.公司这一造假行为是由董事长授意指使的，董事长其应当承担法律责任

D.董事长不承担责任的理由不成立

2.2016年5月，财政部门在对某事业单位的检查中发现下列情况：

①部分会计凭证与后附发票上的金额不一致，且发票上未填写单位名称，涉及金
额重大。

②由于人手紧张，会计王某同时兼任该单位出纳。

③该会计机构负责人张某是该单位负责人李某的妻子。

④该单位设有两套账簿，一套账簿用于向外报送财务数据，另一账簿套用于内部
核算。

根据以上情况，请回答下列问题：

（1）上述各事项中，违反《会计法》的规定的有（　　　）。

A.事项①　　　　　B.事项②　　　　　C.事项③　　　　　D.事项④

（2）针对事项①，下列说法中正确的有（　　　）。

A.根据《会计法》的规定，责令限期改正

B.对直接负责的主管人员处2 000元以上2万元以下罚款

C.由于情节严重，吊销直接责任人员的会计从业资格证书

D.对该单位处3 000元以上5万元以下罚款

（3）针对事项②，下列说法中正确的有（　　　）。

A.违反了设置会计工作岗位基本原则中的内部牵制制度的要求

B.王某同时兼任会计和出纳，不符合设置会计工作岗位的基本原则

C.王某不可以同时兼任会计和出纳

D.王某可以同时兼任会计和出纳

（4）针对事项③，下列说法中正确的有（　　　）。

A.张某可以担任该单位的会计机构负责人

B.张某不得担任该单位的会计机构负责人

C.张某不得在该单位担任任何职务

D.不符合《会计基础工作规范》中回避制度的相关规定

（5）针对事项④，下列说法中正确的有（   ）。

A.符合《会计法》的规定

B.可对该单位处 5 000 元以上 5 万元以下罚款

C.可对该单位处 3 000 元以上 5 万元以下罚款

D.属于私设账簿的行为，违反了《会计法》的规定

第二章
结算法律制度

考纲知识体系

考情分析

本章主要涉及的考点有支付结算的相关概念及其法律构成，银行结算账户的开立、变更和撤销，票据的相关概念，各银行结算账户的概念、使用范围和开户要求，现金管理的基本要求和现金的内部控制，票据和结算凭证填写的基本要求，支票、商业汇票、银行卡、汇兑结算方式的规定等。

主要题型有单项选择题、多项选择题、判断题和案例分析题。

学习的重点是现金管理的基本要求和现金的内部控制，票据和结算凭证填写的基本要求，支票、商业汇票、银行卡、汇兑结算方式的规定。

第一节　现金结算

一、现金结算的概念与特点

（一）现金结算的概念

现金结算是指在商品交易、劳务供应等经济往来中，直接使用现金进行应收应付款结算的一种行为，在我国主要适用于单位与个人之间的款项收付，以及单位之间的转账结算起点金额以下的零星小额收付。

（二）现金结算的特点

现金结算具有直接便利、不安全性、不易宏观控制和管理、费用较高等特点。

二、现金结算的渠道

现金结算的渠道有：（1）付款人直接将现金支付给收款人；（2）付款人委托银行、非银行金融机构或者非金融机构将现金支付给收款人。

三、现金结算的范围

根据中国人民银行1997年发布的《现金管理暂行条例》，开户单位可以在下列范围内使用现金：

（1）职工工资、津贴；

（2）个人劳务报酬；

（3）根据国家规定颁发给个人的科学技术、文化艺术、体育等各种奖金；

（4）各种劳保、福利费用以及国家规定的对个人的其他支出；

（5）向个人收购农副产品和其他物资的价款；

（6）出差人员必须随身携带的差旅费；

（7）结算起点以下的零星支出；

（8）中国人民银行确定需要支付现金的其他支出。

上述款项结算起点为1 000元。结算起点的调整，由中国人民银行确定，报国务院备案。除上述第5、6项外，开户单位支付给个人的款项，超过使用现金限额的部分，应当以支票或者银行本票支付；确需全额支付现金的，经开户银行审核后，予以支付现金。

四、现金使用的限额

现金使用的限额，由开户行根据单位的实际需要核定，一般按照单位3至5天日常零星开支所需确定。边远地区和交通不便地区的开户单位的库存现金限额，可按多于5天，但不得超过15天的日常零星开支的需要确定。经核定的库存现金限额，开户单位必须严格遵守。

对没有在银行单独开立账户的附属单位也要实行现金管理，必须保留的现金，也要核定限额，其限额包括在开户单位的库存限额之内。商业和服务行业的找零备用现金也要根据营业额核定定额，但不包括在开户单位的库存现金限额之内

【真题演练】下列各项中，属于现金结算范围的有（　　　　）。（2015年，多项选择题）

A.职工工资、津贴

B.结算起点以下的零星支出

C.向个人收购农副产品和其他物资的价款

D.根据国家规定颁发给个人的科学技术、文化艺术、体育等各种奖金

【答案】ABCD

【解析】根据中国人民银行1997年发布的《现金管理暂行条例》，开户单位可以在下列范围内使用现金：（1）职工工资、津贴；（2）个人劳务报酬；（3）根据国家规定颁发给个人的科学技术、文化艺术、体育等各种奖金；（4）各种劳保、福利费用以及国家规定的对个人的其他支出；（5）向个人收购农副产品和其他物资的价款；（6）出差人员必须随身携带的差旅费；（7）结算起点以下的零星支出；（8）中国人民银行确定需要支付现金的其他支出。

第二节　支付结算概述

一、支付结算的概念与特征

（一）支付结算的概念

支付结算是指单位、个人在社会经济活动中使用票据、信用卡和汇兑、托收承付、委托收款等结算方式进行货币给付及其资金清算的行为。银行、城市信用合作社、农村信用合作社（以下简称"银行"）以及单位（含个体工商户）和个人是办理支付结算的主体。其中，银行是支付结算和资金清算的中介机构。

（二）支付结算的特征

支付结算作为一种法律行为，具有以下法律特征：

（1）支付结算必须通过中国人民银行批准的金融机构进行。未经中国人民银行批准的非银行金融机构和其他单位不得作为中介机构经营支付结算业务。《支付结算办法》第六条规定："银行是支付结算和资金清算的中介机构。未经中国人民银行批准的非银行金融机构和其他单位不得作为中介机构经营支付结算业务。但法律、行政法规另有规定的除外。"这表明，支付结算与一般的货币给付及资金清算行为不同。

（2）支付结算的发生取决于委托人的意志。银行在支付结算中充当中介机构的角

色，因此，银行只要以善意且符合规定的正常操作程序审查，对伪造、变造的票据和结算凭证上的签章以及需要交验的个人有效身份证件，未发现异常而支付金额的，对出票人或付款人不再承担受托付款的责任，对持票人或收款人不再承担付款的责任。与此同时，当事人对在银行的存款有自己的支配权，银行对单位、个人在银行开立存款账户的存款，除国家法律、行政法规另有规定外，不得为任何单位或者个人查询。除国家法律另有规定外，银行不代任何单位或个人冻结、扣款，不得停止单位、个人存款的正常支付。

（3）实行统一领导，分级管理。支付结算是一项政策性强、与当事人利益息息相关的活动，因此，必须对其实行统一的管理。根据《支付结算办法》第二十条的规定，中国人民银行总行负责制定统一的支付结算制度，组织、协调、管理、监督全国的支付结算工作，调解、处理银行之间的支付结算纠纷；中国人民银行各分行根据统一的支付结算制度制定实施细则，报总行备案，根据需要可以制定单项支付结算办法，报中国人民银行总行批准后执行；中国人民银行分、支行负责组织、协商、管理、监督本辖区的支付结算工作，协调、处理本辖区银行之间的支付结算纠纷；政策性银行、商业银行总行可以根据统一的支付结算制度，结合本行情况，制定具体管理实施办法，报经中国人民银行总行批准后执行，并负责组织、管理、协调本行内的支付结算工作，调解、处理本行内分支机构之间的支付结算纠纷。

（4）支付结算是一种要式行为。所谓要式行为是指法律规定必须依照一定形式进行的行为。如果该行为不符合法定的形式要件，即为无效。根据《支付结算办法》第九条的规定："票据和结算凭证是办理支付结算的工具。单位、个人和银行办理支付结算，必须使用按中国人民银行统一规定印制的票据凭证和统一规定的结算凭证。""未使用按中国人民银行统一印制的票据，票据无效；未使用中国人民银行统一规定格式的结算凭证，银行不予受理。"为了保证支付结算的准确、及时和安全，以使其业务正常进行，中国人民银行除了对票据和结算凭证的格式有统一的要求外，还就正确填写票据和结算凭证作出了基本规定，例如：单位和银行的名称应当记载全称或者规范化的简称；票据中结算凭证上的签章，为签名、盖章或签名加盖章；单位、银行在票据上的签章和单位在结算凭证上的签章，为该单位、银行的盖章加其法定代表人或其授权的代理人的签名或盖章；个人在票据和结算凭证上的签章，应为该个人本名的签名或盖章；票据和结算凭证的金额、出票或签发日期、收款人名称不得更改，更改的票据无效，更改的结算凭证，银行不予受理；票据和结算凭证金额须以中文大写和阿拉伯数字同时记载，两者必须一致，两者不一致的票据无效，两者不一致的结算凭证，银行不予受理；少数民族地区和外国驻华使领馆根据实际需要，金额大写可以使用少数民族文字或外国文字记载。

（5）支付结算必须依法进行。《支付结算办法》第五条规定："银行、城市信用合作社、农村信用合作社（以下简称银行）以及单位和个人（含个体工商户），办理支付结算必须遵守国家的法律、行政法规和本办法的各项规定，不得损害社会公共利益。"因此，支付结算的当事人必须严格依法进行支付结算活动。

二、支付结算的主要法律依据

支付结算包括票据、信用卡和汇兑、托收承付、委托收款、电子支付等结算方式。因此，凡是与支付结算的各种结算方式有关的法律、行政法规以及部门规章和地方性规定都是支付结算的法律依据。此外，中国人民银行不时颁布的有关支付结算的政策性文件亦是当事人进行支付结算活动必须遵守的规定。

迄今为止，现行的适用支付结算的法律、行政法规以及部门规章和政策性规定主要有：

（1）《票据法》；

（2）《票据管理实施办法》（该办法于1997年6月23日经国务院批准，同年8月21日由中国人民银行发布并于同年10月1日起施行）；

（3）《支付结算办法》（该办法于1997年9月19日由中国人民银行发布，于同年12月1日起施行，原《银行结算办法》同时废止）；

（4）《现金管理暂行条例》；

（5）《中国人民银行银行卡业务管理办法》（该办法于1999年3月1日起施行，原《中国人民银行信用卡业务管理暂行办法》同时废止）；

（6）《人民币银行结算账户管理办法》（该办法于2003年9月1日起施行，1994年10月9日中国人民银行发布的《银行账户管理办法》同时废止）；

（7）《异地托收承付结算办法》（该办法于1994年10月9日修订，1995年1月1日起施行）；

（8）《电子支付指引（第一号）》（该指引由中国人民银行于2005年10月26日制定并公布，自公布之日起施行）等。

三、支付结算的基本原则

支付结算的基本原则是单位、个人和银行在进行支付结算活动时所必须遵循的行为准则。根据社会经济发展的需要，在总结我国改革开放以来结算工作经验的基础上，行业主管部门针对支付结算行为，确立了"恪守信用，履约付款；谁的钱进谁的账，由谁支配；银行不垫款"三项基本原则。中国人民银行发布的《支付结算办法》第十六条亦肯定了该三项原则。

（一）恪守信用，履约付款

这一原则是《民法通则》"诚实信用"原则在支付结算中的具体表现。根据该原则，结算当事人必须依照共同约定的民事法律关系内容享受权利和承担义务，严格遵守信用，依约履行付款义务，特别是应按照约定的付款金额和付款日期进行支付。这一原则对履行付款义务的当事人具有约束力，是维护合同秩序、保障当事人经济利益的重要保证。

（二）谁的钱进谁的账，由谁支配

这一原则主要在于维护存款人对存款资金的所有权或经营权，保证其对资金的自主支配权。银行作为资金结算的中介机构，在办理结算时必须遵循存款人的委托，按照其意志，保证将所收款项支付给其指定的收款人；对存款人的资金，除国家法律另有规定外，必须由其自主支配，其他任何单位、个人以及银行本身都不得对其资金进行干预和侵犯。这一原则既保护了存款人的合法权益，又加强了银行办理结算的责任。

（三）银行不垫款

这一原则主要是为了划清银行资金和存款人资金的界限。根据该原则，银行办理结算只负责办理结算当事人之间的资金转移，而不能在结算过程中为其垫付资金。这一原则有利于保护银行资金的所有权或经营权，也有利于促使单位和个人以自己所有或经营管理的财产直接对自己的债务承担责任，从而保证了银行资金的安全。

上述三个原则既可单独发挥作用，亦是一个有机的整体，分别从不同角度强调了付款人、收款人和银行在结算过程中的权利、义务，从而切实保障了结算活动的正常进行。

四、办理支付结算的要求

（一）办理支付结算的基本要求

（1）办理支付结算必须使用中国人民银行统一规定的票据和结算凭证，未使用中国人民银行统一规定的票据，票据无效；未使用中国人民银行统一规定的结算凭证，银行不予受理。

（2）办理支付结算必须按统一的规定开立和使用账户。

（3）填写票据和结算凭证应当全面规范，做到数字正确，要素齐全，不错不漏，字迹清楚，防止涂改。票据和结算凭证金额以中文大写和阿拉伯数码同时记载，二者必须一致，否则，银行不予受理。

（4）票据和结算凭证上的签章和记载事项必须真实，不得变造伪造。

伪造是指无权限人假冒他人或虚构人名义签章的行为，签章的变造属于伪造。变造是指无权更改票据内容的人，对票据上签章以外的记载事项加以改变的行为。票据上有伪造、变造的签章的，不影响票据上其他当事人真实签章的效力。

票据和结算凭证上的签章，为签名、盖章或者签名加盖章。单位、银行在票据上的签章和单位在结算凭证上的签章，为该单位、银行的盖章加其法定代表人或其授权的代理人的签名或盖章。个人在票据和结算凭证上的签章，应为该个人本名的签名或盖章。

票据和结算凭证的金额、出票或签发日期、收款人名称不得更改，更改的票据无效；更改的结算凭证，银行不予受理。对票据和结算凭证上的其他记载事项，原记载人可以更改，更改时应当由原记载人在更改处签章证明。

（二）支付结算凭证填写的要求

（1）票据的出票日期必须使用中文大写。月为壹、贰和壹拾的，日为壹至玖和壹拾、贰拾和叁拾的，应在其前加"零"；日为拾壹至拾玖的，应在其前加"壹"。大写日期未按要求规范填写的，银行可予受理；但由此造成损失的，由出票人自行承担。

（2）中文大写金额数字应用正楷或行书填写，不得自造简化字。如果金额数字书写中使用繁体字，也应受理。

（3）中文大写金额数字前应标明"人民币"字样，大写金额数字应紧接"人民币"字样填写，不得留有空白。

（4）中文大写金额数字到"元"为止的，在"元"之后应写"整"（或"正"）字，到"角"为止的，在"角"之后可以不写"整"（或"正"）字。大写金额数字有"分"的，"分"后面不写"整"（或"正"）字。

（5）阿拉伯小写金额数字前面，均应填写人民币符号"￥"。

（6）阿拉伯小写金额数字中有"0"的，中文大写应按照汉语语言规律、金额数字构成和防止涂改的要求进行书写。

票据和结算凭证的金额、出票或签发日期、收款人名称不得更改，更改的票据无效；更改的结算凭证，银行不予受理。

> **【真题演练】**下列关于票据上出票日期的中文大写中，正确的是（　　）。（2015年，单项选择题）
>
> A.零壹月贰拾玖日　　　　B.一月二日
>
> C.拾月叁拾日　　　　　　D.零贰月零拾玖日
>
> **【答案】**D
>
> **【解析】**票据日期规定，壹、贰、拾月前面要加零，壹到玖日、壹拾日、贰拾日、叁拾日前面加零。

> **【真题演练】**下列各项中，（　　）不属于支付结算基本原则。（2013年，单项选择题）
>
> A.恪守信用，履约付款
>
> B.谁的钱进谁的账，由谁支配
>
> C.先收后付，收支抵用
>
> D.银行不垫款
>
> **【答案】**C
>
> **【解析】**本题考核支付结算的基本原则。支付结算的基本原则包括：恪守信用，履约付款；谁的钱进谁的账、由谁支配；银行不垫款。

第三节 银行结算账户

一、银行结算账户的概念和分类

（一）银行结算账户的概念

银行结算账户是指存款人在经办银行开立的办理资金收付结算的人民币活期存款账户。

（二）银行结算账户的分类

银行结算账户的类别有：（1）基本存款账户；（2）一般存款账户；（3）专用存款账户；（4）临时存款账户；（5）个人银行结算账户；（6）异地银行结算账户。

（1）银行结算账户按存款人不同，分为单位银行结算账户和个人银行结算账户

存款人以单位名称开立的银行结算账户为单位银行结算账户。个体工商户凭营业执照以字号或经营者姓名开立的银行结算账户纳入单位银行结算账户管理。存款人凭个人身份证件以自然人名称开立的银行结算账户为个人银行结算账户。邮政储蓄机构办理银行卡业务开立的账户纳入个人银行结算账户管理。

（2）单位银行结算账户按用途不同，分为基本存款账户、一般存款账户、专用存款账户、临时存款账户

基本存款账户是存款人因办理日常转账结算和现金收付需要开立的银行结算账户。一般存款账户是存款人因借款或其他结算需要，在基本存款账户开户银行以外的银行营业机构开立的银行结算账户。专用存款账户是存款人按照法律、行政法规和规章，对其特定用途资金进行专项管理和使用而开立的银行结算账户。临时存款账户是存款人因临时需要并在规定期限内使用而开立的银行结算账户。

二、银行结算账户管理的基本原则

根据《人民币银行结算账户管理办法》的有关规定，银行结算账户管理应当遵守以下基本原则：

（一）一个基本账户原则

这是指单位银行结算账户的存款人只能在银行开立一个基本存款账户，不能多头开立基本银行账户。

（二）自主选择原则

这是指存款人可以自主选择银行开立账户，除国家法律、行政法规和国务院规定外，任何单位和个人不得强令存款人到指定银行开立银行结算账户。

（三）守法合规原则

这是指银行结算账户的开立和使用应当遵守法律、行政法规，不得利用银行结算账户进行偷逃税款、逃避债务、套取现金及其他违法犯罪活动。

（四）存款信息保密原则

这是指银行必须依法为存款人的银行结算账户信息保密。根据《人民币银行结算账户管理办法》的规定，对单位银行结算账户的存款和有关资料，除国家法律、行政法规另有规定外，银行有权拒绝任何单位或个人查询。对个人银行结算账户的存款和有关资料，除国家法律另有规定外，银行有权拒绝任何单位或个人查询。

三、银行结算账户的开立、变更与撤销

（一）银行结算账户的开立

存款人开立的银行结算账户，需要核准的，应及时报送中国人民银行当地分支行核准；不需要核准的，应在开户之后的法定期限内向中国人民银行当地分支行备案。

（二）银行结算账户的变更

银行结算账户的变更是指存款人的名称、单位法定代表人或主要负责人、住址以及其他开户资料发生的变更。

存款人银行结算账户有法定变更事项的，应于5日内书面通知开户银行并提供有关证明；开户银行办理变更手续并于2日内向中国人民银行当地分支行报告。

（三）银行结算账户的撤销

银行结算账户的撤销是指存款人因开户资格或其他原因终止银行结算账户使用的行为。

存款人有以下情形之一的，应向开户银行提出撤销银行结算账户的申请：

（1）被撤并、解散、宣告破产或关闭的；

（2）注销、被吊销营业执照的；

（3）因迁址，需要变更开户银行的；

（4）其他原因需要撤销银行结算账户的。

存款人有本条第（1）、（2）项情形的，应于5个工作日内向开户银行提出撤销银行结算账户的申请。

四、违反银行账户管理法律制度的法律责任

（1）存款人在开立、撤销银行结算账户时有法定违法行为时，非经营性的存款人，给予警告并处以1 000元的罚款；经营性的存款人，给予警告并处以1万元以上3万元以下的罚款；构成犯罪的，移交司法机关依法追究刑事责任。

（2）存款人使用银行结算账户时，有违反规定将单位款项转入个人银行结算账户、支取现金、利用开立银行结算账户逃避银行债务、出租或出借银行结算账户、从基本存款账户之外的银行结算账户转账存入、将销货收入存入或现金存入单位信用卡账户等行为时，非经营性的存款人，给予警告并处以1 000元罚款；经营性的存款人，给予警告并处以5 000元以上3万元以下的罚款。存款人未在法定期限内将变更事项通知银行的，给予警告并处以1 000元的罚款。

（3）伪造、变造、私自印制开户登记证的存款人，属非经营性的处以 1 000 元罚款；属经营性的处以 1 万元以上 3 万元以下的罚款；构成犯罪的，移交司法机关依法追究刑事责任。

（4）银行在银行结算账户的开立中有法定违法行为时，给予警告，并处以 5 万元以上 30 万元以下的罚款；对该银行直接负责的高级管理人员、其他直接负责的主管人员、直接责任人员按规定给予纪律处分；情节严重的，中国人民银行有权停止对其开立基本存款账户的核准，责令该银行停业整顿或者吊销经营金融业务许可证；构成犯罪的，移交司法机关依法追究刑事责任。

（5）银行在银行结算账户的使用中有法定违法行为时，给予警告，并处以 5 000 元以上 3 万元以下的罚款；对该银行直接负责的高级管理人员、其他直接负责的主管人员、直接责任人员按规定给予纪律处分；情节严重的，中国人民银行有权停止对其开立基本存款账户的核准；构成犯罪的，移交司法机关依法追究刑事责任。

第四节　票据结算方式

我国规定的支付结算方式包括票据结算和非票据结算两类。其中，票据结算是指银行汇票、支票、商业汇票、银行本票结算方式；非票据结算包括信用卡、委托收款、异地托收承付、汇兑和信用证结算方式。本节主要介绍票据结算中的支票、商业汇票、银行汇票、银行本票四种结算方式。

一、票据结算概述

（一）票据的概念与种类

票据是由出票人依法签发的、约定自己或者委托付款人在见票时或指定的日期向收款人或持票人无条件支付一定金额的有价证券。

在我国，票据主要包括银行汇票、商业汇票、银行本票和支票。

（二）票据的特征和功能

票据的特征有：（1）票据是债券凭证和金钱凭证；（2）票据是设权证券；（3）票据是文义证券。

票据的功能包括：（1）支付功能；（2）汇兑功能；（3）信用功能；（4）结算功能；（5）融资功能。

（三）票据行为

票据行为是指票据当事人以发生票据债务为目的的、以在票据上签名或盖章为权利与义务成立要件的法律行为，包括出票、背书、承兑和保证四种。

出票人在票据上的签章不符合《票据法》等规定的，票据无效；承兑人、保证人在票据上的签章不符合《票据法》等规定的，其签章无效，但不影响其他符合规定签章的效力；背书人在票据上的签章不符合《票据法》等规定的，其签章无效，但不影响其前手符合规定签章的效力。

背书按照目的不同分为转让背书和非转让背书。转让背书是以持票人将票据权利转让给他人为目的；非转让背书是将一定的票据权利授予他人行使，包括委托收款背书和质押背书。

（四）票据当事人

票据当事人可分为基本当事人和非基本当事人。基本当事人包括出票人、付款人和收款人。非基本当事人包括承兑人、背书人、被背书人、保证人等。

（五）票据权利与责任

票据权利是指票据持票人向票据债务人请求支付票据金额的权利，包括付款请求权和追索权。

票据责任是指票据债务人向持票人支付票据金额的责任。

二、支票

（一）支票的概念及适用范围

支票是指由出票人签发的、委托办理支票存款业务的银行在见票时无条件支付确定的金额给收款人或者持票人的票据。

单位和个人的各种款项结算，均可以使用支票。2007年7月8日，中国人民银行宣布，支票可以实现全国范围内互通使用。

支票的基本当事人有三个：出票人、付款人和收款人。其中，出票人是经中国人民银行当地分支行批准办理支票业务的银行机构开立可以使用支票的存款账户的单位和个人。付款人为支票上记载的出票人开户银行。支票的付款地为付款人所在地。收款人（持票人）是票面上注明的收款单位或个人，也可以是经背书转让的被背书人。

支票可以背书转让，但用于支取现金的支票不能背书转让。

（二）支票的种类

支票分为现金支票、转账支票和普通支票。

支票上印有"现金"字样的为现金支票。现金支票只能用于支取现金。

支票上印有"转账"字样的为转账支票。转账支票只能用于转账。

支票上未印有"现金"或"转账"字样的为普通支票。普通支票可以用于支取现金，也可以用于转账。

在普通支票左上角划两条平行线的，为划线支票。划线支票只能用于转账，不得支取现金。

（三）支票的出票

出票人签发支票并交付的行为即为出票。

1.支票的绝对记载事项

支票的绝对记载事项有：（1）表明"支票"的字样；（2）无条件支付的委托；（3）确定的金额；（4）付款人名称；（5）出票日期；（6）出票人签章。其中支票的金额、收款人名称可以由出票人授权补记，未补记前不得背书转让和提示付款。

2.支票的相对记载事项

支票的相对记载事项有：（1）付款地。支票上未记载付款地的，付款人的营业场所为付款地。（2）出票地。支票上未记载出票地的，出票人的营业场所、住所或者经常居住地为出票地。

此外，支票上可以记载非法定记载事项，但这些事项并不发生支票上的效力。

3.出票的效力

出票人作成支票并交付之后，出票人必须在付款人处存有足够可处分的资金，以保证支票票款的支付；当付款人对支票拒绝付款或者超过支票付款提示期限的，出票人应向持票人承担付款责任。

（四）支票的付款

支票限于见票即付，不得另行记载付款日期。另行记载付款日期的，该记载无效。

1.提示付款期限

支票的持票人应当自出票日起10日内提示付款；异地使用的支票，其提示付款的期限由中国人民银行另行规定。

2.付款

出票人在付款人处的存款足以支付支票金额时，付款人应当在见票当日足额付款。

3.付款责任的解除

付款人依法支付支票金额的，对出票人不再承担受托付款的责任，对持票人不再承担付款的责任。但是，付款人以恶意或者有重大过失付款的除外。

（五）支票的办理要求

存款人领购支票，必须填写"票据和结算凭证领用单"并签章，签章应与预留银行的签章相符。存款账户结清时，必须将全部剩余空白支票交回银行注销。

1.签发支票的要求

（1）签发支票应使用碳素墨水或墨汁填写，中国人民银行另有规定的除外。

（2）签发现金支票和用于支取现金的普通支票，必须符合国家现金管理的规定。

（3）支票的出票人签发支票的金额不得超过付款时在付款人处实有的金额，禁止签发空头支票。

（4）支票的出票人预留银行签章是银行审核支票付款的依据。银行也可以与出票人约定使用支付密码，作为银行审核支付支票金额的条件。

（5）出票人不得签发与其预留银行签章不符的支票；使用支付密码时，出票人不得签发支付密码错误的支票。

（6）出票人签发空头支票、签章与预留银行签章不符的支票，使用支付密码地区、支付密码错误的支票，银行应予以退票，并按票面金额处以5%但不低于1 000元的罚款；持票人有权要求出票人赔偿支票金额2%的赔偿金。对屡次签发的，银行应停止其签发支票。

2.兑付支票的要求

（1）持票人可以委托开户银行收款或直接向付款人提示付款。用于支取现金的支票仅限于收款人向付款人提示付款。

（2）持票人委托开户银行收款时，应作委托收款背书，在支票背面背书人签章栏签章，记载"委托收款"字样、背书日期，在被背书人栏记载开户银行名称，并将支票和填制的进账单送交开户银行。

（3）持票人持用于转账的支票向付款人提示付款时，应在支票背面背书人签章栏签章，并将支票和填制的进账单交送出票人开户银行。

（4）收款人持用于支取现金的支票向付款人提示付款时，应在支票背面"收款人签章"处签章，持票人为个人的，还需交验本人身份证件，并在支票背面注明证件名称、号码及发证机关。

三、商业汇票

（一）商业汇票的概念和种类

商业汇票是指由出票人签发的，委托付款人在指定日期无条件支付确定金额给收款人或者持票人的票据。这种结算方式要求在银行开立账户的法人以及其他组织之间，必须有真实的交易关系或者债权债务关系。商业汇票的付款期限，最长不得超过6个月。

按承兑人的不同，商业汇票分为商业承兑汇票和银行承兑汇票。商业承兑汇票由银行以外的付款人承兑，银行承兑汇票由银行承兑。商业汇票的付款人为承兑人。

（二）商业汇票的出票

1.出票人的确定

商业汇票的出票人，为在银行开立存款账户的法人以及其他组织，与付款人具有真实的委托付款关系，具有支付汇票金额的可靠资金来源。

2.商业汇票的绝对记载事项

签发商业汇票必须记载下列事项，欠缺记载下列事项之一的，商业汇票无效：（1）表明商业承兑汇票或银行承兑汇票的字样；（2）无条件支付的委托；（3）确定的金额；（4）付款人名称；（5）收款人名称；（6）出票日期；（7）出票人签章。

3.商业汇票的相对记载事项

相对记载事项的内容主要包括：（1）汇票上未记载付款日期的，视为见票即付；（2）汇票上未记载付款地的，付款人的营业场所、住所或者经常居住地为付款地；（3）汇票上未记载出票地的，出票人的营业场所、住所或者经常居住地为出票地。

此外，汇票上可以记载非法定记载事项，但这些事项不具有汇票上的效力。

4.商业汇票出票的效力

出票人依照《票据法》的规定完成出票行为之后，即产生票据上的效力，包括：（1）对收款人的效力。收款人取得汇票后，即取得票据权利。（2）对付款人的效力。付款人在对汇票承兑后，即成为汇票上的主债务人。（3）对出票人的效力。出票人签发汇票后，即承担保证该汇票承兑和付款的义务。

（三）商业汇票的承兑

承兑是指汇票付款人承诺在汇票到期日支付汇票金额的票据行为。承兑是汇票特有的制度。商业承兑汇票可以由付款人签发并承兑，也可以由收款人签发交由付款人承兑。商业承兑汇票由银行以外的付款人承兑，银行承兑汇票由银行承兑。商业汇票的付款人为承兑人。

1.承兑的程序

（1）提示承兑

定日付款或者出票后定期付款的汇票，持票人应当在汇票到期日前向付款人提示承兑；见票后定期付款的汇票，持票人应当自出票日起1个月内向付款人提示承兑；汇票未按规定期限提示承兑的，持票人丧失对其前手的追索权；见票即付的汇票无须提示承兑。

（2）承兑成立

①承兑时间。付款人对向其提示承兑的汇票，应当自收到提示承兑的汇票之日起3日内承兑或者拒绝承兑。如果付款人在3日内不做承兑与否表示的，则应视为拒绝承兑。持票人可以请求其作出拒绝承兑证明，向其前手行使追索权。

②接受承兑。付款人收到持票人提示承兑的汇票时，应当向持票人签发收到汇票的回单。回单上应当记明汇票提示承兑日期并签章。回单是付款人向持票人出具的已收到请求承兑汇票的证明。

③承兑的格式。付款人承兑汇票的，应当在汇票正面记载"承兑"字样和承兑日期并签章；见票后定期付款的汇票，应当在承兑时记载付款日期。汇票上未记载承兑日期的，以3天承兑期的最后一日为承兑日期。上列应记载事项必须记载于汇票的正面。

④退回已承兑的汇票。付款人依承兑格式填写完毕应记载事项并将已承兑的汇票退回持票人后才产生承兑的效力。

2.承兑的效力

（1）承兑人于汇票到期日必须向持票人无条件地支付汇票上的金额，否则其必须承担迟延付款责任；（2）承兑人必须对汇票上的一切权利人承担责任，该等权利人包括付款请求权人和追索权人；（3）承兑人不得以其与出票人之间的资金关系来对抗持票人，拒绝支付汇票金额；（4）承兑人的票据责任不因持票人未在法定期限提示付款而解除。

3.承兑不得附有条件

付款人承兑商业汇票，不得附有条件；承兑附有条件的，视为拒绝承兑。银行承兑汇票的承兑银行，应当按照票面金额向出票人收取5‰的手续费。

定日付款或者出票后定期付款的汇票，持票人应当在汇票到期日前向付款人提示承兑。提示承兑是指持票人向付款人出示汇票，并要求付款人承诺付款的行为。

（四）商业汇票的付款

商业汇票的付款，是指付款人依据票据文义支付票据金额，以消灭票据关系的行为。

1.提示付款

持票人应当按照下列法定期限提示付款：（1）见票即付的汇票，自出票日起1个月内向付款人提示付款。（2）定日付款、出票后定期付款或者见票后定期付款的汇票，自到期日起10日内向承兑人提示付款。持票人未按照上述规定期限提示付款的，在作出说明后，承兑人或者付款人仍应当继续对持票人承担付款责任。

2.支付票款

持票人提示付款后，付款人依法审查无误后必须无条件地在当日按票据金额足额支付给持票人。否则，应承担迟延付款的责任。

3.付款的效力

付款人依法足额付款后，全体汇票债务人的责任解除。

（五）商业汇票的背书

持票人可以将汇票权利转让给他人或者将一定的汇票权利授予他人行使。商业汇票的背书，是指以转让商业汇票权利或者将一定的商业汇票权利授予他人行使为目的，按照法定的事项和方式在商业汇票背面或者粘单上记载有关事项并签章的票据行为。但是，出票人在汇票上记载"不得转让"字样的，汇票不得转让。背书不得附有条件。如果背书时附有条件，所附条件不具有汇票上的效力。以背书转让的汇票，后手应当对其直接前手背书的真实性负责。

汇票被拒绝承兑、被拒绝付款或者超过付款提示期限的，不得背书转让；背书转让的，背书人应当承担汇票责任。背书人以背书转让汇票后，即承担保证其后手所持汇票承兑和付款的责任。背书人在汇票得不到承兑或者付款时，应当向持票人清偿。

（六）商业汇票的保证

1.保证的当事人

保证的当事人为保证人与被保证人。保证应由汇票债务人以外的他人承担。

2.保证的格式

保证人必须在汇票或粘单上记载下列事项：（1）表明"保证"的字样；（2）保证人名称和住所；（3）被保证人的名称；（4）保证日期；（5）保证人签章。

3.保证的效力

（1）保证人的责任。被保证的汇票，保证人应当与被保证人对持票人承担连带责任。

（2）共同保证人的责任。保证人为两人以上的，保证人之间承担连带责任。

（3）保证人的追索权。保证人清偿汇票债务后，可以行使持票人对被保证人及其前手的追索权。

【真题演练】下列关于商业汇票的表述中，符合法律规定的有（　　　）。（2013年，多项选择题）

A.商业汇票的提示承兑期限，为自汇票到期日起10日内

B.商业汇票的提示付款期限，为自汇票到期日起10日内

C.商业汇票的付款期限，最长不得超过6个月

D.出票后定期付款的商业汇票，提示承兑期限为自出票日起1个月内

【答案】BC

【解析】本题考核商业汇票的基本知识。商业汇票的提示付款期限，为自汇票到期日起10日内，而不是说的承兑期限，所以选项A错误。出票后定期付款的商业汇票，持票人应该在汇票到期日前向付款人提示承兑，所以选项D错误。

四、银行汇票

（一）银行汇票的概念和适用范围

银行汇票是由出票银行签发的，在见票时按照实际结算金额无条件支付给收款人或者持票人的票据。

单位和个人在异地、同城或同一票据交换区域的各种款项结算，均可使用银行汇票。

（二）银行汇票的记载事项

银行汇票的记载事项有：

（1）表明"银行汇票"的字样；

（2）无条件支付的承诺；

（3）确定的金额；

（4）付款人名称；

（5）收款人名称；

（6）出票日期；

（7）出票人签章。

汇票上未记载上述事项之一的，汇票无效。

（三）银行汇票的基本规定

（1）银行汇票可以用于转账，标明现金字样的"银行汇票"也可以提取现金。

（2）银行汇票的付款人为银行汇票的出票银行，银行汇票的付款地为代理付款人或出票人所在地。

（3）银行汇票的出票人在票据上的签章，应为经中国人民银行批准使用的该银行汇票专用章加其法定代表人或其授权经办人的签名或者盖章。

（4）银行汇票的提示付款期限自出票日起一个月内。持票人超过付款期限提示付款的，代理付款人（银行）不予受理。

（5）银行汇票可以背书转让，但填明"现金"字样的银行汇票不得背书转让。银行汇票的背书转让以不超过出票金额的实际结算金额为准。未填写实际结算金额或实际结算金额超过出票金额的银行汇票不得背书转让。

（6）填明"现金"字样和代理付款人的银行汇票丧失，可以由失票人通知付款人或者代理付款人挂失止付。

（7）银行汇票丧失，失票人可以凭人民法院出具的其享有票据权利的证明，向出票银行请求付款或退款。

（四）银行汇票申办和兑付的基本规定

收款人受理银行汇票依法审查无误后，应在出票金额以内，根据实际需要的款项办理结算，并将实际结算金额和多余金额填入银行汇票和解讫通知的有关栏内。未填明实际结算金额和多余金额或实际结算金额超过出票金额的，银行不予受理。银行汇票的实际结算金额不得更改，更改实际结算金额的银行汇票无效。

持票人向银行提示付款时，必须同时提交银行汇票和解讫通知，缺少任何一联，银行不予受理。

持票人超过提示付款期限向代理付款银行提示付款不获付款的，必须在票据权利时效内向出票银行作出说明，并提供本人身份证件或单位证明，持银行汇票和解讫通知向出票银行请求付款。

五、银行本票

（一）银行本票的概念

银行本票是出票人签发的，承诺自己在见票时无条件支付确定的金额给收款人或者持票人的票据。

（二）银行本票的适用范围

单位和个人在同一票据交换区域需要支付的各种款项，均可以使用银行本票。银行本票可以用于转账，注明"现金"字样的银行本票可以用于支取现金。

（三）银行本票的记载事项

银行本票必须记载下列事项：表明"银行本票"的字样；无条件支付的承诺；确定的金额；收款人名称；出票日期；出票人签章。申请人或收款人为单位的，不得申请签发现金银行本票。

（四）银行本票的提示付款期限

银行本票的提示付款期限自出票日起最长不得超过2个月。持票人超过付款期限提示付款的，代理付款人不予受理。本票的持票人未按照规定期限提示见票的，丧失对出票人以外的前手的追索权。

【真题演练】下列关于银行本票的提示付款期限的表述中，错误的是（　　）。（2015年，单项选择题）

A.银行本票见票即付

B.提示付款期限自出票日起最长不得超过1个月

C.持票人超过付款期限提示付款的，代理付款人不予受理

D.持票人超过提示付款期限不获付款的，在票据权利时效内向出票银行作出说明，并提供本人身份证件或单位证明，可持银行本票向出票银行请求付款

【答案】B

【解析】选项B，提示付款期限自出票日起最长不得超过2个月。

【真题演练】下列各项中，属于票据基本当事人的是（　　）。（2014年，单项选择题）

A.出票人　　　B.承兑人　　　C.保证人　　　D.背书人

【答案】A

【解析】本题考核票据当事人。票据基本当事人包括出票人、付款人、收款人，其他选项均为非基本当事人。

第五节　银行卡

一、银行卡的概念与分类

（一）银行卡的概念

银行卡是指经批准由商业银行（含邮政金融机构）向社会发行的具有消费信用、转账结算、存取现金等全部或部分功能的信用支付工具。

（二）银行卡的分类

（1）按照发行主体是否在境内分为境内卡和境外卡。

（2）按照是否给予持卡人授信额度分为信用卡和借记卡。

（3）按照账户币种的不同分为人民币卡、外币卡和双币种卡。

（4）按信息载体不同分为磁条卡和芯片卡。

二、银行卡账户与交易

（一）银行卡交易的基本规定

（1）单位人民币卡可办理商品交易和劳务供应款项的结算，但不得透支。单位卡不得支取现金。

（2）发卡银行对贷记卡的取现应当每笔进行授权，每卡每日累计取现不得超过限

定额度。

（3）发卡银行应当依照法律规定遵守信用卡业务风险控制指标。

（4）准贷记卡的透支期限最长为60天。贷记卡的首月最低还款额不得低于其当月透支余额的10%。

（5）发卡银行通过下列途径追偿透支款项和诈骗款项：扣减持卡人保证金、依法处理抵押物和质押物；向保证人追索透支款项；通过司法机关的诉讼程序进行追偿。

（二）银行卡的资金来源

单位卡账户的资金，一律从其基本存款账户转账存入，不得交存现金，不得将销货收入的款项存入其账户。

个人卡在使用过程中，需要向其账户续存资金的，只限于其持有的现金存入和工资性款项以及属于个人的劳务报酬收入转账存入。严禁将单位的款项存入个人卡账户。

（三）银行卡的计息和收费

1.计息

（1）发卡银行对准贷记卡及借记卡（不含储值卡）账户内的存款，按照中国人民银行规定的同期同档次存款利率及计息办法计付利息。

（2）发卡银行对贷记卡账户的存款、储值卡（含IC卡的电子钱包）内的币值不计付利息。

（3）贷记卡持卡人非现金交易享受如下优惠条件：

第一，免息还款期待遇。银行记账日至发卡行规定的到期还款日之间为免息还款期。最长为60天。

第二，最低还款额待遇。持卡人在到期还款日前偿还所使用全部银行款项有困难的，可按发卡行规定的最低还款额还款。

贷记卡选择最低还款或超过批准的信用额度用卡，不得享受免息还款期待遇。贷记卡支取现金、准贷记卡透支，不享受免息还款期和最低还款额待遇。贷记卡透支按月计收复利，准贷记卡按月计收单利。透支利率为日利率0.05%。

2.收费

收费是指商业银行办理银行卡收单业务向商户收取结算手续费。

（四）银行卡申领、注销和挂失

1.银行卡的申领

凡在中国境内金融机构开立基本存款账户的单位，可凭中国人民银行核发的开户许可证申领单位卡。单位卡可申领若干张，持卡人资格由申领单位法定代表人或其委托的代理人书面指定和注销。凡具有完全民事行为能力的公民，可凭本人有效身份证件及发卡银行规定的相关证明文件申领个人卡。个人卡的主卡持卡人，可为其配偶及年满18周岁的亲属申领附属卡，申领的附属卡最多不得超过两张，也有权要求注销其附属卡。

2.银行卡的注销

持卡人在还清全部交易款项、透支本息和有关费用后，有下列情形之一的，可申请办理销户：（1）信用卡有效期满45天后，持卡人不更换新卡的；（2）信用卡挂失满45天后，没有附属卡又不更换新卡的；（3）信用卡被列入止付名单，发卡银行已收回其信用卡45天的；（4）持卡人死亡，发卡银行已收回其信用卡45天的；（5）持卡人要求销户或担保人撤销担保，并已交回全部信用卡45天的；（6）信用卡账户两年（含）以上未发生交易的；（7）持卡人违反其他规定，发卡银行认为应该取消资格的。销户时，单位卡账户余额转入其基本存款账户，不得提取现金；个人卡账户可以转账结清，也可以提取现金。

3.银行卡的挂失

持卡人丧失银行卡，应立即持本人身份证件或其他有效证明，并按规定提供有关情况，向发卡银行或代办银行申请挂失。

第六节　其他结算方式

一、汇兑

（一）汇兑的概念和分类

汇兑是汇款人委托银行将其款项支付给收款人的结算方式。汇兑分为电汇和信汇两种。汇兑结算适用于各种经济内容的异地提现和结算。

（二）办理汇兑的程序

1.签发汇兑凭证

签发汇兑凭证必须记载下列事项：

（1）表明"信汇"或"电汇"的字样；

（2）无条件支付的委托；

（3）确定的金额；

（4）收款人名称；

（5）汇款人名称；

（6）汇入地点、汇入行名称；

（7）汇出地点、汇出行名称；

（8）委托日期；

（9）汇款人签章。

汇款人和收款人均为个人，需要在汇入银行支取现金的，应在信、电汇凭证的汇款金额大写栏，先填写"现金"字样，后填写汇款金额。

2.银行受理

汇出银行受理汇款人签发的汇兑凭证，经审查无误后，应及时向汇入银行办理汇款，并向汇款人签发汇款回单。汇款回单只能作为汇出银行受理汇款的依据，不能作为该笔汇款已转入收款人账户的证明。

3.汇入处理

汇入银行对开立存款账户的收款人，应将汇入款项直接转入收款人账户，并向其发出收账通知。收账通知是银行将款项确已收入收款人账户的凭据。

（三）汇兑的撤销和退汇

1.汇兑的撤销

汇款人对汇出银行尚未汇出的款项可以申请撤销。

2.汇兑的退汇

汇款人对汇出银行已经汇出的款项可以申请退汇。转汇银行不得受理汇款人或汇出银行对汇款的撤销或退汇。

对在汇入银行开立存款账户的收款人，由汇款人与收款人自行联系退汇；对未在汇入银行开立存款账户的收款人，汇款人应出具正式函件或本人身份证件以及原信、电汇回单，由汇出银行通知汇入银行，经汇入银行核实汇款确未支付，并将款项退回汇出银行，方可办理退汇。汇入银行对于收款人拒绝接受的汇款，应即办理退汇。汇入银行对于向收款人发出取款通知，经过2个月无法交付的汇款，应主动办理退汇。

【真题演练】汇兑分为（　　　）。（2012年，多项选择题）

A.信汇　　　　　B.电汇　　　　　C.票汇　　　　　D.转汇

【答案】AB

【解析】本题考核汇兑的分类。汇兑分为信汇和电汇两种。

二、委托收款

（一）委托收款的概念

委托收款是指收款人委托银行向付款人收取款项的结算方式。单位和个人凭已承兑的商业汇票、债券、存单等付款人债务证明办理款项的结算，均可以使用委托收款结算方式，委托收款在同城、异地均可以使用，其结算款项的划回方式分为邮寄和电报两种，由收款人选用。

（二）委托收款的记载事项

委托收款的记载事项包括：

（1）表明"委托收款"的字样；

（2）确定的金额；

（3）付款人名称；

（4）收款人名称；

（5）委托收款凭据名称及附寄单证张数；

（6）委托日期；

（7）收款人签章。

（三）委托收款的结算规定

1.委托收款的办理方法

（1）以银行为付款人的，银行应在当日将款项主动支付给收款人。

（2）以单位为付款人的，银行通知付款人后，付款人应于接到通知当日书面通知银行付款。银行在办理划款时，付款人存款账户不能足额支付的，应通过被委托银行向收款人发出未付款项通知书。

2.委托收款的注意事项

（1）付款人审查有关债务证明后，对收款人委托收取的款项需要拒绝付款的，有权提出拒绝付款。

（2）收款人收取公用事业费，必须具有收付双方事先签订的经济合同，由付款人向开户银行授权，并经开户银行同意，报经中国人民银行当地分支行批准，可以使用同城特约委托收款。

三、托收承付

（一）托收承付的概念

托收承付是指根据购销合同由收款人发货后委托银行向异地付款人收取款项，由付款人向银行承付的结算方式。使用托收承付结算方式的收款单位和付款单位，必须是国有企业、供销合作社以及经营管理较好，并经开户银行审查同意的城乡集体所有制工业企业。办理托收承付结算的款项，必须是商品交易以及因商品交易而产生的劳务供应的款项。代销、寄销、赊销商品的款项不得办理托收承付结算。托收承付结算每笔的金额起点为1万元，新华书店系统每笔的金额起点为1 000元。

（二）托收承付的结算规定

托收承付凭证记载事项有：

（1）表明"托收承付"的字样；

（2）确定的金额；

（3）付款人的名称和账号；

（4）收款人的名称和账号；

（5）付款人的开户银行名称；

（6）收款人的开户银行名称；

（7）托收附寄单证张数或册数；

（8）合同名称、号码；

（9）委托日期；

（10）收款人签章。

收付双方使用托收承付结算方式必须签有符合《合同法》的购销合同，并在合同上订明使用托收承付结算款项的划回方法，分为邮寄和电报，由收款人选用。

（三）托收承付的办理方法

1.托收

收款人按照签订的购销合同发货后，应将托收凭证并附发运凭证或其他符合托收承付结算的有关证明和交易单证送交银行。

2.承付

购货单位承付货款有验单承付和验货承付两种方式。验单承付期为3天，从购货单位开户银行发出通知的次日算起（承付期内遇法定节假日顺延）。验货承付的承付期为10天，从运输部门向付款人发出提货通知的次日算起，付款人在承付期内，未向银行表示拒绝付款，银行即视作承付，在承付期满的次日上午将款项划给收款人。

四、国内信用证

（一）国内信用证的概念

国内信用证（简称"信用证"）是适用于国内贸易的一种支付结算方式，是开证银行依照申请人（购货方）的申请向受益人（销货方）开出的有一定金额、在一定期限内凭信用证规定的单据支付款项的书面承诺。

（二）国内信用证的结算方式

国内信用证结算方式只适用于国内企业之间商品交易产生的货款结算，并且只能用于转账结算，不得支取现金。

（三）国内信用证的办理基本程序

1.开证

开证行决定受理开证业务时，应向申请人收取不低于开证金额20%的保证金，并可根据申请人资信情况要求其提供抵押、质押或由其他金融机构出具保函。

2.通知

通知行收到信用证审核无误后，应填制信用证通知书，连同信用证交付受益人。

3.议付

议付，是指信用证指定的议付行在单证相符条件下，扣除议付利息后向受益人给付对价的行为。议付行必须是开证行指定的受益人开户行。议付仅限于延期付款信用证。议付行议付后，应将单据寄开证行索偿资金。议付行议付信用证后，对受益人具有追索权。到期不获付款的，议付行可从受益人账户收取议付金额。

4.付款

开证行对议付行寄交的凭证、单据等审核无误后，对即期付款信用证，从申请人账户收取款项支付给受益人；对延期付款信用证，应向议付行或受益人发出到期付款确认书，并于到期日从申请人账户收取款项支付给议付行或受益人。申请人交存的保证金和其存款账户余额不足支付的，开证行仍应在规定的付款时间内进行付款。对不足支付的部分作逾期贷款处理。

【真题演练】托收承付凭证记载事项有（　　）。（2015年，多项选择题）

A.确定的金额

B.付款人的名称和账号

C.收款人的名称和账号

D.委托日期

【答案】ABCD

【解析】托收承付凭证记载事项有：（1）表明"托收承付"的字样；（2）确定的金额；（3）付款人的名称和账号；（4）收款人的名称和账号；（5）付款人的开户银行名称；（6）收款人的开户银行名称；（7）托收附寄单证张数或册数；（8）合同名称、号码；（9）委托日期；（10）收款人签章。

【真题演练】下列关于国内信用证的说法中，错误的是（　　）。（2015年，单项选择题）

A.国内信用证是开证银行依照申请人的申请向受益人开出的有一定金额、在一定期限内凭信用证规定的单据支付款项的书面承诺

B.国内信用证是适用于国外贸易的一种支付结算方式

C.我国信用证为不可撤销、不可转让的跟单信用证

D.不可撤销信用证，是指信用证开具后在有效期内，非经信用证各有关当事人（即开证银行、开证申请人和受益人）的同意，开证银行不得修改或者撤销的信用证

【答案】B

【解析】国内信用证是适用于国内贸易的一种支付结算方式。

【真题演练】下列关于托收承付的说法中，正确的是（　　）。（2012年，单项选择题）

A.托收承付结算每笔的金额起点为1 000元

B.新华书店系统每笔的金额起点为10 000元

C.验单承付为3天，应从购货单位开户银行发出通知的当日算起（承付期内遇法定节假日顺延）

D.验货付款为10天，应从运输部门向付款人发出提货通知的次日算起，付款人在承付期内，未向银行表示拒绝付款，银行即视作承付，在承付期满的次日上午将款项划给收款人

【答案】D

【解析】选项 A，托收承付结算每笔的金额起点为 10 000 元；选项 B，新华书店系统每笔的金额起点为 1 000 元；选项 C，验单承付期为 3 天，从购货单位开户银行发出通知的次日算起（承付期内遇法定节假日顺延）。

＞＞ 同步练习

一、单项选择题

1. 存款人开立的银行结算账户，需要核准的，应及时报送（　　）核准。

A. 中国人民银行 　　　　　　　　　B. 中国工商银行

C. 中国工商银行当地分支行 　　　　D. 中国人民银行当地分支行

2. 存款人在开立、撤销银行结算账户时有法定违法行为时，经营性的存款人，给予警告并处以（　　）的罚款。

A. 1 万元以上 3 万元以下 　　　　　B. 1 000 元

C. 1 万元 　　　　　　　　　　　　D. 1 万元以上 2 万元以下

3. 票据出票日若为 10 月 30 日，下列写法正确的是（　　）。

A. 壹拾月叁拾日 　　　　　　　　　B. 零壹拾月叁拾日

C. 零壹拾月零叁拾日 　　　　　　　D. 零拾月零叁拾日

4. 支票的提示付款期限为自出票日起（　　）。

A. 7 日 　　　　　B. 10 日 　　　　　C. 1 个月 　　　　　D. 3 个月

5. 存款人银行结算账户有法定变更事项的，应于（　　）日内书面通知开户银行并提供有关证明。

A. 3 　　　　　　　B. 5 　　　　　　　C. 7 　　　　　　　D. 1

6. 单位和个人的各种款项结算，均可以使用（　　）。

A. 支票 　　　　　B. 商业汇票 　　　　C. 本票 　　　　　D. 银行汇票

7. 凡在中国境内金融机构开立（　　）的单位可申领单位卡。

A. 一般存款账户 　　　　　　　　　B. 专用存款账户

C. 临时存款账户 　　　　　　　　　D. 基本存款账户

8. 下列属于非票据结算方式的是（　　）。

A. 信用卡 　　　　B. 支票 　　　　　C. 商业汇票 　　　D. 银行本票

9. 开证行决定受理开证业务时，应向申请人收取不低于开证金额（　　）的保证金。

A. 10% 　　　　　　B. 20% 　　　　　C. 30% 　　　　　D. 40%

10. 下列签发支票的要求正确的是（　　）。

A. 签发支票应使用碳素墨水或墨汁填写

B. 只需签发现金支票符合国家现金管理的规定

C. 可以签发空头支票

D.支票的出票人在票据上的签章，应为其预留银行的签章，该签章是银行审核支票付款的依据。银行不可以出票人约定使用支付密码，作为银行审核支付支票金额的条件

11.有关票据出票日期的说法，正确的是（　　）。

A.票据的出票日期必须使用中文大写

B.在填写月、日时，月为壹、贰和壹拾的应在其前加"壹"

C.在填写月、日时，日为拾壹至拾玖的，应在其前面加"零"

D.票据出票日期使用小写填写的，银行也应受理

12.下列关于票据和结算凭证的填写的表述中，正确的是（　　）。

A.中文大写金额数字必须用正楷书写

B.中文大写金额数字到"角"为止的，在角之后必须写"整"字

C.中文大写金额数字到"分"为止的，在分之后不需写"整"字

D.票据的大写出票日期未按要求规范填写的，银行不予受理

13.经查实，A公司为进行经营行为而伪造相关证明文件欺骗银行，开立银行基本存款账户，对A公司的行为除给予警告外，并处以（　　）。

A.1 000元的罚款

B.1 000元以上5 000元以下的罚款

C.5 000元以上1万元以下的罚款

D.1万元以上3万元以下的罚款

14.根据《人民币银行结算账户管理办法》的规定，不得申请撤销银行结算账户的情况是（　　）。

A.存款人因迁址需要变更开户银行的

B.存款人被注销、被吊销营业执照的

C.存款人尚未清偿其开户银行债务，拟宣告破产的

D.存款人被撤并、解散的

15.根据《人民币银行结算账户管理办法》的规定，存款人申请开立、变更、撤销一般存款账户、专用存款账户和临时存款账户必须出具（　　）的证明文件。

A.专用存款账户开户登记证

B.一般存款账户开户登记证

C.临时存款账户开户登记证

D.基本存款账户开户登记证

二、多项选择题

1.银行卡持卡人在还清全部交易款项、透支本息和有关费用后，下列哪些情形可申请办理销户（　　）。

A.信用卡有效期满45天后，持卡人不更换新卡的

B.信用卡挂失满45天后，没有附属卡又不更换新卡的

C.信用卡被列入止付名单，发卡银行已收回其信用卡45天的

D.持卡人死亡，发卡银行已收回其信用卡45天的

2.以下属于支付结算的支付工具的有（   ）。

A.信用卡   B.汇票   C.本票   D.支票

3.根据《现金管理暂行条例》，开户单位可以在下列范围内使用现金（   ）。

A.职工工资、津贴

B.个人劳务报酬

C.根据国家规定颁发给个人的科学技术、文化艺术、体育等各种奖金

D.向个人收购农副产品和其他物资的价款

4.以下（   ）属于支付结算的特征。

A.支付结算必须通过中国人民银行批准的金融机构进行，未经中国人民银行批准的非银行金融机构和其他单位不得作为中介机构经营支付结算业务

B.支付结算是一种要式行为

C.支付结算的发生取决于委托人的意志

D.实行统一领导和分级管理

5.银行本票必须记载下列事项：（   ）。

A.表明"银行本票"的字样   B.无条件支付的承诺

C.确定的金额   D.付款人名称

6.信用卡按使用对象分为（   ）。

A.单位卡   B.个人卡   C.金卡   D.普通卡

7.下列关于票据伪造与变造的表述中正确的有（   ）。

A.伪造是指无权限人假冒他人或虚构人名义签章的行为

B.变造是指无权更改票据内容的人对票据上签章以外的记载事项加以改变的行为

C.伪造、变造票据属于欺诈行为，应该追究其刑事责任

D.票据上有伪造、变造签章的，票据无效

8.关于违反银行账户管理法律制度的法律责任，下列说法正确的有（   ）。

A.存款人在开立、撤销银行结算账户时有法定违法行为时，非经营性的存款人，给予警告并处以1000元的罚款

B.伪造、变造、私自印制开户登记证的存款人，属非经营性的处以1000元罚款

C.银行在银行结算账户的开立中有法定违法行为时，给予警告，并处以5万元以上30万元以下的罚款

D.银行在银行结算账户的使用中有法定违法行为时，给予警告，并处以5000元以上3万元以下的罚款

9.银行结算账户管理的基本原则有（   ）。

A.一个基本账户原则   B.自主选择原则

C.守法合规原则　　　　　　　　　　D.存款信息保密原则

10.票据的基本当事人包括（　　　）。

A.承兑人　　　　　B.付款人　　　　　C.收款人　　　　　D.出票人

11.在我国，票据包括（　　　）。

A.银行本票　　　　B.支票　　　　　　C.银行汇票　　　　D.商业汇票

12.存款人违反规定，伪造、变造开户登记证，对于其处罚，下列表述正确的有（　　　）。

A.非经营性的存款人，处以1 000元的罚款

B.经营性的存款人，给予警告并处以1万元以上3万元以下的罚款

C.非经营性的存款人，给予警告并处以1万元以上3万元以下的罚款

D.构成犯罪的，移交司法机关依法追究刑事责任

13.根据《人民币银行结算账户管理办法》的规定，银行结算账户的变更包括（　　　）。

A.存款人名称变更

B.单位法定代表人或主要负责人变更

C.地址的变更

D.其他开户资料的变更

14.票据的下列记载事项中，可以更改的有（　　　）。

A.收款人名称　　　B.付款人名称　　　C.金额　　　　　　D.付款日期

15.下列关于支付结算的说法中，正确的有（　　　）。

A.票据和结算凭证是办理支付结算的工具

B.未使用按中国人民银行统一规定印制的票据，票据无效

C.未使用按中国人民银行统一规定格式的结算凭证，银行不予受理

D.单位办理支付结算必须使用按照中国人民银行统一规定印制的票据凭证和统
　一规定的结算凭证

三、判断题

1.一个单位可以在多家金融机构开设基本存款账户。　　　　　　　　　（　　　）

2.没有在银行单独开立账户的附属单位不用实行现金管理。　　　　　　（　　　）

3.出票人签发空头支票、签章与预留银行签章不符的支票，使用支付密码的地区，支付密码错误的支票，银行应予以退票。　　　　　　　　　　　　（　　　）

4.划线支票可以用于转账和支取现金。　　　　　　　　　　　　　　　（　　　）

5.托收承付结算方式既可以在同城使用，也可以在异地使用。　　　　　（　　　）

6.保证是指票据债务人为担保特定债务人履行票据债务而在票据上记载有关事项并签章的行为。　　　　　　　　　　　　　　　　　　　　　　　　　　（　　　）

7.兑付银行汇票时实际结算金额超过出票金额的，银行不予受理。　　　（　　　）

8.填明"现金"字样的银行汇票不得背书转让。　　　　　　　　　　　（　　　）

9.单位和个人在同城、异地的各种款项结算，均可使用支票。　　　　　（　　）

10.单位卡账户的资金，一律从其基本存款账户转账存入，不得交存现金，不得将销货收入的款项存入其账户。　　　　　　　　　　　　　　　　（　　）

11.凡是与支付结算的各种结算方式有关的法律、行政法规以及各部门规章和地方性规定都是支付结算的法律依据。　　　　　　　　　　　　　　（　　）

12.票据记载事项一般分为必须记载事项、相对记载事项、任意记载事项和记载不产生票据法上的效力的事项等。　　　　　　　　　　　　　　　　（　　）

13.根据《票据法》的规定，本票的出票人就是付款人。　　　　　　（　　）

14.保证人对取得来源不合法的汇票也享有票据权利，承担保证责任。　（　　）

15.商业汇票是指出票人签发的，委托付款人在见票时或在指定日期无条件支付确定金额给收款人或者持票人的票据。　　　　　　　　　　　　　　（　　）

四、案例分析题

1.A公司向B公司开出转账支票，其他记载事项填列正确、齐全，只有金额一项书面授权A公司销售经理进行补记，且规定补记金额不得超过本次购货金额。实际A公司从B公司购货金额为6万元，销售经理补记金额为8万元。B公司收到该支票后又背书转让给C公司，背书人签章，被背书人名称记录正确，但未注明日期，该支票出票日为3月12日，C公司于3月20日向付款人提示付款。A公司以该票据代理人超越代理权限为由拒绝付款，C公司向B公司行使追索权，B公司以背书事项不全、背书无效为由拒绝承担连带责任。

回答下列问题：

（1）票据的功能包括（　　　）。

A.支付　　　　　　　B.汇兑　　　　　　　C.结算　　　　　　　D.融资

（2）票据行为是指票据当事人以发生票据债务为目的的、以在票据上签名或盖章为权利与义务成立要件的法律行为，包括（　　　）。

A.出票　　　　　　　B.背书　　　　　　　C.承兑　　　　　　　D.保证

（3）背书日期属于（　　　）记载事项。若A公司按票据金额支付8万元给C公司，则付款金额超过购货金额的部分由（　　　）承担责任。

A.绝对，代理人　　　　　　　　　　B.非绝对，代理人

C.绝对，背书人　　　　　　　　　　D.非绝对，背书人

（4）A公司行为（　　　）。

A.正确　　　　　　　　　　　　　　B.错误

（5）B公司行为（　　　）。

A.正确　　　　　　　　　　　　　　B.错误

2.2015年9月，甲公司发生如下业务：

（1）向乙公司购买一批钢材，甲公司将一张汇票背书转让给乙公司作为付款，背书时注明"货到后此汇票方生效"；

（2）向丙公司发出一份支票，丙公司在转让前发现该支票未记录个别事项；

（3）向银行申请开立临时账户。

回答下列问题：

（1）对于转让给乙公司的汇票，下列表述中，正确的有（　　　）。

A.该背书所附的条件"货到后此汇票方生效"有效

B.该背书所附的条件"货到后此汇票方生效"无效

C.该背书仍然有效

D被背书人即乙公司可依背书取得票据权利

（2）在下列各项中，对基本存款账户与临时存款账户在管理上的区别，表述正确的是（　　　）。

A.基本存款账户能支取现金而临时存款账户不能支取现金

B.基本存款账户不能向银行借款而临时存款账户可以向银行借款

C.基本存款账户没有开设数量的限制而临时存款账户受开设数量的限制

D.基本存款账户没有时间限制而临时存款账户实行有效期管理

（3）根据《中华人民共和国票据法》的规定，下列各项中，支票的出票人可授权补记的有（　　　）。

A.支票金额　　　　　B.出票日期　　　　　C.付款人名称　　　　　D.收款人名称

（4）下面关于支票的表述中，正确的有（　　　）。

A.支票结算用于同城支付结算

B.支票可以支取现金也可以转账

C.支票无金额起点

D.支票的提示付款期限自出票日起10日

（5）《中华人民共和国票据法》所指的票据包括（　　　）。

A.支票　　　　　B.信用证　　　　　C.汇票　　　　　D.本票

第三章
税收法律制度

考纲知识体系

考情分析

本章主要涉及的考点有税收的概念及其分类，税法及其构成要素，税务登记管理、发票的要求、纳税申报及方式、税款征收方式等规定，增值税、消费税、企业所得税和个人所得税的相关原理及应纳税额的计算，营业税改征增值税试点方案的具体政策等。

主要题型有单项选择题、多项选择题、判断题和案例分析题。

学习的重点是增值税、消费税、企业所得税和个人所得税的相关原理及应纳税额的计算，营业税改征增值税试点方案的具体政策。

第一节 税收概述

一、税收的概念与分类

（一）税收概念与作用

1.税收的概念

税收是国家为了满足一般的社会共同需要，凭借政治的权力，按照国家法律规定的标准，强制地、无偿地取得财政收入的一种分配形式。

2.税收的作用

（1）税收是国家组织财政收入的主要形式和工具

税收是国家取得财政收入的一种重要工具。国家要行使职能必须有一定的财政收入作为保障。取得财政收入的手段多种多样，如税收、发行货币、发行国债、收费、罚没等，而税收是大部分国家取得财政收入的主要形式。我国自1994年税制改革以来，税收收入占财政收入的比重基本都维持在90%以上，说明税收是我国组织财政收入的主要形式。

（2）税收是国家调控经济运行的重要手段

我国建立和发展社会主义市场经济体制，一个重要的改革目标，就是从过去国家习惯于用行政手段直接管理经济向主要运用法律、经济的手段宏观调控经济转变。税收作为国家宏观调控的重要手段，通过制定税法，以法律的形式确定国家与纳税人之间的利益分配关系，调节社会成员的收入水平，调整产业结构和社会资源的优化配置，使之符合国家的宏观经济政策；同时，以法律的平等原则，公平经营单位和个人的税收负担，鼓励平等竞争，为市场经济的发展创造良好的条件。例如，1994年实施的增值税和消费税暂行条例，对于调整产业结构，促进商品的生产、流通，适应市场竞争机制的要求，都发挥了积极的作用。

（3）税收具有维护国家政权的作用

国家政权是税收产生和存在的必要条件，而国家政权的存在又依赖于税收的存在。没有税收，国家机器就不可能有效运转。同时，税收分配不是按照等价原则和所有权原则分配的，而是凭借政治权力对物质利益进行调节，体现国家支持什么、限制什么，从而达到维护和巩固国家政权的目的。

（4）税收是国际经济交往中维护国家利益的可靠保证

在国际经济交往中，任何国家对在本国境内从事生产、经营的外国企业或个人都拥有税收管辖权。这是国家权益的具体体现。我国自1979年实行对外开放以来，在平等互利的基础上，不断扩大和发展同各国、各地区的经济交流与合作，利用外资、引进技术的规模、渠道和形式都有了很大发展。我国在建立和完善涉外税法的同时，还同80多个国家签订了避免双重征税的协定。这些规定既维护了国家的权益，又为鼓励外商投资、保护国外企业或个人在华的合法经营、发展国家间平等互利的经济技术合作关系提供了可靠的法律保障。

（二）税收的特征

税收特征，亦称"税收形式特征"，是指税收分配形式区别于其他财政分配形式的质的规定性。税收特征是由税收的本质决定的，是税收本质属性的外在表现，是区别税与非税的外在尺度和标志，也是古今中外税收的共性特征。税收的形式特征通常概括为税收"三性"，即强制性、无偿性和固定性。

1.强制性

税收的强制性，指税收是国家凭借政治权力，通过法律形式对社会产品进行的强制性分配，而非纳税人的一种自愿缴纳。纳税人必须依法纳税，否则会受到法律制裁。强制性是国家的权力在税收上的法律体现，是国家取得税收收入的根本前提。它也是与税收的无偿性特性相对应的一个特征。正因为税收的无偿性，才需要通过税收法律的形式规范征纳双方的权利和义务。对纳税人而言，依法纳税既是一种权利，更是一种义务。

2.无偿性

税收的无偿性，是指国家征税以后对具体纳税人既不需要直接偿还，也不付出任何直接形式的报酬，纳税人从政府支出所获利益通常与其支付的税款不完全成一一对应的比例关系。无偿性是税收的关键特征，它使税收明显地区别于国债等其他财政收入形式，决定了税收是国家筹集财政收入的主要手段，并成为调节经济和矫正社会分配不公的有力工具。

3.固定性

税收的固定性，指税收是国家通过法律形式预先规定了对什么征税及征收比例等税制要素，并保持相对的连续性和稳定性，也可理解为规范性。税制要素的具体内容也会因经济发展水平、国家经济政策的变化而进行必要的改革和调整，但这种改革和调整也总是要通过法律形式事先规定，而且改革调整后要保持一定时期的相对稳定。基于法律的税收固定性始终是税收的固有形式特征，税收固定性对国家和纳税人都具有十分重要的意义。对国家来说，可以保证财政收入的及时、稳定和可靠，可以防止国家不顾客观经济条件和纳税人的负担能力，滥用征税权力；对于纳税人来说，可以保护其合法权益不受侵犯，增强其依法纳税的法律意识，同时也有利于纳税人通过税收筹划选择合理的经营规模、经营方式和经营结构等，降低经营成本。

税收"三性"是一个完整的统一体，它们相辅相成、缺一不可。其中，无偿性是核心，强制性是保障，固定性是对强制性和无偿性的一种规范和约束。

【真题演练】下列各项中属于税收特征的有（　　　）。（2012年，多项选择题）
A.自愿性　　　　B.强制性　　　　C.有偿性　　　　D.固定性
【答案】BD
【解析】税收的特征通常概括为税收"三性"，即强制性、无偿性和固定性。

（三）税收的分类

1.按征税对象分类

按征税对象分类可将全部税收划分为流转税、所得税、财产税、资源税和行为税五种类型。

（1）流转税

流转税是指以货物或劳务的流转额为征税对象的一类税收。我国现行的增值税、消费税和关税等都属于流转税类。这类税的特点是与商品生产、流通、消费有密切联系；对什么商品征税，税率多高，对商品经济活动都有直接的影响；易于发挥对经济的宏观调控作用。

（2）所得税

所得税也称收益税，是指以纳税人的各种所得额为课税对象的一类税收。现阶段，我国所得税类主要包括企业所得税、个人所得税等。其特点是可以直接调节纳税人收入，发挥其公平税负、调整分配关系的作用。

（3）财产税

财产税是以纳税人所拥有或支配的特定财产为征税对象的一类税收。我国现行的房产税、车船税、契税等属于财产税类。

（4）资源税

资源税是以自然资源和某些社会资源作为征税对象的一类税收。对资源税类的税收，主要是为保护和合理使用国家自然资源而课征的税。我国现行的资源税、土地增值税和城镇土地使用税等属于此类。

（5）行为税

行为税也称特定目的税，是指国家为了实现特定目的，以纳税人的某些特定行为为征税对象的一类税收。车辆购置税、城市维护建设税等属于此类税收。

【真题演练】下列各项中不属于流转税的是（　　　）。（2013年，单项选择题）

A.消费税　　　　　B.增值税　　　　　C.关税　　　　　D.车辆购置税

【答案】D

【解析】我国现行的增值税、消费税和关税等都属于流转税类。车辆购置税属于行为税。

【真题演练】按照征收对象划分税种体系，房产税、契税属于（　　　）。（2009年，单项选择题）

A.资源税类　　　　B.所得税类　　　　C.财产税类　　　　D.行为税类

【答案】C

【解析】根据征税对象的不同，可以把我国的现行税种体系划分为流转税、所得税、财产税、行为税和资源税等五类。其中，财产税包括10个税种：（1）房产税；（2）城市房地产税；（3）城镇土地使用税；（4）车船税；（5）车船使用牌照税；（6）车辆购置税；（7）契税；（8）耕地占用税；（9）船舶吨税；（10）遗产税（未开征）。

2.按征收管理的分工体系分类

按征收管理的分工体系分类可将全部税收划分为工商税类、关税类。

（1）工商税类。工商税类由税务机关负责征收管理，是我国现行税制的主体部分。工商税收是指以从事工业、商业和服务业的单位和个人为纳税人的各种税的总称，是我国现行税制的主体部分，具体包括增值税、消费税、资源税、企业所得税、个人所得税、城市维护建设税、房产税、车船税、土地增值税、城镇土地使用税、印花税、契税、车辆购置税、耕地占用税、烟叶税等15个税种。

（2）关税类。关税类是国家授权海关以出入境货物和物品为征税对象的一类税收，主要包括关税和船舶吨税。关税主要是指进出口关税，也包括由海关代征的进口环节增值税、消费税和船舶吨税，以及对入境旅客行李物品和个人邮递物品征收的进口税。

3.按照税收征收权限和收入支配权限分类

按照税收征收权限和收入支配权限分类可将全部税收划分为中央税、地方税和中央与地方共享税。

（1）中央税

中央税是指由中央政府征收和管理使用或地方政府征税后全部划给中央，由中央所有和支配的税收。中央税属于中央政府的财政收入，由国家税务局征收管理，如消费税（含进口环节由海关代征的部分）、关税、车辆购置税、海关代征的进口环节增值税等。

（2）地方税

地方税是由地方政府征收、管理和支配的一类税收。地方税主要包括城镇土地使用税、耕地占用税、土地增值税、房产税、车船税、契税等。

（3）中央与地方共享税

中央与地方共享税是指税收收入由中央和地方政府按比例分享的税收，目前主要由国家税务局征收管理，如增值税、企业所得税和个人所得税等。

当前，除个别小税种（如车船税、城镇土地使用税）地方有补充性的、有限的立法权外，基本上我国的税收立法权均属中央。

【真题演练】下列各项中，属于中央与地方共享税的是（　　）。（2013年，多项选择题）

A.契税　　　　B.消费税　　　　C.企业所得税　　　　D.增值税

【答案】CD

【解析】增值税、企业所得税和个人所得税属于中央与地方共享税，契税属于地方税，消费税属于中央税。

【真题演练】下列税种中，属于地方税的是（　　）。（2015年，单项选择题）

A.资源税　　　　B.房产税　　　　C.关税　　　　D.增值税

【答案】B

【解析】关税属于中央税，增值税和资源税属于中央与地方共享税，地方税主要包括城镇土地使用税、耕地占用税、土地增值税、房产税、车船税、契税等。

4.按照计税标准不同进行分类

按照计税标准不同进行分类可将全部税收划分为从价税、从量税和复合税。

（1）从价税

从价税是以课税对象的价格作为依据，按一定比例计征的一类税，一般实行比例税率和累进税率，税收负担比较合理，如我国现行的增值税、企业所得税、个人所得税等税种。

（2）从量税

从量税是指以课税对象的实物量（重量、面积、件数等）作为计税依据征收的一种税。从量税一般采用定额税率，具有计算简便等优点，如我国现行的车船税、土地使用税、消费税中的啤酒和黄酒等。

（3）复合税

复合税是指对征税对象采用从价和从量相结合的计税方法征收的一种税，如我国现行的消费税中对卷烟、白酒等征收的消费税。复合税可以分为两种：一种是以从量税为主加征从价税；另一种是以从价税为主加征从量税。

【真题演练】根据不同的标准，税收通常采用的分类方法有（　　）。（2014年，多项选择题）

A.按照征收管理的分工体系，分为工商税类、关税类

B.按照税收的征收权限和收入支配权限，分为中央税、地方税和中央与地方共享税

C.按照计税标准的不同，分为从价税、从量税和复合税

D.按征税对象的不同，分为流转税类、所得税类、财产税类、资源税类和行为税类

【答案】ABCD

【解析】税收的分类方法包括：按照征收管理的分工体系的不同、按照税收的征收权限和收入支配权限的不同、按照计税标准的不同、按征税对象的不同进行分类四种方法。

【真题演练】下列税种中属于从价税的为（   ）。（2014年，多项选择题）

A.增值税　　　　　B.消费税　　　　　C.企业所得税　　　　　D.个人所得税

【答案】ACD

【解析】消费税中啤酒和黄酒是从量税，卷烟和白酒是复合税。

【真题演练】根据我国税法规定，我国的增值税属于（   ）。（2013年，多项选择题）

A.流转税　　　　　B.工商税　　　　　C.中央税　　　　　D.从价税

【答案】ABD

【解析】我国的增值税属于中央与地方共享税。

二、税法及其构成要素

（一）税法的概念

税法是指税收法律制度，是国家权力机关和行政机关制定的用以调解国家与纳税人之间在税收征纳方面的权利与义务关系的法律规范的总称，是国家法律的重要组成部分。

税法是国家及纳税人依法征税、依法纳税的行为准则。其目的是保障国家利益和纳税人的合法权益，维护正常的税收秩序，保证国家的财政收入。

税法与税收密不可分，税法是税收的法律表现形式，税收则是税法所确定的具体内容。因此，了解税收的本质与特征是非常必要的。税收是国家为了行使其职能而取得财政收入的一种方式。它的特征主要表现在三个方面：强制性，无偿性，固定性。因此，税法就是国家凭借其权力，利用税收工具的强制性、无偿性、固定性的特征参与社会产品和国民收入分配的法律规范的总称。

【真题演练】税法是调节税务机关与纳税人之间在征税方面的权利与义务关系的法律规范的总称。（   ）（2013年，判断题）

【答案】×

【解析】税法是国家制定的用以调整国家和纳税人之间在征纳税方面的权利及义务关系的法律规范的总称。

（二）税法的分类

1.按照税法的功能作用的不同，分为税收实体法和税收程序法

（1）税收实体法是规定税收法律关系主体的实体权利、义务的法律规范总称。税收实体法具体规定了各税种的征收对象、征收范围、税目、税率等，如《企业所得税法》《个人所得税法》就属于税收实体法。

（2）税收程序法是税务管理方面的法律规范，主要包括税收管理法、纳税程序

法、发票管理法、税务机关组织法、税务争议处理法等。《中华人民共和国税收征收管理法》就属于税收程序法。

【真题演练】下列属于税收实体法的有（　　　）。（2013年，多项选择题）

A.《税收征收管理法》

B.《增值税暂行条例》

C.《中华人民共和国企业所得税法》

D.《进出口关税条例》

【答案】BC

【解析】选项AD属于程序法。

2.按照主权国家行使税收管辖权的不同，分为国内税法、国际税法、外国税法

（1）国内税法是指一国在其税收管辖范围内，调整国家与纳税人之间权利义务关系的法律规范的总称，是由国家立法机关和经由授权或依法律规定的国家行政机关制定的法律、法规和规范性文件。一般是按照属人或属地原则，规定一个国家的内部税收制度。

（2）国际税法是两个或两个以上的课税权主体对跨国纳税人和跨国所得或财产征税形成的分配关系，并由此形成国与国之间的税收分配形式，主要包括双边或多边国家间的税收协定、条约和国际惯例等。

（3）外国税法是指外国各个国家制定的税收法律制度。

【真题演练】按照主权国家行使税收管辖权的不同，税法的分类有（　　　）。（2015年，多项选择题）

A.国际税法　　　B.区域税法　　　C.国内税法　　　D.外国税法

【答案】ACD

【解析】按照主权国家行使税收管辖权的不同，税法分为国内税法、国际税法、外国税法。

3.按照税法法律级次不同，分为税收法律、税收行政法规、税收规章和税收规范性文件

（1）税收法律（狭义的税法）是指享有国家立法权的国家最高权力机关，依照法律程序制定的有关税收分配活动的基本制度。按照《立法法》的规定，只能由全国人民代表大会及其常务委员会制定法律。我国税收法律也是由全国人民代表大会及其常务委员会制定的，其法律地位和法律效力仅次于宪法而高于税收法规、规章。属于全国人民代表大会通过的税收法律有：《中华人民共和国企业所得税法》《中华人民共和国个人所得税法》。属于全国人民代表大会常务委员会通过的税收法律有：《中华人民共和国税收征收管理法》《关于惩治偷税、抗税犯罪的补充规定》《关于惩治虚开、伪造和非法出售增值税专用发票犯罪的决定》等。

（2）税收行政法规是指由国务院制定的有关税收方面的行政法规和规范性文件。国务院是国家最高行政机关，依宪法和法律制定行政法规。目前，在我国税法体系中，税收法律的实施细则和绝大多数税种，都是以税收行政法规的形式出现的，如《中华人民共和国个人所得税法实施条例》《中华人民共和国增值税暂行条例》等都属于税收行政法规。税收行政法规是目前我国税收立法的主要形式。

（3）税收规章和税收规范性文件是由国务院财税主管部门（财政部、国家税务局、海关总署和国务院关税税则委员会）根据法律和国务院行政法规或者规范性文件的要求，在本部门权限范围内发布的有关税收事项的规章和规范性文件，包括命令、通知、公告、通告、批复、意见、函等文件形式。国家税务总局发布的第一部税务规章是2002年3月1日实施的《税务部门规章制定实施办法》。

（三）税法的构成要素

税法的构成要素，是指各种单行税法具有的共同的基本要素的总称，一般包括总则、纳税义务人、征税对象、税目、税率、纳税环节、纳税期限、纳税地点、减税免税、罚则、附则等项目。其中，纳税义务人、征税对象、税率是构成税法的三个最基本的要素。

1.总则

总则主要包括立法依据、立法目的、适用原则等。例如，《耕地占用税暂行条例》规定："为了合理利用土地资源，加强土地管理，保护农用耕地，特制定本条例。"此条突出了该条例制定的目的，即"立法目的"。

2.纳税义务人

纳税义务人即纳税主体，主要是指一切履行纳税义务的法人、自然人及其他组织。

3.征税对象

征税对象即纳税客体，主要是指税收法律关系中征纳双方权利义务所指向的物或行为。这是区分不同税种的主要标志。我国现行税收法律、法规都有自己特定的征税对象。比如，企业所得税的征税对象就是应税所得，增值税的征税对象就是商品或劳务在生产和流通过程中的增值额。

【真题演练】区别不同类型税种的主要标志是（　　）。（2014年，单项选择题）

A.税率　　　　　B.纳税人　　　　　C.征税对象　　　　　D.纳税期限

【答案】C

【解析】区别不同类型税种的主要标志是征税对象。

4.税目

税目是各个税种所规定的具体征税项目。它是征税对象的具体化。比如，消费税具体规定了烟、酒等十多个税目。

5.税率

税率是对征税对象的征收比例或征收额度。税率是计算税额的尺度，也是衡量税负轻重与否的重要标志。我国现行的税率主要有：

（1）比例税率，即对同一征税对象，不分数额大小，规定相同的征收比例。我国的增值税、城市维护建设税、企业所得税等采用的是比例税率。

（2）定额税率，即按征税对象确定的计算单位，直接规定一个固定的税额。目前采用定额税率的有城镇土地使用税和车船税等。

（3）累进税率，可分为超额累进税率和超率累进税率。超额累进税率，即把征税对象按数额的大小分成若干等级，每等级规定一个税率，税率依次提高，但每一纳税人的征税对象则依所属等级同时适用几个税率分别计算，将计算结果相加后得出应纳税款。目前，采用这种税率的是个人所得税。超率累进税率，即以征税对象数额的相对率划分若干级距，分别规定相应的差别税率，相对率每超过一个级距的，对超过的部分就按高一级的税率计算征税。目前，采用这种税率的是土地增值税。

6.纳税环节

纳税环节主要指税法规定的征税对象在从生产到消费的流转过程中应当缴纳税款的环节，如流转税在生产和流通环节纳税、所得税在分配环节纳税等。

7.纳税期限

纳税期限是指纳税人按照税法规定缴纳税款的期限。纳税期限基本上分为两种：按期纳税和按次纳税。

8.纳税地点

纳税地点主要是指根据各个税种纳税对象的纳税环节和有利于对税款的源泉控制而规定的纳税人（包括代征、代扣、代缴义务人）的具体纳税地点。

9.减税免税

减免税是税收制度中对某些纳税人和课税对象给予一定鼓励和照顾的一种规定。减税是对应纳税额少征收一部分，免税是对应纳税额全部免征。从某种意义上讲，减税和免税也是税率的一种辅助和补充手段。税率是根据社会经济发展的一般情况和社会平均负担能力来确定的。它可以适应普遍性、一般性的要求而不能适应个例性、特殊性的要求。不同的纳税人和课税对象，由于受各种客观因素的影响，其负担能力往往有所差别。这就需要在统一税法的基础上，通过与这种差别相适应的灵活性加以补充。因此，减免税是税法的严肃性和必要性相结合的体现，体现因地制宜、因事制宜的原则，是符合特殊情况实行特殊调节的一种手段。

减免税作为税法构成的一个特殊组成部分，要注重经济效益和社会效益，严格按照税收法规和税收管理体制的规定执行，减免税包括以下三项内容：

（1）减税和免税。减税、免税规定是对特定的纳税人和特定的课税对象所作的某种程度的减征税款或全部免征税款的规定。在具体运用上，减税、免税规定一般可分为两种类型：一种是根据国家的政策需要所作的统一的减免税规定，这类减免在税法中有明确的范围和期限，通常是列举项目，统一实行；另一种是根据某些纳税人的临时性或个别性的减税免税规定，这类减税免税多属于统一减税免税规定不能解决的特殊问题，不宜在税法中作出具体规定或统一规定，而且随着客观情况的发展变化，需要及时作出调整和补充，以保证减税免税的机动性和灵活性。

（2）起征点。起征点是课税达到征税数额开始征税的界限。课税对象的数额未达到起征点的不征税，达到或超过起征点的就要对课税对象的全部数额征税。起征点的高低关系到征税面的扩大或缩小，确定起征点，可以把一部分收入较低的人排除在征税范围以外，实行合理分担的税收政策。

> 【真题演练】起征点是指税法规定的计税依据应当征税的数额起点。计税依据数额达不到起征点的不征税；达到起征点的，则对超过起征点的部分征税。（　　）（2014年，判断题）
> 【答案】×
> 【解析】达到起征点的，对全部数额征税。

（3）免征额。免征额是在课税对象总额中免于征税的数额。它是按照一定标准从全部课税对象总额中预先减除的部分。免征额部分不征税，只就超过免税额的部分征税。免征额的高低也体现着征税面和税收负担量的变化。确立免征额，是对不同收入纳税人的一种普遍照顾，有利于降低税收负担。

10.罚则

罚则主要是指对纳税人违反税法的行为采取的处罚措施。

11.附则

附则一般都规定与该法紧密相关的内容，例如该法的解释权、生效时间等。

> 【真题演练】税法的三个最基本的要素有（　　）。（2012年，多项选择题）
> A.征税　　　　　B.征税对象　　　　　C.纳税义务人　　　　　D.税率
> 【答案】BCD
> 【解析】纳税义务人、征税对象、税率是构成税法的三个最基本的要素。

第二节　主要税种

一、增值税

增值税是以商品（含应税劳务和应税行为）在流转过程中产生的增值额作为征税对象而征收的一种流转税。按照我国增值税法的规定，增值税是对我国境内销售货物或者提供加工、修理修配劳务（以下简称"应税劳务"），销售服务、无形资产或者不动产（以下简称"应税行为"）以及进口货物的企业单位和个人，就其销售货物、提供应税劳务、发生应税行为的增值额和货物进口金额为计税依据而课征的一种流转税。

增值税法是指国家制定的用以调整增值税征收与缴纳之间权利及义务关系的法律规范。

我国现行增值税的基本规范是2008年11月10日国务院令第538号公布的《中华人民共和国增值税暂行条例》（以下简称《增值税暂行条例》）。

增值税之所以能够在世界上众多国家推广，是因为其可以有效地防止商品在流转过程中的重复征税问题，并使其具备保持税收中性、普遍征收、税收负担最终消费者承担、实行税款抵扣制度、实行比例税率、实行价外税制度等特点。我国从1979年开始在部分城市试行生产型增值税。2008年，国务院决定全面实施增值税改革，即将生产型增值税转为消费型增值税。2011年年底国家决定在上海试点营业税改征增值税（以下简称"营改增"）工作。经国务院批准，自2016年5月1日起，在全国范围内全面推开营业税改征增值税试点，建筑业、房地产业、金融业、生活服务业等全部营业税纳税人，纳入试点范围，由缴纳营业税改为缴纳增值税。

（一）增值税的概念与分类

1.增值税的概念

增值税是以商品（含应税劳务和应税行为）在流转过程中产生的增值额作为征税对象而征收的一种流转税。根据《增值税暂行条例》和"营改增"的规定，在中华人民共和国境内（以下简称"境内"）销售货物、提供应税劳务、发生应税行为以及进口货物的单位和个人，为增值税的纳税人。纳税人应当依照《增值税暂行条例》和"营改增"的规定缴纳增值税。

2.增值税的分类

在实践中，各国施行的增值税都以法定增值额为课税对象。法定增值额和理论增值额往往不相一致，其主要区别在于对购入固定资产的处理上。所以，根据对购入固定资产已纳税款处理的不同，可以将增值税分为不同的类型。依据实行增值税的各个国家允许抵扣已纳税款的扣除项目范围的大小，增值税分为生产型增值税、收入型增值税和消费型增值税三种类型。

（1）生产型增值税

生产型增值税是指计算增值税时，不允许扣除任何外购固定资产的价款，作为课税基数的法定增值额除包括纳税人新创造价值外，还包括当期计入成本的外购固定资产价款部分，即法定增值额相当于当期工资、利息、租金、利润等理论增值额和折旧额之和。从整个国民经济来看，这一课税基数大体相当于国民生产总值的统计口径，故称为生产型增值税。此种类型的增值税对固定资产存在重复征税，而且越是资本有机构成高的行业，重复征税就越严重。这种类型的增值税虽然不利于鼓励投资，但可以保证财政收入。

（2）收入型增值税

收入型增值税是指计算增值税时，对外购固定资产价款只允许扣除当期计入产品价值的折旧费部分，作为课税基数的法定增值额相当于当期工资、利息、租金和利润等各增值项目之和。从整个国民经济来看，这一课税基数相当于国民收入部分，故称为收入型增值税。此种类型的增值税从理论上讲是一种标准的增值税，但由于外购固定资产价款是以计提折旧的方式分期转入产品价值的，且转入部分没有逐笔对应的外购凭证，故给凭发票扣税的计算方法带来困难，从而影响了这种方法的广泛采用。

（3）消费型增值税

消费型增值税是指计算增值税时，允许将当期购入的固定资产价款一次全部扣除。作为课税基数的法定增值额相当于纳税人当期的全部销售额扣除外购的全部生产资料价款后的余额。从整个国民经济来看，这一课税基数仅限于消费资料价值的部分，故称为消费型增值税。此种类型的增值税在购进固定资产的当期因扣除额大大增加，会减少财政收入。但这种方法最宜规范凭发票扣税的计算方法，因为凭固定资产的外购发票可以一次将其已纳税款全部扣除，既便于操作，又便于管理，所以是三种类型中最简便、最能体现增值税优越性的一种类型。

> **【真题演练】** 下列各项中，不允许纳税人在计算增值税时扣除外购固定资产的价值的增值税类型是（　　　）。（2012年，单项选择题）
>
> A.生产型增值税　　　　　　　　　　B.消费型增值税
>
> C.未定型增值税　　　　　　　　　　D.收入型增值税
>
> **【答案】** A
>
> **【解析】** 生产型增值税是指计算增值税时，不允许扣除任何外购固定资产的价款。收入型增值税是指计算增值税时，对外购固定资产价款只允许扣除当期计入产品价值的折旧费部分。消费型增值税是指计算增值税时，允许将当期购入的固定资产价款一次全部扣除。

（二）增值税的征税范围

1.征税范围的基本规定

（1）销售或者进口的货物

货物是指有形动产，包括电力、热力、气体在内。销售货物是指有偿转让货物的所有权。

（2）提供的应税劳务

应税劳务是指纳税人提供的加工、修理修配劳务。加工是指受托加工货物，即委托方提供原料及主要材料，受托方按照委托方的要求制造货物并收取加工费的业务；修理修配是指受托对损伤和丧失功能的货物进行修复，使其恢复原状和功能的业务。提供应税劳务，是指有偿提供加工、修理修配劳务，但单位或个体经营者聘用的员工为本单位或雇主提供加工、修理修配劳务，不包括在内。

（3）发生的应税行为

应税行为包括销售服务、无形资产和不动产。销售服务,是指提供交通运输服务、邮政服务、电信服务、建筑服务、金融服务、现代服务、生活服务。销售无形资产，是指转让无形资产所有权或者使用权的业务活动。无形资产，是指不具实物形态，但能带来经济利益的资产，包括技术、商标、著作权、商誉、自然资源使用权和其他权益性无形资产。销售不动产，是指转让不动产所有权的业务活动。不动产，是指不能移动或者移动后会引起性质、形状改变的财产，包括建筑物、构筑物等。

2.应税行为的具体范围

经国务院批准，自2016年5月1日起，在全国范围内全面推开营业税改征增值税试点。应税行为的具体范围如下：

（1）交通运输服务

交通运输服务，是指利用运输工具将货物或者旅客送达目的地，使其空间位置得到转移的业务活动，包括陆路运输服务、水路运输服务、航空运输服务和管道运输服务。

（2）邮政服务

邮政服务，是指中国邮政集团公司及其所属邮政企业提供邮件寄递、邮政汇兑和机要通信等邮政基本服务的业务活动，包括邮政普遍服务、邮政特殊服务和其他邮政服务。

（3）电信服务

电信服务，是指利用有线、无线的电磁系统或者光电系统等各种通信网络资源，提供语音通话服务，传送、发射、接收或者应用图像、短信等电子数据和信息的业务活动，包括基础电信服务和增值电信服务。

（4）建筑服务

建筑服务，是指各类建筑物、构筑物及其附属设施的建造、修缮、装饰，线路、管道、设备、设施等的安装以及其他工程作业的业务活动，包括工程服务、安装服务、修缮服务、装饰服务和其他建筑服务。

（5）金融服务

金融服务，是指经营金融保险的业务活动，包括贷款服务、直接收费金融服务、保险服务和金融商品转让。

（6）现代服务

现代服务，是指围绕制造业、文化产业、现代物流产业等提供技术性、知识性服务的业务活动，包括研发和技术服务、信息技术服务、文化创意服务、物流辅助服务、租赁服务、鉴证咨询服务、广播影视服务、商务辅助服务和其他现代服务。

（7）生活服务

生活服务，是指为满足城乡居民日常生活需求提供的各类服务活动，包括文化体育服务、教育医疗服务、旅游娱乐服务、餐饮住宿服务、居民日常服务和其他生活服务。

（8）销售无形资产

销售无形资产，是指转让无形资产所有权或者使用权的业务活动。无形资产，是指不具实物形态，但能带来经济利益的资产，包括技术、商标、著作权、商誉、自然资源使用权和其他权益性无形资产。

技术，包括专利技术和非专利技术。

自然资源使用权，包括土地使用权、海域使用权、探矿权、采矿权、取水权和其他自然资源使用权。

其他权益性无形资产，包括基础设施资产经营权、公共事业特许权、配额、经营权（包括特许经营权、连锁经营权、其他经营权）、经销权、分销权、代理权、会员权、席位权、网络游戏虚拟道具、域名、名称权、肖像权、冠名权、转会费等。

（9）销售不动产

销售不动产，是指转让不动产所有权的业务活动。不动产，是指不能移动或者移动后会引起性质、形状改变的财产，包括建筑物、构筑物等。

建筑物，包括住宅、商业营业用房、办公楼等可供居住、工作或者进行其他活动的建造物。

构筑物，包括道路、桥梁、隧道、水坝等建造物。

转让建筑物有限产权或者永久使用权的，转让在建的建筑物或者构筑物所有权的，以及在转让建筑物或者构筑物时一并转让其所占土地的使用权的，按照销售不动产缴纳增值税。

3.征收范围的特殊规定

（1）视同销售货物或视同提供应税行为

单位或个体工商户的下列行为，视同销售货物或提供应税服务：

①将货物交付其他单位或者个人代销；

②销售代销货物；

③设有两个以上机构并实行统一核算的纳税人，将货物从一个机构移送其他机构用于销售，但相关机构设在同一县（市）的除外；

④将自产、委托加工的货物用于非增值税应税项目；

⑤将自产、委托加工的货物用于集体福利或个人消费；

⑥将自产、委托加工或购进的货物作为投资，提供给其他单位或个体工商户；

⑦将自产、委托加工或购进的货物分配给股东或投资者；

⑧将自产、委托加工或购进的货物无偿赠送其他单位或个人；

⑨单位或者个体工商户向其他单位或者个人无偿提供服务，但用于公益事业或者以社会公众为对象的除外；

⑩单位或者个人向其他单位或者个人无偿转让无形资产或者不动产，但用于公益事业或者以社会公众为对象的除外。

⑪财政部和国家税务总局规定的其他情形。

上述第⑤项所称"集体福利或个人消费"是指企业内部设置的供职工使用的食堂、浴室、理发室、宿舍、幼儿园等福利设施及设备、物品等，或者以福利、奖励、津贴等形式发放给职工个人的物品。

【真题演练】某车间生产的半成品用于下列用途应视同销售缴纳增值税的有（　　）。（2015年，多项选择题）

　　A.公司在建工程领用　　　　B.二车间继续领用加工成产品

　　C.作为职工福利发放　　　　D.捐赠给老年福利院

【答案】ACD

【解析】本题考核增值税的视同销售范围。根据规定，将自产的产品用于非应税项目、职工福利、无偿赠送等，属于视同销售的情形，需要计算缴纳增值税。

（2）混合销售

混合销售是指一项销售行为既涉及货物销售又涉及提供非增值税应税劳务的销售行为。

（3）兼营非应税劳务

兼营非应税劳务是指纳税人的经营范围既包括销售货物和应税劳务，又包括提供非应税劳务。与混合销售行为不同的是，兼营非应税劳务是指销售货物或应税劳务与提供非应税劳务不同时发生在同一购买者身上，也不发生在同一项销售行为中。

（4）混业经营

纳税人兼有不同税率或者征收率的销售货物、提供加工修理修配劳务或者应税服务的，应当分别核算适用不同税率或征收率的销售额，未分别核算销售额的，从高适用税率或征收率。

（三）增值税的纳税人

增值税纳税人是指税法规定负有缴纳增值税义务的单位和个人。根据《增值税暂行条例》和"营改增"的规定，在我国境内销售、进口货物或者提供加工、修理修配劳务以及发生应税行为的单位和个人，为增值税纳税人。按照经营规模的大小和会计核算健全与否等标准，增值税纳税人可分为一般纳税人和小规模纳税人。

单位以承包、承租、挂靠方式经营的，承包人、承租人、挂靠人（以下统称"承包人"）以发包人、出租人、被挂靠人（以下统称"发包人"）名义对外经营并由发包人承担相关法律责任的，以该发包人为纳税人。否则，以承包人为纳税人。

1.增值税一般纳税人

一般纳税人是指年应征增值税销售额（以下简称"年应税销售额"，包括一个公历年度内的全部应税销售额）超过《增值税暂行条例实施细则》规定的小规模纳税人标准的企业和企业性单位（以下简称"企业"）。一般纳税人的特点是增值税进项税额可以抵扣销项税额。下列纳税人不属于一般纳税人：

（1）年应税销售额未超过小规模纳税人标准的企业（以下简称"小规模企业"）；

（2）除个体经营者以外的其他个人；

（3）非企业性单位；

（4）不经常发生增值税应税行为的企业。

2.小规模纳税人

小规模纳税人是指年销售额在规定标准以下，并且会计核算不健全，不能按规定报送有关税务资料的增值税纳税人。小规模纳税人的认定标准是：

（1）从事货物生产或者提供应税劳务的纳税人，以及以从事货物生产或者提供应税劳务为主，并兼营货物批发或者零售的纳税人，年应税销售额在50万元以下（含本数，下同）的；"以从事货物生产或者提供应税劳务为主"是指纳税人的年货物生产或提供应税劳务的销售额占全年应税销售额的比重在50%以上。

（2）对上述规定以外的纳税人（不含提供应税行为的纳税人），年应税销售额在80万元以下的。

（3）年应税销售额超过小规模纳税人标准的其他个人按小规模纳税人纳税。

（4）非企业性单位、不经常发生应税行为的企业可选择按小规模纳税人纳税；对于应税服务年销售额超过规定标准但不经常提供应税服务的单位和个体工商户可选择按照小规模纳税人纳税。

（5）兼有销售货物、提供加工修理修配劳务以及应税服务，且不经常发生应税行为的单位和个体工商户可选择按照小规模纳税人纳税。

除国家税务总局另有规定外，一经认定为一般纳税人后，不得转为小规模纳税人。

（四）增值税的扣缴义务人

中华人民共和国境外（以下简称"境外"）的单位或者个人在境内发生应税行为，在境内未设有经营机构的，以购买方为增值税扣缴义务人。

境外单位或者个人在境内发生应税行为，在境内未设有经营机构的，扣缴义务人按照下列公式计算应扣缴税额：

应扣缴税额=购买方支付的价款÷（1+税率）×税率

（五）税率和征收率

1.基本税率

基本税率，也称标准税率。这是各个国家根据本国生产力发展水平、财政政策的需要、消费者的承受能力并考虑到历史上流转税税负水平后确定的，适用于绝大多数货物和应税劳务的税率。增值税的基本税率为17%。

2.低税率

低税率，即对基本生活用品和劳务确定的适用税率。

除基本税率以外，下列货物按照低税率征收增值税：

（1）下列应税货物按照13%的低税率征收增值税：

①粮食、食用植物油；

②自来水、暖气、冷气、热水、煤气、石油液化气、天然气、沼气、居民用煤炭制品；

③图书、报纸、杂志；

④饲料、化肥、农药、农机（不包括农机零部件）、农膜；

⑤国务院及其有关部门规定的其他货物。

【真题演练】适用13%的增值税税率的有（　　）。（2015年，多项选择题）

A.饲料、化肥　　　　　　　　B.图书、报纸、杂志

C.粮食、食用植物油　　　　　D.水果、蔬菜

【答案】ABC

【解析】《中华人民共和国增值税暂行条例》规定以下应税货物按照13%的低税率征收增值税：1.粮食、食用植物油；2.自来水、暖气、冷气、热水、煤气、石油液化气、天然气、沼气、居民用煤炭制品；3.图书、报纸、杂志；4.饲料、化肥、农药、农机、农膜；5.国务院及其有关部门规定的其他货物。

（2）下列应税服务按照低税率征收增值税：

①提供交通运输、邮政、基础电信，建筑、不动产租赁服务，销售不动产，转让土地使用权，税率为11%；

②提供部分现代服务业服务（有形动产租赁服务适用17%的税率）、增值电信服务，税率为6%。

3.零税率

境内单位和个人发生的跨境应税行为，税率为零。具体范围由财政部和国家税务总局另行规定。

如果不包括对出口货物实施的零税率在内，一般来说，实行增值税的国家凡采取两档税率的，大都是一个基本税率，一个低税率；凡采取三档税率的，大都是一个基本税率，一个低税率和一个高税率，或者是一个基本税率，两个低税率；有少数国家采用三档以上的税率。近些年采用单一税率的国家已越来越多，如1994年在52个增值税国家，采用单一税率的国家已占50%。

4.征收率

自2009年1月1日起，小规模纳税人增值税征收率调整为3%。纳税人提供适用不同税率或者征收率的应税服务，应当分别核算适用不同税率或者征收率的销售额；未分别核算的，从高适用税率。

【真题演练】增值税一般纳税人从事增值税应税行为，一律适用17%的基本税率。（　　）（2012年，判断题）

【答案】×

【解析】增值税中对于一些基本生活必需品，像粮食、图书等是适用低税率13%的。

（六）增值税一般纳税人应纳税额的计算

我国增值税实行扣税法。一般纳税人凭增值税专用发票及其他合法扣税凭证注明税款进行抵扣，其应纳增值税的计算公式为：

应纳税额＝当期销项税额－当期进项税额

　　　　＝当期销售额×适用税率－当期进项税额

1.销项税额

销项税额是指纳税人发生应税行为，按照销售额或应税劳务收入和规定的税率计算并向购买方收取的增值税税额。销项税额的计算公式为：

销项税额=销售额×适用税率

销项税额是增值税条例中的一个概念，从定义和公式中我们可以知道，它是由购买方支付的税额；对于属于一般纳税人的销售方来讲，在没有抵扣其进项税额前，销售方收取的销项税额还不是其应纳增值税税额。销项税额的计算取决于销售额和适用税率两个因素。适用税率在前面已有说明，此处主要介绍销售额。需要强调的是，增值税是价外税，公式中的"销售额"必须是不包括收取的销项税额的销售额。

【真题演练】A公司为增值税一般纳税人，其销售钢材一批，含增值税的价格为23 400元，适用的增值税税率为17%，则其增值税销项税额为（　　）元。（2011年，单项选择题）

A.3 400 　　　　　B.3 978 　　　　　C.2 600 　　　　　D.3 042

【答案】A

【解析】不含税销售额=23 400÷（1+17%）=20 000（元）

增值税销项税额=20 000×17%=3 400（元）

2.销售额

（1）一般销售方式下的销售额

正确计算应纳增值税税额，需要首先核算准确作为增值税计税依据的销售额。销售额是指纳税人销售货物或者提供应税劳务向购买方（承受应税劳务也视为购买方）收取的全部价款和价外费用，但是不包括收取的销项税额。

价外费用（实属价外收入）是指价外向购买方收取的手续费、补贴、基金、集资费、返还利润、奖励费、违约金（延期付款利息）、包装费、包装物租金、储备费、优质费、运输装卸费、代收款项、代垫款项及其他各种性质的价外收费。但下列项目不包括在内：

①向购买方收取的销项税额。

②受托加工应征消费税的消费品所代收代缴的消费税。

③同时符合以下条件的代垫运费：承运者的运费发票开具给购货方的；纳税人将该项发票转交给购货方的。

凡随同销售货物或提供应税劳务向购买方收取的价外费用，无论其会计制度如何核算，均应并入销售额计算应纳税额。

税法规定各种性质的价外收费都要并入销售额计算征税，目的是防止以各种名目的收费减少销售额逃避纳税的现象。但是应当注意，根据国家税务总局规定：对增值税一般纳税人（包括纳税人自己或代其他部门）向购买方收取的价外费用和逾期包装物押金，应视为含税收入，在征税时换算成不含税收入再并入销售额。按会计制度规定，由于对价外收费一般都不在"产品销售收入"或"商品销售收入"科目中核算，而在"其他应付款"、"其他业务收入"、"营业外收入"等科目中核算，这样，企业在实务中时常出现对价外收费虽在相应科目中作会计核算，但却未核算其销项税额；有的企业则既不按会计核算要求进行收入核算，又不按规定核算销项税额，而是将发生的价外收费直接冲减有关费用科目。这些做法都是逃避纳税的行为，是要受到税法处罚的。因此，纳税人对价外收费按税法规定并入销售额必须予以高度重视，严格核查各项价外收费，保证做到正确计税和会计核算。

（2）特殊销售方式下的销售额

在销售活动中，为了达到促销的目的，有多种销售方式。在不同销售方式下，销售者取得的销售额会有所不同。对不同销售方式如何确定其计征增值税的销售额，既是纳税人关心的问题，也是税法必须分别予以明确规定的事情。税法对以下几种销售方式分别作了规定：

①采取折扣方式销售。折扣销售是指销货方在销售货物或应税劳务时，因购货方购货数量较大等原因而给予购货方的价格优惠（如：购买5件，销售价格折扣10%；购买10件，折扣20%等）。由于折扣是在实现销售时同时发生的，因此，税法规定，如果销售额和折扣额在同一张发票上分别注明的，可以将折扣后的余额作为销售额计算增值税；如果将折扣额另开发票，不论其在财务上如何处理，均不得从销售额中减除折扣额。

②采取以旧换新方式销售。以旧换新是指纳税人在销售自己的货物时，有偿收回旧货物的行为。根据税法规定，采取以旧换新方式销售货物的，应按新货物的同期销售价格确定销售额，不得扣减旧货物的收购价格。做这样的规定，既是因为销售货物与收购货物是两个不同的业务活动，销售额与收购额不能相互抵减，也是为了严格增值税的计算征收，防止出现销售额不实、减少纳税的现象。考虑到金银首饰以旧换新业务的特殊情况，对金银首饰以旧换新业务，可以按销售方实际收取的不含增值税的全部价款征收增值税。

③采取还本销售方式销售。还本销售是指纳税人在销售货物后，在一定期限内由销售方一次或分次退还给购货方全部或部分价款。这种方式实际上是一种筹资，是以货物换取资金的使用价值，到期还本不付息的方法。税法规定，采取还本销售方式销售货物，其销售额就是货物的销售价格，不得从销售额中减除还本支出。

④采取以物易物方式销售。以物易物是一种较为特殊的购销活动，是指购销双方不是以货币结算，而是以同等价款的货物相互结算，实现货物购销的一种方式。在实务中，有的纳税人以为以物易物不是购销行为，销货方收到购货方抵顶货款的货物，认为自己不是购货；购货方发出抵顶货款的货物，认为自己不是销货。这两种认识都是错误的。正确的方法应当是，以物易物双方都应作购销处理，以各自发出的货物核算销售额并计算销项税额，以各自收到的货物按规定核算购货额并计算进项税额。应

注意，在以物易物活动中，应分别开具合法的票据。如收到的货物不能取得相应的增值税专用发票或其他合法票据，则不能抵扣进项税额。

　　⑤包装物押金是否计入销售额。包装物是指纳税人包装本单位货物的各种物品。纳税人销售货物时另收取包装物押金，目的是促使购货方及早退回包装物以便周转使用。包装物的押金是否计入货物销售额呢？根据税法规定，纳税人为销售货物而出租、出借包装物收取的押金，单独记账核算的，时间在1年以内，又未过期的，不并入销售额征税，但逾期未收回包装物不再退还的押金，应按所包装货物的适用税率计算销项税额。这其中，"逾期"是指按合同约定实际逾期或以1年为期限。收取1年以上的押金，无论是否退还均并入销售额征税。当然，在将包装物押金并入销售额征税时，需要先将该押金换算为不含税价，再并入销售额征税。对于个别包装物周转使用期限较长的，报经税务机关确定后，可适当放宽逾期期限。另外，包装物押金不应混同于包装物租金。包装物租金在销货时作为价外费用并入销售额计算销项税额。国家税务总局国税发〔1995〕192号文件规定，从1995年6月1日起，对销售除啤酒、黄酒外的其他酒类产品而收取的包装物押金，无论是否返还以及会计上如何核算，均应并入当期销售额征税。对销售啤酒、黄酒所收取的押金，按上述一般押金的规定处理。

　　⑥销售已使用过的固定资产的税务处理。自2009年1月1日起，增值税一般纳税人销售自己使用过的固定资产，应区分不同情形征收增值税，同时应根据《关于简并增值税征收率政策的通知》（财税〔2014〕57号）的规定，对2014年7月1日后的有关行为进行征收率的处理。

　　⑦对视同销售货物行为（将货物交付他人代销，将自产、委托加工或购买的货物无偿赠送他人等）销售额的确定。由于视同销售行为中某些行为不是以资金的形式反映出来的，会出现无销售额的现象。因此，税法规定，对视同销售征税而无销售额的按下列顺序确定其销售额：

　　A.按纳税人最近时期同类货物的平均销售价格确定；

　　B.按其他纳税人最近时期同类货物的平均销售价格确定；

　　C.按组成计税价格确定。组成计税价格的公式为：

　　组成计税价格=成本×（1+成本利润率）

　　征收增值税的货物，同时又征收消费税的，其组成计税价格中应加计消费税税额。其组成计税价格公式为：

　　组成计税价格=成本×（1+成本利润率）+消费税税额

　　或者：

　　组成计税价格=成本×（1+成本利润率）÷（1-消费税税率）

　　公式中的成本是指：销售自产货物的为实际生产成本，销售外购货物的为实际采购成本。公式中的成本利润率由国家税务总局确定。但属于应从价定率征收消费税的货物，其组成计税价格公式中的成本利润率为国家税务总局确定的成本利润率。

（3）含税销售额的换算

为了符合增值税作为价外税的要求，纳税人在填写进销货及纳税凭证、进行账务处理时，应分项记录不含税销售额、销项税额和进项税额，以正确计算应纳增值税税额。然而，在实际工作中，常常会出现一般纳税人将销售货物或者应税劳务采用销售额和销项税额合并定价收取的方法，这样就会形成含税销售额。在计算应纳税额时，如果不将含税销售额换算为不含税销售额，就会导致增值税计税环节出现重复纳税的现象，甚至出现物价非正常上涨的局面。因此，一般纳税人销售货物或者应税劳务取得的含税销售额在计算销项税额时必须将其换算为不含税的销售额。

将含税销售额换算为不含税销售额的计算公式为：

不含税销售额=含税销售额÷（1+税率）

公式中的税率为销售的货物或者应税劳务按《增值税暂行条例》和"营改增"中规定所适用的税率。

3.进项税额

纳税人购进货物或者接受应税劳务所支付或者负担的增值税税额为进项税额。进项税额是与销项税额相对应的另一个概念。在开具增值税专用发票的情况下，它们之间的对应关系是，销售方收取的销项税额就是购买方支付的进项税额。对于任何一个一般纳税人而言，由于其在经营活动中，既会销售货物或提供应税劳务，又会购进货物或接受应税劳务，因此，每一个一般纳税人都会有收取的销项税额和支付的进项税额。增值税的核心就是用纳税人收取的销项税额抵扣其支付的进项税额，其余额为纳税人实际应缴纳的增值税税额。这样，进项税额作为可抵扣的部分，对于纳税人实际纳税多少就产生了举足轻重的作用。然而，需要注意的是，并不是纳税人支付的所有进项税额都可以从销项税额中抵扣。当纳税人购进的货物或接受的应税劳务不是用于增值税应税项目，而是用于非应税项目、免税项目或用于集体福利、个人消费等情况时，其支付的进项税额就不能从销项税额中抵扣。税法对不能抵扣进项税额的项目做了严格的规定。如果违反税法规定，随意抵扣进项税额将以偷税论处。因此，严格把握哪些进项税额可以抵扣、哪些进项税额不能抵扣是十分重要的。这些方面也是纳税人在缴纳增值税实务中差错出现最多的地方。

（1）准予从销项税额中抵扣的进项税额

①从销售方或者提供方取得的增值税专用发票上注明的增值税额。

②从海关取得的海关进口增值税专用缴款书上注明的增值税额。

③购进农产品，除取得增值税专用发票或者海关进口增值税专用缴款书外，按照农产品收购发票或者销售发票上注明的农产品买价和13%的扣除率计算的进项税额。进项税额计算公式：

进项税额=买价×扣除率

④原增值税一般纳税人取得的2013年8月1日（含）以后开具的运输费用结算单

据，不得作为增值税扣税凭证。原增值税一般纳税人取得的试点小规模纳税人由税务机关代开的增值税专用发票，按增值税专用发票注明的税额抵扣进项税额。

⑤自2010年10月1日起，项目运营方利用信托资金融资进行项目建设开发，在项目建设期内取得的增值税专用发票和其他抵扣凭证，允许其按现行增值税有关规定予以扣除。

⑥从境外单位或者个人购进服务、无形资产或者不动产，自税务机关或者扣缴义务人取得的解缴税款的完税凭证上注明的增值税税额。

⑦增值税一般纳税人在资产重组过程中，将全部资产、负债和劳动力一并转让给其他增值税一般纳税人，并按程序办理注销税务登记的，其在办理注销登记前尚未抵扣的进项税额可结转至新纳税人处继续抵扣。

（2）不得从销项税额中抵扣的进项税额

①用于简易计税方法计税项目、免征增值税项目、集体福利或者个人消费的购进货物、加工修理修配劳务、服务、无形资产和不动产。其中涉及的固定资产、无形资产、不动产，仅指专用于上述项目的固定资产、无形资产（不包括其他权益性无形资产）、不动产。

纳税人的交际应酬消费属于个人消费。

②非正常损失的购进货物，以及相关的加工修理修配劳务和交通运输服务。

③非正常损失的在产品、产成品所耗用的购进货物（不包括固定资产）、加工修理修配劳务和交通运输服务。

④非正常损失的不动产，以及该不动产所耗用的购进货物、设计服务和建筑服务。

⑤非正常损失的不动产在建工程所耗用的购进货物、设计服务和建筑服务。

纳税人新建、改建、扩建、修缮、装饰不动产，均属于不动产在建工程。

⑥购进的旅客运输服务、贷款服务、餐饮服务、居民日常服务和娱乐服务。

⑦财政部和国家税务总局规定的其他情形。

纳税人从海关取得的进口增值税专用缴款书上注明的增值税额准予从销项税额中抵扣。因此，纳税人进口货物取得的合法海关进口增值税专用缴款书，是计算增值税进项税额的唯一依据，其进口货物向境外实际支付的货款低于进口报关价格的差额部分以及从境外供应商处取得的退还或返还的资金，不作进项税额转出处理。

【真题演练】增值税一般纳税人取得的下列发票或凭证中，可据以抵扣进项税额的有（　　）。（2014年，多项选择题）

A.外购免税农产品的收购发票　　B.委托加工货物取得的增值税专用发票

C.外购原材料取得的普通发票　　D.进口大型设备取得的海关专用缴款书

【答案】ABD

【解析】普通发票不可以抵扣。合法的增值税抵扣凭证可分为以下几类：增值税专用发票、货物运输业增值税专用发票、税控机动车销售统一发票、海关进口增值税专用缴款书、农产品收购发票、农产品销售发票、出口货物转内销证明、税收缴款凭证。

【真题演练】A公司为增值税一般纳税人，其本月进口产品200 000元，海关征收34 000元增值税；向农业生产者购入免税产品30 000元；购入原材料300 000元，增值税专用发票上注明的增值税税额为51 000元。本月销售产品1 000 000元，适用的增值税税率为17%，则该企业本月应缴纳的增值税税额为（ ）元。（2015年，单项选择题）

A.81 100   B.89 180   C.81 135   D.115 100

【答案】A

【解析】本月增值税进项税额=34 000+（2 500-450-50）×7%+30 000×13%+51 000=88 900（元）

本月增值税销项税额=1 000 000×17%=170 000（元）

本月应缴纳的增值税税额=170 000-88 900=81 100（元）

（七）增值税小规模纳税人应纳税额的计算

小规模纳税人销售货物、提供应税劳务或者服务，实行按照销售额和征收率计算应纳税额的简易办法，并不得抵扣进项税额。其应纳税额计算公式为：

应纳税额=销售额×征收率

简易计税方法的销售额不包括其应纳税额，纳税人采用销售额和应纳税额合并定价方法的，按照下列公式计算销售额：

销售额=含税销售额÷（1+征收率）

（八）增值税征收管理

1.纳税义务的发生时间

《增值税暂行条例》明确规定了增值税纳税义务的发生时间。纳税义务发生时间是纳税人发生应税行为应当承担纳税义务的起始时间。税法明确规定纳税义务发生时间的作用在于：①正式确认纳税人已经发生属于税法规定的应税行为，应承担纳税义务；②有利于税务机关实施税务管理，合理规定申报期限和纳税期限，监督纳税人切实履行纳税义务。

纳税人销售货物或者应税劳务，其纳税义务发生时间为收讫销售款项或者取得索取销售款项凭据的当天；先开具发票的，为开具发票的当天。增值税扣缴义务发生时间为纳税人增值税纳税义务发生的当天。

销售货物或者应税劳务的纳税义务发生时间，按销售结算方式的不同，具体确定为：

（1）采用直接收款方式销售货物，不论货物是否发出，均为收到销售款或者取得索取销售款凭证的当天；先开具发票的，为开具发票的当天。纳税人提供应税服务的，为收讫销售款或者取得销售款项凭据的当天；先开具发票的，为开具发票的当天。

收讫销售款项是指纳税人提供应税服务过程中或者完成后收到款项。

取得索取销售款项凭证的当天，是指书面合同确定的付款日期；未签订书面合同或者书面合同未确定付款日期的，为应税服务完成的当天。

（2）采取托收承付和委托银行收款方式销售货物，为发出货物并办妥托收手续的当天。

（3）采取赊销和分期收款方式销售货物，为书面合同约定的收款当天，无书面合同或者书面合同没有约定收款日期的，为货物发出的当天。

（4）采取预收货款方式销售货物，为货物发出的当天；但生产销售生产工期超过12个月的大型机械设备、船舶、飞机等货物，为收到预收款或者书面合同约定的收款日期的当天。

纳税人提供有形动产租赁服务采取预收款方式的，其纳税义务发生时间为收到预收款的当天。

（5）委托其他纳税人代销货物，为收到代销单位的代销清单或者收到全部或者部分货款的当天。未收到代销清单及货款的，为发出代销货物满180天的当天。

（6）销售应税劳务，为提供劳务同时收讫销售款或者取得索取销售款的凭据的当天。

（7）纳税人发生视同销售货物行为，为货物移送的当天。纳税人发生视同提供应税服务行为的，其纳税义务发生时间为应税服务完成的当天。

（8）纳税人进口货物，纳税义务发生时间为报关进口的当天。

（9）增值税扣缴义务发生时间为纳税人增值税纳税义务发生的当天。

上述销售货物或应税劳务纳税义务发生时间的确定，明确了企业在计算应纳税额时，对"当期销项税额"时间的限定，是增值税计税和征收管理中重要的规定。目前，一些企业没有按照上述规定的纳税义务发生时间将实现的销售收入及时入账并计算纳税，而是采取延迟入账或不计销售收入等做法，以拖延纳税或逃避纳税，这些做法都是错误的。企业必须按上述规定的时限及时、准确地记录销售额和计算当期销项税额。

【真题演练】根据增值税法律制度的规定，纳税人采取托收承付和委托银行收款方式销售货物的，其纳税义务的发生时间为（　　）。（2012年，单项选择题）

A.货物发出的当天

B.合同约定的收款日期的当天

C.收到销货款的当天

D.发出货物并办妥托收手续的当天

【答案】D

【解析】采取托收承付和委托银行收款方式销售货物，纳税义务发生时间为发出货物并办妥托收手续的当天。

2.纳税期限

在明确了增值税纳税义务发生时间后，还需要掌握具体纳税期限，以保证按期缴纳税款。根据《增值税暂行条例》的规定，增值税的纳税期限分别为1日、3日、5日、10日、15日、1个月或者1个季度。

纳税人的具体纳税期限，由主管税务机关根据纳税人应纳税额的大小分别核定。以1个季度为纳税期限的规定适用于小规模纳税人以及财政部和国家税务总局规定的其他纳税人；不能按照固定期限纳税的，可以按次纳税。

纳税人以1个月或者1个季度为一个纳税期的，自纳税期满之日起15日内申报纳税；以1日、3日、5日、10日或者15日为一个纳税期的，自期满之日起5日内预缴税款，于次月1日起15日内申报纳税并结清上月应纳税款。

扣缴义务人解缴税款的期限，依照前两款规定执行。纳税人进口货物，应当自海关填发税款缴纳书之日起15日内缴纳税款。纳税人出口货物适用税率为零的货物，可以按月向税务机关申报办理该项出口货物的退税。

> 【真题演练】增值税的纳税期限可以是（　　）。（2014年，多项选择题）
> A.15日　　　　　B.半年　　　　　C.1个季度　　　　　D.5日
> 【答案】ACD
> 【解析】增值税的纳税期限分别为1日、3日、5日、10日、15日、1个月或者1个季度。

3.纳税地点

为了保证纳税人按期申报纳税，根据企业跨地区经营和搞活商品流通的特点及不同情况，税法还具体规定了增值税的纳税地点：

（1）固定业户应当向其机构所在地主管税务机关申报纳税。总机构和分支机构不在同一县（市）的，应当分别向各自所在地主管税务机关申报纳税；经国家税务总局或其授权的税务机关批准，也可由总机构汇总向总机构所在地主管税务机关申报纳税。

（2）固定业户到外县（市）销售货物或者提供应税劳务，应当向其机构所在地主管税务机关申请开具《外出经营活动税收管理证明》，并向其机构所在地主管税务机关申报纳税。未持有其机构所在地主管税务机关核发的《外出经营活动税收管理证明》，到外县（市）销售货物或者提供应税劳务的，应当向销售地或者劳务发生地主管税务机关申报纳税；未向销售地或者劳务发生地主管税务机关申报纳税的，由其机构所在地主管税务机关补征税款。

（3）非固定业户销售货物或提供应税劳务，应当向销售地或者劳务发生地的主管税务机关申报纳税。

（4）进口货物，应当由进口人或其代理人向报关地海关申报纳税。

（5）非固定业户到外县（市）销售货物或者提供应税劳务，未向销售地或者劳务发生地的主管税务机关申报纳税的，由其机构所在地或者居住地主管税务机关补征税款。

（6）扣缴义务人应当向其机构所在地或者居住地主管税务机关申报缴纳其扣缴的税款。

【真题演练】下列关于增值税纳税地点的说法中，不正确的是（　　）。（2013年，单项选择题）

A.固定业户应当向其机构所在地的主管税务机关申报纳税

B.非固定业户销售货物或者提供应税劳务，应当向销售地或者劳务发生地的主管税务机关申报纳税

C.进口货物，应当向报关地海关申报纳税

D.扣缴义务人应当向纳税人机构所在地或者居住地的主管税务机关申报缴纳其扣缴的税款

【答案】D

【解析】扣缴义务人应当向其机构所在地或者居住地主管税务机关申报缴纳其扣缴的税款。

二、消费税

（一）消费税的概念

消费税是对消费品和特定的消费行为按消费流转额征收的一种商品税。广义上，消费税一般对所有消费品包括生活必需品和日用品普遍课税，一般概念上，消费税主要指对特定消费品或特定消费行为如奢侈品等课税。消费税主要以消费品为课税对象，在此情况下，税收随价格转嫁给消费者负担，消费者是实际的赋税人。消费税的征收有较强的选择性，是国家贯彻消费政策、引导消费结构从而引导产业结构的重要手段，因而在保证国家财政收入，体现国家经济政策等方面具有十分重要的意义。

（二）消费税的征税范围

1.生产应税消费品

生产应税消费品在生产销售环节征税。纳税人将生产的应税消费品换取生产资料、消费资料、投资入股、偿还债务，以及用于继续生产应税消费品以外的其他方面都应缴纳消费税。

2.委托加工应税消费品

委托加工应税消费品是指委托方提供原料和主要材料，受托方只收取加工费和代垫部分辅助材料加工的应税消费品。由受托方提供原材料或其他情形的一律不能视同加工应税消费品。

委托加工的应税消费品，除受托方为个人外，由受托方在向委托方交货时代收代缴税款；委托个人加工的应税消费品，由委托方收回后缴纳消费税。

委托加工的应税消费品，委托方用于连续生产应税消费品的，所纳税款准予按规定抵扣；直接出售的，不再缴纳消费税。委托方将收回的应税消费品，以不高于受托方的计税价格出售的，为直接出售，不再缴纳消费税；委托方以高于受托方的计税价格出售的，不属于直接出售，需按照规定申报缴纳消费税，在计税时准予扣除受托方已代收代缴的消费税。

3.进口应税消费品

单位和个人进口应税消费品，于报关进口时由海关代征消费税。

4.零售应税消费品

经国务院批准，自1995年1月1日起，金银首饰消费税由生产销售环节征收改为零售环节征收。改在零售环节征收消费税的金银首饰仅限于金基、银基合金首饰以及金、银和金基、银基合金的镶嵌首饰，适用税率为5%，其计税依据是不含增值税的销售额。

对既销售金银首饰，又销售非金银首饰的生产、经营单位，应将两类商品划分清楚，分别核算销售额。凡划分不清楚或不能分别核算的，在生产环节销售的，一律从高适用税率征收消费税；在零售环节销售的，一律按金银首饰征收消费税。金银首饰与其他产品组成成套消费品销售的，应按销售额全额征收消费税。

金银首饰连同包装物一起销售的，无论包装物是否单独计价，也无论会计上如何核算，均应并入金银首饰的销售额，计征消费税。

带料加工的金银首饰，应按受托方销售的同类金银首饰的销售价格确定计税依据征收消费税。没有同类金银首饰销售价格的，按照组成计税价格计算纳税。

纳税人采用以旧换新（含翻新改制）方式销售的金银首饰，应按实际收取的不含增值税的全部价款确定计税依据征收消费税。

（三）消费税纳税人

消费税纳税人是指在中华人民共和国境内（起运地或者所在地境内）生产、委托加工和进口《消费税暂行条例》规定的消费品的单位和个人，以及国务院确定的销售《消费税暂行条例》规定的消费品的其他单位和个人。

单位是指国有企业、行政单位、事业单位、军事单位、社会团体及其他单位。

个人是指个体经营者及其他个人。

（四）消费税税目与税率

1.消费税税目

消费税的征收范围比较窄，同时也会根据经济发展、环境保护等国家大政方针进行修订，依据《消费税暂行条例》及相关法规规定，目前消费税税目包括烟、酒、化妆品等15种商品，部分税目还进一步划分了若干子目。

（1）烟

凡是以烟叶为原料加工生产的产品，不论使用何种辅料，均属于本税目的征收范围，包括卷烟（进口卷烟、白包卷烟、手工卷烟和未经国务院批准纳入计划的企业及个人生产的卷烟）、雪茄烟和烟丝。

在"烟"税目下分"卷烟"等子目，"卷烟"又分"甲类卷烟"和"乙类卷烟"。其中，甲类卷烟是指每标准条（200支，下同）调拨价格在70元（不含增值税）以上（含70元）的卷烟；乙类卷烟是指每标准条调拨价格在70元（不含增值税）以下的卷烟。

与其他消费税应税商品不同的是，卷烟除了在生产销售环节征收消费税外，还在批发环节征收一次。自2015年5月10日起，卷烟批发环节消费税的从价税税率由5%提高至11%，并按0.005元/支加征从量税。纳税人兼营卷烟批发和零售业务的，应当分别核算批发和零售环节的销售额、销售数量；未分别核算批发和零售环节销售额、销售数量的，按照全部销售额、销售数量计征批发环节消费税。纳税人销售给纳税人以外的单位和个人的卷烟于销售时纳税。纳税人之间销售的卷烟不缴纳消费税。卷烟批发企业的机构所在地，总机构与分支机构不在同一地区的，由总机构申报纳税。卷烟消费税在生产和批发两个环节征收后，批发企业在计算纳税时不得扣除已含的生产环节的消费税税款。

（2）酒

酒是酒精度在1度以上的各种酒类饮料，包括粮食白酒、薯类白酒、黄酒、啤酒和其他酒。

啤酒每吨出厂价（含包装物及包装物押金）在3 000元（含3 000元，不含增值税）以上的是甲类啤酒，每吨出厂价（含包装物及包装物押金）在3 000元（不含增值税）以下的是乙类啤酒。包装物押金不包括重复使用的塑料周转箱的押金。对饮食业、商业、娱乐业举办的啤酒屋（啤酒坊）利用啤酒生产设备生产的啤酒，应当征收消费税。果酒属于啤酒，按啤酒征收消费税。配制酒（露酒）是指以发酵酒、蒸馏酒或食用酒精为酒基，加入可食用或药食两用的辅料或食品添加剂，进行调配、混合或再加工制成的并改变了其原酒基风格的饮料酒。具体规定如下：

①以蒸馏酒或食用酒精为酒基，具有国家相关部门批准的国食健字或卫食健字文号并且酒精度低于38度（含）的配制酒，按消费税税目税率表"其他酒"10%适用税率征收消费税。②以发酵酒为酒基，酒精度低于20度（含）的配制酒，按消费税税目税率表"其他酒"10%适用税率征收消费税。③其他配制酒，按消费税税目税率表"白酒"适用税率征收消费税。葡萄酒消费税适用"酒"税目下设的"其他酒"子目。葡萄酒是指以葡萄为原料，经破碎（压榨）、发酵而成的酒精度在1度（含）以上的葡萄原酒和成品酒（不含以葡萄为原料的蒸馏酒）。

（3）化妆品

本税目征收范围包括各类美容、修饰类化妆品、高档护肤类化妆品和成套化妆品。

美容、修饰类化妆品是指香水、香水精、香粉、口红、指甲油、胭脂、眉笔、唇笔、蓝眼油、眼睫毛以及成套化妆品。

舞台、戏剧、影视演员化妆用的上妆油、卸妆油、油彩，不属于本税目的征收范围。

高档护肤类化妆品征收范围另行制定。

（4）贵重首饰及珠宝玉石

贵重首饰及珠宝玉石包括：凡以金、银、白金、宝石、珍珠、钻石、翡翠、珊瑚、玛瑙等高贵稀有物质以及其他金属、人造宝石等制作的各种纯金银首饰及镶嵌首饰和经采掘、打磨、加工的各种珠宝玉石。对出国人员免税商店销售的金银首饰征收消费税。

（5）鞭炮、焰火

鞭炮、焰火包括各种鞭炮、焰火。体育上用的发令纸、鞭炮药引线，不按本税目征收。

（6）成品油

本税目包括汽油、柴油、石脑油、溶剂油、航空煤油、润滑油、燃料油7个子目。汽油、柴油的征收范围仍按原规定执行。

①汽油。汽油，是指原油或其他原料加工生产的辛烷值不小于66的可用作汽油发动机燃料的各种轻质油。取消车用含铅汽油消费税，汽油税目不再划分二级子目，统一按照无铅汽油税率征收消费税。

以汽油、汽油组分调和生产的甲醇汽油、乙醇汽油也属于本税目征收范围。

②柴油。柴油，是指原油或其他原料加工生产的凝点或倾点在−50号至30号的可用作柴油发动机燃料的各种轻质油和以柴油组分为主、经调和精制可用作柴油发动机燃料的非标油。

以柴油、柴油组分调和生产的生物柴油也属于本税目征收范围。

③石脑油。石脑油，又叫化工轻油，是以原油或其他原料加工生产的用于化工原料的轻质油。

石脑油的征收范围包括除汽油、柴油、航空煤油、溶剂油以外的各种轻质油。非标汽油、重整生成油、拔头油、戊烷原料油、轻裂解料（减压柴油VGO和常压柴油AGO）、重裂解料、加氢裂化尾油、芳烃抽余油均属轻质油，属于石脑油征收范围。

④溶剂油。溶剂油是以原油或其他原料加工生产的用于涂料、油漆、食用油、印刷油墨、皮革、农药、橡胶、化妆品生产和机械清洗、胶粘行业的轻质油。橡胶填充油、溶剂油原料属于溶剂油征收范围。

⑤航空煤油。航空煤油也叫喷气燃料，是以石油加工生产的用于喷气发动机和喷气推进系统中作为能源的石油燃料。航空煤油的消费税暂缓征收。

⑥润滑油。润滑油是用原油或其他原料加工生产的用于内燃机、机械加工过程的

润滑产品。润滑油分为矿物性润滑油、植物性润滑油、动物性润滑油和化工原料合成润滑油。

润滑油的征收范围包括矿物性润滑油、矿物性润滑油基础油、植物性润滑油、动物性润滑油和化工原料合成润滑油。以植物性、动物性和矿物性基础油（或矿物性润滑油）混合掺配而成的"混合性"润滑油，不论矿物性基础油（或矿物性润滑油）所占比例高低，均属润滑油的征税范围。

另外，用原油或其他原料加工生产的用于内燃机、机械加工过程的润滑产品均属于润滑油征税范围。润滑脂是润滑产品，生产、加工润滑脂应当征收消费税。变压器油、导热类油等绝缘油类产品不属于润滑油，不征收消费税。

⑦燃料油。燃料油也称重油、渣油，是用原油或其他原料加工生产，主要用作电厂发电、锅炉用燃料、加热炉燃料、冶金和其他工业炉燃料。腊油、船用重油、常压重油、减压重油、180CTS燃料油、7号燃料油、糠醛油、工业燃料、4~6号燃料油等油品的主要用途是作为燃料燃烧，属于燃料油征收范围。

（7）小汽车

小汽车是指由动力驱动，具有4个或4个以上车轮的非轨道承载的车辆。

本税目征收范围包括含驾驶员座位在内最多不超过9个座位（含）的，在设计和技术特性上用于载运乘客和货物的各类乘用车和含驾驶员座位在内的座位数在10~23座（含23座）的在设计和技术特性上用于载运乘客和货物的各类中轻型商用客车。

用排气量小于1.5升（含）的乘用车底盘（车架）改装、改制的车辆属于乘用车征收范围。用排气量大于1.5升的乘用车底盘（车架）或用中轻型商用客车底盘（车架）改装、改制的车辆属于中轻型商用客车征收范围。

含驾驶员人数（额定载客）为区间值的（如8~10人、17~26人）小汽车，按其区间值下限人数确定征收范围。

电动汽车不属于本税目征收范围。车身长度大于7米（含），并且座位在10~23座（含）以下的商用客车，不属于中轻型商用客车征税范围，不征收消费税。沙滩车、雪地车、卡丁车、高尔夫车不属于消费税征收范围，不征收消费税。

（8）摩托车

摩托车包括轻便摩托车和摩托车两种。对最大设计车速不超过50千米/小时，发动机气缸总工作容量不超过50毫升的三轮摩托车不征收消费税。气缸容量250毫升（不含）以下的小排量摩托车不征收消费税。

（9）高尔夫球及球具

高尔夫球及球具是指从事高尔夫球运动所需的各种专用装备，包括高尔夫球、高尔夫球杆及高尔夫球包（袋）等。

高尔夫球是指重量不超过45.93克、直径不超过42.67毫米的高尔夫球运动比赛、练习用球；高尔夫球杆是指被设计用来打高尔夫球的工具，由杆头、杆身和握把三部分组成；高尔夫球包（袋）是指专用于盛装高尔夫球及球杆的包（袋）。

本税目征收范围包括高尔夫球、高尔夫球杆、高尔夫球包（袋）。高尔夫球杆的杆头、杆身和握把属于本税目的征收范围。

（10）高档手表

高档手表是指销售价格（不含增值税）每只在10 000元（含）以上的各类手表。

本税目征收范围包括符合以上标准的各类手表。

（11）游艇

游艇是指长度大于8米小于90米，船体由玻璃钢、钢、铝合金、塑料等多种材料制作，可以在水上移动的水上浮载体。按照动力划分，游艇分为无动力艇、帆艇和机动艇。

本税目征收范围包括艇身长度大于8米（含）小于90米（含），内置发动机，可以在水上移动，一般为私人或团体购置，主要用于水上运动和休闲娱乐等非牟利活动的各类机动艇。

（12）木制一次性筷子

木制一次性筷子，又称卫生筷子，是指以木材为原料经过锯段、浸泡、旋切、刨切、烘干、筛选、打磨、倒角、包装等环节加工而成的各类一次性使用的筷子。

本税目征收范围包括各种规格的木制一次性筷子。未经打磨、倒角的木制一次性筷子属于本税目征税范围。

（13）实木地板

实木地板是指以木材为原料，经锯割、干燥、刨光、截断、开榫、涂漆等工序加工而成的块状或条状的地面装饰材料。实木地板按生产工艺不同，可分为独板（块）实木地板、实木指接地板、实木复合地板三类；按表面处理状态不同，可分为未涂饰地板（白坯板、素板）和漆饰地板两类。

本税目征收范围包括各类规格的实木地板、实木指接地板、实木复合地板及用于装饰墙壁、天棚的侧端面为榫、槽的实木装饰板。未经涂饰的素板属于本税目征税范围。

（14）电池

电池，是一种将化学能、光能等直接转换为电能的装置，一般由电极、电解质、容器、极端，通常还有隔离层组成的基本功能单元，以及用一个或多个基本功能单元装配成的电池组。范围包括：原电池、蓄电池、燃料电池、太阳能电池和其他电池。

自2015年2月1日起对电池（铅蓄电池除外）征收消费税；对无汞原电池、金属氢化物镍蓄电池（又称"氢镍蓄电池"或"镍氢蓄电池"）、锂原电池、锂离子蓄电池、太阳能电池、燃料电池、全钒液流电池免征消费税。2015年12月31日前对铅蓄电池缓征消费税；自2016年1月1日起，对铅蓄电池按4%税率征收消费税。

（15）涂料

涂料是指涂于物体表面能形成具有保护、装饰或特殊性能的固态涂膜的一类液体或固体材料之总称。自2015年2月1日起对涂料征收消费税，施工状态下挥发性有机物（Volatile Organic Compounds，VOC）含量低于420克/升（含）的涂料免征消费税。

【真题演练】应当征收消费税的有（　　）。（2013年，多项选择题）

A.进口葡萄酒　　　　　　　B.建材商城销售实木地板

C.进口大型商务客车　　　　D.厂家销售自产高尔夫球球具

【答案】AD

【解析】大型客车不属于消费税税目；除了金银在零售环节征收消费税外，其他的消费品都在"生产和进口"环节征收，而且是单一征收，实木地板在生产厂家销售给商场的时候，就已经缴纳了。由于是单一征收，所以商场再销售给消费者的时候，就不用再缴纳了。

【真题演练】属于消费税纳税义务人的企业有（　　）。（2015年，多项选择题）

A.零售钻石饰品的企业　　　B.委托加工化妆品的企业

C.零售金银饰品的企业　　　D.生产白酒的企业

【答案】ABCD

【解析】消费税的纳税人包括在中华人民共和国境内生产、委托加工和进口应税消费品的单位和个人，以及国务院确定的销售应税消费品的其他单位和个人。此外，金银首饰、钻石及钻石饰品在零售环节缴纳消费税。

2.消费税税率

消费税采用比例税率和定额税率两种形式，以适应不同应税消费品的实际情况。

消费税根据不同的税目或子目确定相应的税率或单位税额。例如：白酒税率为20%，摩托车税率为3%等；黄酒、啤酒、汽油、柴油等分别按单位重量或单位体积确定单位税额。经整理汇总的消费税税目、税率表见表3-1。

表3-1　　　　　　　　　　消费税税目、税率表

税目	税率
一、烟	
1.卷烟	
（1）甲类卷烟（生产或进口环节）	56%加0.003元/支
（2）乙类卷烟（生产或进口环节）	36%加0.003元/支
（3）批发环节	11%加0.005元/支

续表

税目	税率
2.雪茄烟	36%
3.烟丝	30%
二、酒	
1.白酒	20%加0.50元/500克（或者500毫升）
2.黄酒	240元/吨
3.啤酒	
（1）甲类啤酒	250元/吨
（2）乙类啤酒	220元/吨
4.其他酒	10%
三、化妆品	30%
四、贵重首饰及珠宝玉石	
1.金银首饰、铂金首饰和钻石及钻石饰品	5%
2.其他贵重首饰和珠宝玉石	10%
五、鞭炮、焰火	15%
六、成品油	
1.汽油	1.52元/升
2.柴油	1.20元/升
3.航空煤油	1.20元/升
4.石脑油	1.52元/升
5.溶剂油	1.52元/升
6.润滑油	1.52元/升
7.燃料油	1.20元/升
七、摩托车	

税目	税率
1.气缸容量为250毫升	3%
2.气缸容量在250毫升以上的	10%
八、小汽车	
1.乘用车	
（1）气缸容量（排气量，下同）在1.0升（含）以下的	1%
（2）气缸容量在1.0升以上至1.5升（含）的	3%
（3）气缸容量在1.5升以上至2.0升（含）的	5%
（4）气缸容量在2.0升以上至2.5升（含）的	9%
（5）气缸容量在2.5升以上至3.0升（含）的	12%
（6）气缸容量在3.0升以上至4.0升（含）的	25%
（7）气缸容量在4.0升以上的	40%
2.中轻型商用客车	5%
九、高尔夫球及球具	10%
十、高档手表	20%
十一、游艇	10%
十二、木制一次性筷子	5%
十三、实木地板	5%
十四、电池	4%
十五、涂料	4%

（五）消费税应纳税额

1.从价定率征收

从价定率征收，即根据不同的应税消费品确定不同的比例税率。

应纳税额=应税消费品的销售额×比例税率

在从价定率计算方法下，应纳税额的多少取决于应税消费品的销售额和适用税率两个因素。

（1）销售额的确定

销售额为纳税人销售应税消费品向购买方收取的全部价款和价外费用。销售，是指有偿转让应税消费品的所有权；有偿，是指从购买方取得货币、货物或者其他经济利益；价外费用，是指价外向购买方收取的手续费、补贴、基金、集资费、返还利润、奖励费、违约金、滞纳金、延期付款利息、赔偿金、代收款项、代垫款项、包装费、包装物租金、储备费、优质费、运输装卸费以及其他各种性质的价外收费。下列项目不包括在内：

第一，同时符合以下条件的代垫运费：

①承运部门的运费发票开具给购货方的。

②纳税人将该项发票转交给购货方的。

第二，同时符合以下条件代为收取的政府性基金或者行政事业性收费：

①由国务院或者财政部批准设立的政府性基金，由国务院或者省级人民政府及其财政、价格主管部门批准设立的行政事业性收费；

②收取时开具省级以上财政部门印制的财政票据；

③所收款项全额上缴财政。

其他价外费用，无论是否属于纳税人的收入，均应并入销售额计算征税。

实行从价定率办法计算应纳税额的应税消费品连同包装销售的，无论包装是否单独计价，也不论在会计上如何核算，均应并入应税消费品的销售额中征收消费税。如果包装物不作价随同产品销售，而是收取押金，此项押金则不应并入应税消费品的销售额中征税。但对逾期未收回的包装物不再退还的或者已收取一年以上的押金，应并入应税消费品的销售额，按照应税消费品的适用税率征收消费税。

对既作价随同应税消费品销售，又另外收取押金的包装物的押金，凡纳税人在规定的期限内没有退还的，均应并入应税消费品的销售额，按照应税消费品的适用税率缴纳消费税。

纳税人销售的应税消费品，以外汇结算销售额的，其销售额的人民币折合率可以选择结算的当天或者当月1日的国家外汇牌价（原则上为中间价）。纳税人应在事先确定采取何种折合率，确定后1年内不得变更。

（2）含增值税销售额的换算

应税消费品在缴纳消费税的同时，与一般货物一样，还应缴纳增值税。按照《消费税暂行条例实施细则》的规定，应税消费品的销售额，不包括应向购货方收取的增值税税款。如果纳税人应税消费品的销售额中未扣除增值税税款或者因不得开具增值税专用发票而发生价款和增值税税款合并收取的，在计算消费税时，应将含增值税的销售额换算为不含增值税税款的销售额。其换算公式为：

应税消费品的销售额=含增值税的销售额÷（1+增值税税率或征收率）

在使用换算公式时，应根据纳税人的具体情况分别使用增值税税率或征收率。如果消费税的纳税人同时又是增值税一般纳税人的，应适用17%的增值税税率；如果消费税的纳税人是增值税小规模纳税人的，应适用3%的征收率。

【真题演练】甲酒厂为增值税一般纳税人，2012年5月销售果木酒，取得不含增值税销售额10万元，同时收取包装物租金0.585万元、优质费2.34万元。已知果木酒消费税税率为10%，增值税税率为17%，甲酒厂当月销售果木酒应缴纳消费税税额是（　　）万元。（2012年，单项选择题）

　A.1.2925　　　　　B.1.0585　　　　　C.1.25　　　　　D.1.05

【答案】C

【解析】本题考核消费税的计算。纳税人销售应税消费品向购买方收取的全部价款和价外费用构成销售额，但不包括增值税税款。本题中，包装物租金、优质费属于价外费用，在计入销售额的时候需要换算为不含税的价款。

甲酒厂当月销售果木酒应缴纳消费税税额= [10+（0.585+2.34）÷（1+17%）] ×10%
=1.25（万元）

2.从量定额征收

从量定额征收，即根据不同的应税消费品确定不同的单位税额。其计算公式为：

应纳税额=应税消费品的销售数量×单位税额

在从量定额计算方法下，应纳税额的多少取决于应税消费品的销售数量和单位税额两个因素。

（1）销售数量的确定

销售数量是指纳税人生产、加工和进口应税消费品的数量。具体规定为：

①销售应税消费品的，为应税消费品的销售数量。

②自产自用应税消费品的，为应税消费品的移送使用数量。

③委托加工应税消费品的，为纳税人收回的应税消费品数量。

④进口的应税消费品，为海关核定的应税消费品进口征税数量。

（2）计量单位的换算标准

《消费税暂行条例》规定，黄酒、啤酒是以吨为税额单位；汽油、柴油是以升为税额单位的。但是，考虑到在实际销售过程中，一些纳税人会把吨或升这两个计量单位混用，为了规范不同产品的计量单位，以准确计算应纳税额，吨与升两个计量单位的换算标准见表3-2。

表3-2　　　　　　　　　　　　吨、升换算表

名称	计量单位的换算标准	名称	计量单位的换算标准
啤酒	1吨=988升	汽油	1吨=1 388升
黄酒	1吨=962升	柴油	1吨=1 176升
石脑油	1吨=1 385升	溶剂油	1吨=1 282升
润滑油	1吨=1 126升	燃料油	1吨=1 015升
航空煤油	1吨=1 246升		

【真题演练】某厂自产啤酒5吨，成本为20万元，成本利润率10%，消费税单位税额为每吨220元，该笔业务应缴纳（　　　）。（2015年，多项选择题）

A.消费税220元 　　　　　　　B.消费税1 100元

C.增值税37 200元 　　　　　　D.增值税37 587元

【答案】BD

【解析】消费税：5×220=1 100元；增值税：由于消费税是价内税，所以计算增值税的时候需要包含价内税一并计算：

[200 000×（1+10%）+1 100]×0.17=221 100×0.17=37 587（元）

3.从价从量复合计征

从价定率和从量定额复合征收，即以两种方法计算的应纳税额之和为该应税消费品的应纳税额。我国目前只对卷烟和白酒采用复合征收方法。

应纳税额=应税消费品的销售额×比例税率+应税消费品的销售数量×单位税额

生产销售卷烟、白酒从量定额计税依据为实际销售数量。进口、委托加工、自产自用卷烟、白酒从量定额计税依据分别为海关核定的进口征税数量、委托方收回数量、移送使用数量。

【真题演练】根据消费税法律制度的规定，下列应税消费品中，实行从价定率与从量定额相结合的复合计税方法的有（　　　）。（2011年，多项选择题）

A.烟丝 　　　　　B.卷烟 　　　　　C.白酒 　　　　　D.药酒

【答案】BC

【解析】现行消费税的征税范围中，只有卷烟、白酒采用复合计征方法。

【真题演练】某烟草生产企业是增值税一般纳税人。2013年1月销售甲类卷烟1 000标准条，取得销售收入（含增值税）93 600元。该企业1月应缴纳的消费税税额为（　　　）元。（已知甲类卷烟消费税单位税额为0.003元/支，1标准条有200支；比例税率为56%）（2013年，单项选择题）

A.53 016 　　　　　B.44 800 　　　　　C.600 　　　　　D.45 400

【答案】D

【解析】

应纳消费税税额=93 600÷（1+17%）×56%+200×1 000×0.003=44 800+600=45 400（元）

4.应税消费品已纳税款的扣除

为了避免重复征税，现行消费税法律法规规定，将外购应税消费品和委托加工收回的应税消费品连续生产应税消费品销售的，可以将外购应税消费品和委托加工收回应税消费品已缴纳的消费税给予扣除。

（1）外购应税消费品已纳税款的扣除

由于某些应税消费品是用外购已缴纳消费税的应税消费品连续生产出来的，在对这些连续生产出来的应税消费品计算征税时，税法规定应按当期生产领用数量计算准予扣除外购的应税消费品已纳的消费税税款。扣除范围包括：

①外购已税烟丝生产的卷烟；

②外购已税化妆品生产的化妆品；

③外购已税珠宝玉石生产的贵重首饰及珠宝玉石；

④外购已税鞭炮焰火生产的鞭炮焰火；

⑤外购已税杆头、杆身和握把为原料生产的高尔夫球杆；

⑥外购已税木制一次性筷子为原料生产的木制一次性筷子；

⑦外购已税实木地板为原料生产的实木地板；

⑧对外购的汽油、柴油、石脑油、燃料油、润滑油用于连续生产应税成品油；

⑨外购已税摩托车生产的应税摩托车。

上述当期准予扣除外购应税消费品已纳消费税税款的计算公式为：

$$\text{当期准予扣除的外购应税消费品已纳税款} = \text{当期准予扣除的外购应税消费品的买价} \times \text{外购应税消费品适用税率}$$

$$\text{当期准予扣除的外购应税消费品的买价} = \text{期初库存的外购应税消费品的买价} + \text{当期购进的应税消费品的买价} - \text{期末库存的外购应税消费品的买价}$$

外购已税消费品的买价是指购货发票上注明的销售额（不包括增值税税款）。由于我国近期多次调整成品油消费税税率，纳税人外购应税油品连续生产应税成品油，应根据其取得的外购应税油品增值税专用发票开具时间来确定具体扣除金额。如果增值税专用发票开具时间为调整前，则按照调整前的成品油消费税税率计算扣除消费税；如果增值税专用发票开具时间为调整后，则按照调整后的成品油消费税税率计算扣除消费税。

另外，根据《葡萄酒消费税管理办法（试行）》的规定，自2015年5月1日起，从葡萄酒生产企业购进、进口葡萄酒连续生产应税葡萄酒的，准予从葡萄酒消费税应纳税额中扣除所耗用应税葡萄酒已纳消费税税款。本期消费税应纳税额不足抵扣的，余额留待下期抵扣。

需要说明的是，纳税人用外购的已税珠宝玉石生产的改在零售环节征收消费税的金银首饰（镶嵌首饰），在计税时一律不得扣除外购珠宝玉石的已纳税款。

对自己不生产应税消费品，而只是购进后再销售应税消费品的工业企业，其销售的化妆品、护肤护发品、鞭炮焰火和珠宝玉石，凡不能构成最终消费品直接进入消费品市场，而需进一步生产加工的（如需进一步深加工）、包装、贴标，组合的珠宝玉石、化妆品、酒、鞭炮焰火等，应当征收消费税，同时允许扣除上述外购应税消费品的已纳税款。

（2）委托加工收回的应税消费品已纳税款的扣除

委托加工的应税消费品因为已由受托方代收代缴消费税，因此，委托方收回货物后用于连续生产应税消费品的，其已纳税款准予按照规定从连续生产的应税消费品应纳消费税税额中抵扣。按照国家税务总局的规定，下列连续生产的应税消费品准予从应纳消费税税额中按当期生产领用数量计算扣除委托加工收回的应税消费品已纳消费税税款：

①以委托加工收回的已税烟丝为原料生产的卷烟；

②以委托加工收回的已税化妆品为原料生产的化妆品；

③以委托加工收回的已税珠宝玉石为原料生产的贵重首饰及珠宝玉石；

④以委托加工收回的已税鞭炮焰火为原料生产的鞭炮焰火；

⑤以委托加工收回的已税杆头、杆身和握把为原料生产的高尔夫球杆；

⑥以委托加工收回的已税木制一次性筷子为原料生产的木制一次性筷子；

⑦以委托加工收回的已税实木地板为原料生产的实木地板；

⑧对委托加工收回的汽油、柴油、石脑油、燃料油、润滑油用于连续生产应税成品油；

⑨以委托加工收回的已税摩托车连续生产应税摩托车（如用外购两轮摩托车改装三轮摩托车）。

上述当期准予扣除委托加工收回的应税消费品已纳消费税税款的计算公式是：

$$\text{当期准予扣除的委托加工应税消费品已纳税款} = \text{期初库存的委托加工应税消费品已纳税款} + \text{当期收回的委托加工应税消费品已纳税款} - \text{期末库存的委托加工应税消费品已纳税款}$$

纳税人以进口、委托加工收回应税油品连续生产应税成品油，分别依据《海关进口消费税专用缴款书》《税收缴款书（代扣代收专用）》，按照现行政策规定计算扣除应税油品已纳消费税税款。

需要说明的是，纳税人用委托加工收回的已税珠宝玉石生产的改在零售环节征收消费税的金银首饰，在计税时一律不得扣除委托加工收回的珠宝玉石的已纳消费税税款。

5.自产自用应税消费品应纳税额

纳税人自产自用应税消费品用于连续生产应税消费品的，不纳税；凡用于其他方面的，应按照纳税人生产的同类消费品的销售价格计算纳税。同类消费品的销售价格是指纳税人当月销售的同类消费品的销售价格，如果当月同类消费品各期销售价格高低不同，应按销售数量加权平均计算。但销售的应税消费品有下列情况之一的，不得列入加权平均计算：

（1）销售价格明显偏低又无正当理由的；

（2）无销售价格的。

如果当月无销售或者当月未完结，应按照同类消费品上月或者最近月份的销售价格计算纳税。

没有同类消费品销售价格的，按照组成计税价格计算纳税。组成计税价格的计算公式是：

①实行从价定率办法计算纳税的组成计税价格计算公式：

组成计税价格=（成本+利润）÷（1-比例税率）

②实行复合计税办法计算纳税的组成计税价格计算公式：

组成计税价格=（成本+利润+自产自用数量×定额税率）÷（1-比例税率）

6.委托加工应税消费品应纳税额

委托加工的应税消费品，按照受托方的同类消费品的销售价格计算纳税，同类消费品的销售价格是指受托方（即代收代缴义务人）当月销售的同类消费品的销售价格，如果当月同类消费品各期销售价格高低不同，应按销售数量加权平均计算。但销售的应税消费品有下列情况之一的，不得列入加权平均计算：

（1）销售价格明显偏低又无正当理由的；

（2）无销售价格的。

如果当月无销售或者当月未完结，应按照同类消费品上月或者最近月份的销售价格计算纳税。没有同类消费品销售价格的，按照组成计税价格计算纳税。组成计税价格的计算公式是：

①实行从价定率办法计算纳税的组成计税价格计算公式：

组成计税价格=（材料成本+加工费）÷（1-比例税率）

②实行复合计税办法计算纳税的组成计税价格计算公式：

组成计税价格=（材料成本+加工费+委托加工数量×定额税率）÷（1-比例税率）

【真题演练】A酒厂3月份委托B酒厂生产酒精30吨，一次性支付加工费9 500元。已知A酒厂提供原料的成本为57 000元，B酒厂无同类产品销售价格，酒精适用的消费税税率为5%。则该批酒精的消费税组成计税价格是（　　）元。（2014年，单项选择题）

A.50 000　　　　　B.60 000　　　　　C.70 000　　　　　D.63 333.33

【答案】C

【解析】本题考核消费税组成计税价格的计算。

组成计税价格=（57 000+9 500）÷（1-5%）=70 000（元）

（六）消费税征收管理

1.纳税义务发生时间（货款结算方式或行为发生时间）

纳税人生产的应税消费品于销售时纳税，进口消费品应当于应税消费品报关进口环节纳税，但金银首饰、钻石及钻石饰品在零售环节纳税。消费税纳税义务发生的时间，以货款结算方式或行为发生时间分别确定。

（1）纳税人销售应税消费品的，按不同的销售结算方式，其纳税义务发生时间分别为：

①纳税人采取赊销和分期收款结算方式的，其纳税义务的发生时间，为书面合同约定的收款日期的当天。书面合同没有约定收款日期或者无书面合同的，为发出应税消费品的当天。

②纳税人采取预收货款结算方式的，其纳税义务的发生时间，为发出应税消费品的当天。

③纳税人采取托收承付和委托银行收款方式的，其纳税义务的发生时间，为发出应税消费品并办妥托收手续的当天。

④纳税人采取其他结算方式的，其纳税义务的发生时间，为收讫销售款或者取得索取销售款凭据的当天。

（2）纳税人自产自用应税消费品的，其纳税义务的发生时间，为移送使用的当天。

（3）纳税人委托加工应税消费品的，其纳税义务的发生时间，为纳税人提货的当天。

（4）纳税人进口应税消费品的，其纳税义务的发生时间，为报关进口的当天。

> 【真题演练】根据消费税的规定，纳税人采取分期收款方式销售应税消费品的，其纳税义务发生时间为（   ）。（2012年，单项选择题）
>
> A.书面合同约定的收款日期当天
>
> B.收到第一笔销售款的当天
>
> C.应税消费品发出的当天
>
> D.取得索取销售款凭据的当天
>
> 【答案】A
>
> 【解析】根据消费税的规定，纳税人采取赊销和分期收款结算方式的，其纳税义务的发生时间，为书面合同约定的收款日期的当天。书面合同没有约定收款日期或者无书面合同的，为发出应税消费品的当天。

2.消费税纳税期限

按照《消费税暂行条例》规定，消费税的纳税期限分别为1日、3日、5日、10日、15日、1个月或者1个季度。纳税人的具体纳税期限，由主管税务机关根据纳税人应纳税额的大小分别核定；不能按照固定期限纳税的，可以按次纳税。

纳税人以1个月或1个季度为一期纳税的，自期满之日起15日内申报纳税；以1日、3日、5日、10日或者15日为一期纳税的，自期满之日起5日内预缴税款，于次月1日起至15日内申报纳税并结清上月应纳税款。

纳税人进口应税消费品，应当自海关填发海关进口消费税专用缴款书之日起15日内缴纳税款。

如果纳税人不能按照规定的纳税期限依法纳税，将按《税收征收管理法》的有关规定处理。

> 【真题演练】纳税人进口应税消费品，应当自海关填发海关进口消费税专用缴款书之日起（   ）内缴纳税款。（2012年，单项选择题）

A.7日　　　　　　B.10日　　　　　　C.15日　　　　　　D.30日

【答案】C

【解析】纳税人进口应税消费品，应当自海关填发海关进口消费税专用缴款书之日起15日内缴纳税款。

3.消费税纳税地点

消费税具体纳税地点有：

（1）纳税人销售的应税消费品，以及自产自用的应税消费品，除国家另有规定的外，应当向纳税人机构所在地或者居住地主管税务机关申报纳税。

（2）委托加工的应税消费品，除受托方为个人外，由受托方向机构所在地或居住地主管税务机关解缴消费税税款；委托个人加工的应税消费品，由委托方向其机构所在地或者居住地主管税务机关申报纳税。

（3）进口的应税消费品，由进口人或者其代理人向报关地海关申报纳税。

（4）纳税人到外县（市）销售或委托外县（市）代销自产应税消费品的，于应税消费品销售后，向机构所在地或者居住地主管税务机关申报纳税。

纳税人的总机构与分支机构不在同一县（市）的，应当分别向各自机构所在地的主管税务机关申报纳税；经财政部、国家税务总局或者其授权的财政、税务机关批准，可以由总机构汇总向总机构所在地的主管税务机关申报纳税。

（5）纳税人销售的应税消费品，如因质量等原因由购买者退回时，经所在地主管税务机关审核批准后，可退还已征收的消费税税款，但不能自行直接抵减应纳税款。

三、企业所得税

企业所得税法，是指国家制定的用以调整企业所得税征收与缴纳之间权利及义务关系的法律规范。现行企业所得税法的基本规范，是2007年3月16日第十届全国人民代表大会第五次全体会议通过的《中华人民共和国企业所得税法》（以下简称《企业所得税法》）和2007年11月28日国务院第197次常务会议通过的《中华人民共和国企业所得税法实施条例》（以下简称《企业所得税法实施条例》）。

（一）企业所得税的概念

企业所得税是对我国境内企业和其他组织的生产经营所得和其他所得征收的一种税收。其中，企业分为居民企业和非居民企业。居民企业是指依法在中国境内成立，或者依照外国（地区）法律成立但实际管理机构在中国境内的企业；非居民企业是指依照外国（地区）法律成立且实际管理机构不在中国境内，但在中国境内设立机构、场所的，或者在中国境内未设立机构、场所，但有来源于中国境内所得的企业。

（二）企业所得税的征税对象

企业所得税的征税对象是指企业的生产经营所得、其他所得和清算所得。

1.居民企业的征税对象

居民企业应就来源于中国境内、境外的所得作为征税对象。所得，包括销售货物所得、提供劳务所得、转让财产所得、股息红利等权益性投资所得，以及利息所得、租金所得、特许权使用费所得、接受捐赠所得和其他所得。

2.非居民企业的征税对象

非居民企业在中国境内设立机构、场所的，应当就其所设机构、场所取得的来源于中国境内的所得，以及发生在中国境外但与其所设机构、场所有实际联系的所得，缴纳企业所得税。非居民企业在中国境内未设立机构、场所的，或者虽设立机构、场所但取得的所得与其所设机构、场所没有实际联系的，应当就其来源于中国境内的所得缴纳企业所得税。

上述所称实际联系，是指非居民企业在中国境内设立的机构、场所拥有的据以取得所得的股权、债权，以及拥有、管理、控制据以取得所得的财产。

3.所得来源的确定

（1）销售货物所得，按照交易活动发生地确定。

（2）提供劳务所得，按照劳务发生地确定。

（3）转让财产所得。①不动产转让所得按照不动产所在地确定。②动产转让所得按照转让动产的企业或者机构、场所所在地确定。③权益性投资资产转让所得按照被投资企业所在地确定。

（4）股息、红利等权益性投资所得，按照分配所得的企业所在地确定。

（5）利息所得、租金所得、特许权使用费所得，按照负担、支付所得的企业或者机构、场所所在地确定，或者按照负担、支付所得的个人的住所地确定。

（6）其他所得，由国务院财政、税务主管部门确定。

【真题演练】下列属于企业所得税纳税人的有（　　）。（2013年，多项选择题）

A.国有企业　　　　B.集体企业　　　　C.个体工商户　　　　D.股份有限公司

【答案】ABD

【解析】个体工商户、个人独资企业、合伙企业不缴纳企业所得税。

（三）企业所得税税率

企业所得税税率是体现国家与企业分配关系的核心要素。税率设计的原则是兼顾国家、企业、职工个人三者利益，既要保证财政收入的稳定增长，又要使企业在发展生产、经营方面有一定的财力保证。既要考虑到企业的实际情况和负担能力，又要维护税率的统一性。

企业所得税实行比例税率。比例税率简便易行，透明度高，不会因征税而改变企业间收入分配比例，有利于促进效率的提高。现行规定如下：

1.基本税率为25%

适用于居民企业和在中国境内设有机构、场所且所得与机构、场所有关联的非居民企业。

2.优惠税率

对符合条件的小型微利企业，减按20%的税率征收企业所得税；对于在中国境内未设立机构、场所的，或者虽设立机构、场所但取得的所得与其机构、场所没有实际联系的非居民企业，减按20%税率征收企业所得税；对国家需要重点扶持的高新技术企业，减按15%的税率征收企业所得税。

【真题演练】根据《企业所得税法》的规定，对国家需要重点扶持的高新技术企业，给予企业所得税税率优惠。优惠税率为（   ）。(2012年，单项选择题)

A.10%   B.15%   C.20%   D.25%

【答案】B

【解析】对国家需要重点扶持的高新技术企业，减按15%的税率征收企业所得税。

（四）企业所得税应纳税所得额

企业所得税应纳税所得额是企业所得税的计税依据。应纳税所得额为企业每一个纳税年度的收入总额减去不征税收入、免税收入、各项扣除，以及弥补以前年度的亏损之后的余额，应纳税所得额有两种计算方法。

直接计算法下的计算公式为：

应纳税所得额=收入总额-不征税收入额-免税收入额-各项扣除额-准予弥补的以前年度亏损额

间接计算法下的计算公式为：

应纳税所得额=利润总额+纳税调整项目金额

企业应纳税所得额的计算以权责发生制为原则，属于当期的收入和费用，不论款项是否收付，均作为当期的收入和费用；不属于当期的收入和费用，即使款项已经在当期收付，均不作为当期的收入和费用。应纳税所得额的正确计算直接关系到国家财政收入和企业的税收负担，并且同成本、费用核算关系密切。因此，企业所得税法对应纳税所得额计算做了明确规定，主要包括收入总额、扣除范围和标准、资产的税务处理、亏损弥补等。

1.收入总额

企业以货币形式和非货币形式从各种来源取得的收入为收入总额，具体包括销售货物收入、提供劳务收入、转让财产收入、股息和红利等权益性投资收益，以及利息收入、租金收入、特许权使用费收入、接受捐赠收入、其他收入。

企业取得收入的货币形式，包括现金、存款、应收账款、应收票据、准备持有至到期的债券投资以及债务的豁免等；纳税人以非货币形式取得的收入，包括固定资产、生物资产、无形资产、股权投资、存货、不准备持有至到期的债券投资、劳务以及有关权益等。这些非货币资产应当按照公允价值确定收入额。公允价值是指按照市场价格确定的价值。收入的具体构成如下：

（1）一般收入的确认

①销售货物收入，是指企业销售商品、产品、原材料、包装物、低值易耗品以及其他存货取得的收入。

②劳务收入，是指企业从事建筑安装、修理修配、交通运输、仓储租赁、金融保险、邮电通信、咨询经纪、文化体育、科学研究、技术服务、教育培训、餐饮住宿、中介代理、卫生保健、社区服务、旅游、娱乐、加工，以及其他劳务服务活动取得的收入。

③财产转让收入，是指企业转让固定资产、生物资产、无形资产、股权、债权等财产取得的收入。

④股息、红利等权益性投资收益，是指企业因权益性投资从被投资方取得的收入。股息、红利等权益性投资收益，除国务院财政、税务主管部门另有规定外，按照被投资方作出利润分配决定的日期确认收入的实现。

⑤利息收入，是指企业将资金提供他人使用但不构成权益性投资，或者因他人占用企业资金取得的收入，包括存款利息、贷款利息、债券利息、欠款利息等收入。利息收入，按照合同约定的债务人应付利息的日期确认收入的实现。

⑥租金收入，是指企业提供固定资产、包装物或者其他有形财产的使用权取得的收入。租金收入，按照合同约定的承租人应付租金的日期确认收入的实现。

⑦特许权使用费收入，是指企业提供专利权、非专利技术、商标权、著作权以及其他特许权的使用权而取得的收入。特许权使用费收入，按照合同约定的特许权使用人应付特许权使用费的日期确认收入的实现。

⑧接受捐赠收入，是指企业接受的来自其他企业、组织或者个人无偿给予的货币性资产、非货币性资产。接受捐赠收入，按照实际收到的捐赠资产的日期确认收入的实现。

⑨其他收入，是指企业取得的除以上收入外的其他收入，包括企业资产溢余收入、逾期未退包装物押金收入、确实无法偿付的应付款项、已作坏账损失处理后又收回的应收款项、债务重组收入、补贴收入、违约金收入、汇兑收益等。

（2）特殊收入的确认

①以分期收款方式销售货物的，按照合同约定的收款日期确认收入的实现。

②企业受托加工制造大型机械设备、船舶、飞机，以及从事建筑、安装、装配工程业务或者提供其他劳务等，持续时间超过12个月的，按照纳税年度内完工进度或者完成的工作量确认收入的实现。

③采取产品分成方式取得收入的，按照企业分得产品的日期确认收入的实现，其收入额按照产品的公允价值确定。

④企业发生非货币性资产交换，以及将货物、财产、劳务用于捐赠、偿债、赞助、集资、广告、样品、职工福利或者利润分配等用途的，应当视同销售货物、转让财产或者提供劳务，但国务院财政、税务主管部门另有规定的除外。

2.不征税收入

不征税收入是指从性质和根源上不属于企业营利性活动带来的经济利益、不负有纳税义务并不作为应纳税所得额组成部分的收入，如财政拨款、依法收取并纳入财政管理的行政事业性收费、政府性基金以及其他不征税收入。

（1）财政拨款，是指各级人民政府对纳入预算管理的事业单位、社会团体等组织拨付的财政资金，但国务院和国务院财政、税务主管部门另有规定的除外。

（2）依法收取并纳入财政管理的行政事业性收费、政府性基金。行政事业性收费是指依照法律法规等有关规定，按照国务院规定程序批准，在实施社会公共管理，以及在向公民、法人或者其他组织提供特定公共服务过程中，向特定对象收取并纳入财政管理的费用。政府性基金，是指企业依照法律、行政法规等有关规定，代政府收取的具有专项用途的财政资金。

（3）国务院规定的其他不征税收入，是指企业取得的，由国务院财政、税务主管部门规定专项用途并经国务院批准的财政性资金。

3.免税收入

免税收入是指属于企业的应税所得但按照税法规定免予征收企业所得税的收入。免税收入包括国债利息收入，符合条件的居民企业之间的股息、红利收入，在中国境内设立机构、场所的非居民企业从居民企业取得与该机构、场所有实际联系的股息、红利收入，符合条件的非营利组织的收入等。

（1）国债利息收入。为鼓励企业积极购买国债，支援国家建设项目，税法规定，企业因购买国债所得的利息收入，免征企业所得税。

（2）符合条件的居民企业之间的股息、红利等权益性收益，是指居民企业直接投资于其他居民企业取得的投资收益。

（3）在中国境内设立机构、场所的非居民企业从居民企业取得与该机构、场所有实际联系的股息、红利等权益性投资收益。该收益不包括连续持有居民企业公开发行并上市流通的股票不足12个月取得的投资收益。

（4）非营利组织的下列收入为免税收入：

①接受其他单位或者个人捐赠的收入；

②除《企业所得税法》第七条规定的财政拨款以外的其他政府补助收入，但不包括因政府购买服务取得的收入；

③按照省级以上民政、财政部门规定收取的会费；

④不征税收入和免税收入孳生的银行存款利息收入；

⑤财政部、国家税务总局规定的其他收入。

符合条件的非营利组织是指：

①依法履行非营利组织登记手续。

②从事公益性或者非营利性活动。

③取得的收入除用于与该组织有关的、合理的支出外，全部用于登记核定或者章程规定的公益性或者非营利性事业。

④财产及其孳生息不用于分配。

⑤按照登记核定或者章程规定，该组织注销后的剩余财产用于公益性或者非营利性目的，或者由登记管理机关转赠给与该组织性质、宗旨相同的组织，并向社会公告。

⑥投入人对投入该组织的财产不保留或者享有任何财产权利。

⑦工作人员工资福利开支控制在规定的比例内，不变相分配该组织的财产。

⑧国务院财政、税务主管部门规定的其他条件。

《企业所得税法》第二十六条第四项所称"符合条件的非营利组织的收入"，不包括非营利组织从事营利性活动取得的收入，但国务院财政、税务主管部门另有规定的除外。

4.准予扣除的项目

《企业所得税法》规定，企业实际发生的与取得收入有关的、合理的支出，包括成本、费用、税金、损失和其他支出，准予在计算应纳税所得额时扣除。在实际中，计算应纳税所得额时还应注意三方面的内容：①企业发生的支出应当区分收益性支出和资本性支出。收益性支出在发生当期直接扣除；资本性支出应当分期扣除或者计入有关资产成本，不得在发生当期直接扣除。②企业的不征税收入用于支出所形成的费用或者财产，不得扣除或者计算对应的折旧、摊销扣除。③除企业所得税法及另有规定外，企业实际发生的成本、费用、税金、损失和其他支出，不得重复扣除。

（1）成本。成本是指企业在生产经营活动中发生的销售成本、销货成本、业务支出，以及其他耗费，即企业销售商品（产品、材料、下脚料、废料、废旧物资等）、提供劳务、转让固定资产、转让无形资产（包括技术转让）的成本。

企业必须将经营活动中发生的成本合理划分为直接成本和间接成本。直接成本是指可直接计入有关成本计算对象或劳务的经营成本中的直接材料、直接人工等。间接成本是指多个部门为同一成本对象提供服务的共同成本，或者同一种投入可以制造、提供两种或两种以上的产品或劳务的联合成本。

直接成本可根据有关会计凭证、记录直接计入有关成本计算对象或劳务的经营成本中。间接成本必须根据与成本计算对象之间的因果关系、成本计算对象的产量等，以合理的方法分配计入有关成本计算对象中。

（2）费用。费用是指企业每一个纳税年度为生产、经营商品和提供劳务等所发生的销售（经营）费用、管理费用和财务费用。已计入成本的有关费用除外。

销售费用是指应由企业负担的为销售商品而发生的费用，包括广告费、运输费、装卸费、包装费、展览费、保险费、销售佣金（能直接认定的进口佣金调整商品进价成本）、代销手续费、经营性租赁费及销售部门发生的差旅费、工资、福利费等费用。

管理费用是指企业的行政管理部门为管理组织经营活动提供各项支援性服务而发生的费用。

财务费用是指企业筹集经营性资金而发生的费用，包括利息净支出、汇兑净损失、金融机构手续费以及其他非资本化支出。

（3）税金。税金是指企业发生的除企业所得税和允许抵扣的增值税以外的企业缴纳的各项税金及其附加，即企业按规定缴纳的消费税、城市维护建设税、关税、资源税、土地增值税、房产税、车船税、土地使用税、印花税、教育费附加等产品销售税金及附加。这些已纳税金准予税前扣除。准许扣除的税金有两种方式：一是在发生当期扣除；二是在发生当期计入相关资产的成本，在以后各期分摊扣除。

（4）损失。损失是指企业在生产经营活动中发生的固定资产和存货的盘亏、毁损、报废损失，转让财产损失，呆账损失，坏账损失，自然灾害等不可抗力因素造成的损失以及其他损失。

企业发生的损失减除责任人赔偿和保险赔款后的余额，依照国务院财政、税务主管部门的规定扣除。

企业已经作为损失处理的资产，在以后纳税年度又全部收回或者部分收回时，应当计入当期收入。

5.不得扣除的项目

在计算应纳税所得额时，下列支出不得扣除：

（1）向投资者支付的股息、红利等权益性投资收益款项；

（2）企业所得税税款；

（3）税收滞纳金；

（4）罚金、罚款和被没收财物的损失；

（5）企业发生的公益性捐赠支出以外的捐赠支出，但企业发生的公益性捐赠支出，在年度利润总额12%以内的部分，准予在计算应纳税所得额时扣除；

（6）赞助支出，是指企业发生的与生产经营活动无关的各种非广告性支出；

（7）未经核准的准备金支出，是指不符合国务院财政、税务主管部门规定的各项资产减值准备、风险准备等准备金支出；

（8）企业之间支付的管理费、企业内营业机构之间支付的租金和特许权使用费，以及非银行企业内营业机构之间支付的利息；

（9）与取得收入无关的其他支出。

6.职工福利费、工会经费和职工教育经费支出的税前扣除

（1）企业发生的职工福利费支出，不超过工资薪金总额14%的部分，准予扣除；

（2）企业拨缴的工会经费，不超过工资薪金总额2%的部分，准予扣除；

（3）除国务院财政、税务主管部门另有规定外，企业发生的职工教育经费支出，不超过工资薪金总额2.5%的部分，准予扣除；超过部分，准予在以后纳税年度结转

扣除。

> 【真题演练】企业发生的职工教育经费支出，不超过工资薪金总额的2%的部分，准予税前扣除；超过的部分，准予在以后纳税年度结转扣除。（　　）（2013年，判断题）
>
> 【答案】×
>
> 【解析】企业发生的职工教育经费支出，不超过工资薪金总额2.5%的部分，准予扣除；超过部分，准予在以后纳税年度结转扣除。

7.亏损弥补

纳税人发生年度亏损的，可以用下一纳税年度的所得弥补；下一纳税年度的所得不足弥补的，可以逐年延续弥补，但是延续弥补期最长不得超过5年。而且，企业在汇总计算缴纳企业所得税时，其境外营业机构的亏损不得抵减境内营业机构的盈利。

> 【真题演练】我国某企业2012年度实现收入总额460万元，与之相应的扣除项目金额共计438万元，经税务机关核定2011年度的亏损额为20万元。该企业2012年度应缴纳的企业所得税为（　　）。（2013年，单项选择题）
>
> A.5 000元　　　　B.6 600元　　　　C.12 500元　　　　D.16 500元
>
> 【答案】A
>
> 【解析】应缴纳的企业所得税=（460−438−20）×25%=0.5（万元）

> 【真题演练】某企业2008年的销售收入4 000万元，全年业务招待费实际发生40万元。在计算企业所得税时，业务招待费扣除限额为（　　）。（2015年，单项选择题）
>
> A.40万元　　　　B.24万元　　　　C.20万元　　　　D.16万元
>
> 【答案】C
>
> 【解析】企业发生的与生产经营活动有关的业务招待费支出，按照发生额的60%扣除，但最高不得超过当年销售（营业）收入的5‰。按销售收入额计算业务招待费限额=4 000×5‰=20万元，按全年业务招待费实际发生计算业务招待费限额=40×60%=24万元，因24万元大于20万元，故业务招待费限额为20万元。

> 【真题演练】纳税人发生年度亏损的，可以用下一纳税年度的所得弥补，下一纳税年度的所得不足弥补的，可以逐年延续弥补，但是弥补期限最长不得超过5年。（　　）（2015年，判断题）
>
> 【答案】√
>
> 【解析】纳税人发生年度亏损的，可以用下一纳税年度的所得弥补；下一纳税年度的所得不足弥补的，可以逐年延续弥补，但是延续弥补期最长不得超过5年。

（五）企业所得税征收管理

1.纳税地点

（1）除税收法律、行政法规另有规定外，居民企业以企业登记注册地为纳税地点；但登记注册地在境外的，以实际管理机构所在地为纳税地点。企业注册登记地，是指企业依照国家有关规定登记注册的住所地。

（2）居民企业在中国境内设立不具有法人资格的营业机构的，应当汇总计算并缴纳企业所得税。企业汇总计算并缴纳企业所得税时，应当统一核算应纳税所得额，具体办法由国务院财政、税务主管部门另行制定。

（3）非居民企业在中国境内设立机构、场所的，应当就其所设机构、场所取得的来源于中国境内的所得，以及发生在中国境外但与其所设机构、场所有实际联系的所得，以机构、场所所在地为纳税地点。非居民企业在中国境内设立两个或者两个以上机构、场所的，经税务机关审核批准，可以选择由其主要机构、场所汇总缴纳企业所得税。非居民企业经批准汇总缴纳企业所得税后，需要增设、合并、迁移、关闭机构、场所或者停止机构、场所业务的，应当事先由负责汇总申报缴纳企业所得税的主要机构、场所向其所在地税务机关报告；需要变更汇总缴纳企业所得税的主要机构、场所的，依照前款规定办理。

（4）非居民企业在中国境内未设立机构、场所的，或者虽设立机构、场所但取得的所得与其所设机构、场所没有实际联系的所得，以扣缴义务人所在地为纳税地点。

（5）除国务院另有规定外，企业之间不得合并缴纳企业所得税。

2.纳税期限

企业所得税按年计征，分月或者分季预缴，年终汇算清缴，多退少补。

企业所得税的纳税年度，自公历每年1月1日起至12月31日止。企业在一个纳税年度的中间开业，或者由于合并、关闭等原因终止经营活动，使该纳税年度的实际经营期不足12个月的，应当以其实际经营期为一个纳税年度。企业清算时，应当以清算期间作为一个纳税年度。

自年度终了之日起5个月内，向税务机关报送年度企业所得税纳税申报表，并汇算清缴，结清应缴应退税款。

企业在年度中间终止经营活动的，应当自实际经营终止之日起60日内，向税务机关办理当期企业所得税汇算清缴。

3.纳税申报

按月或按季预缴的，应当自月份或者季度终了之日起15日内，向税务机关报送预缴企业所得税纳税申报表，预缴税款。

企业在报送企业所得税纳税申报表时，应当按照规定附送财务会计报告和其他有关资料。

企业应当在办理注销登记前，就其清算所得向税务机关申报并依法缴纳企业所得税。

依照企业所得税法缴纳的企业所得税，以人民币计算。所得以人民币以外的货币计算的，应当折合成人民币计算并缴纳税款。

企业在纳税年度内无论盈利或者亏损，都应当依照《企业所得税法》第五十四条规定的期限，向税务机关报送预缴企业所得税纳税申报表、年度企业所得税纳税申报表、财务会计报告和税务机关规定应当报送的其他有关资料。

> 【真题演练】企业应当自年度终了之后45日内，向税务机关报送年度企业所得税纳税申报表，并汇算清缴，结清应缴应退税款。（　　　）（2015年，判断题）
>
> 【答案】×
>
> 【解析】企业应当自年度终了之日起5个月内，向税务机关报送年度企业所得税纳税申报表，并汇算清缴，结清应缴应退税款。

四、个人所得税

个人所得税法是指国家制定的用以调整个人所得税征收与缴纳之间权利及义务关系的法律规范。现行个人所得税的基本规范是1980年9月10日第五届全国人民代表大会第三次会议制定、根据1993年10月31日第八届全国人民代表大会常务委员会第四次会议决定修改的《中华人民共和国个人所得税法》（以下简称《个人所得税法》），以及2011年7月19日修改、自2011年9月1日施行的《中华人民共和国个人所得税法实施条例》（以下简称《个人所得税法实施条例》）。

（一）个人所得税的概念

个人所得税是以个人（自然人）取得的各项应税所得为征税对象所征收的一种所得税，是政府利用税收对个人收入进行调节的一种手段。个人所得税的征税对象不仅包括个人，还包括具有自然人性质的企业。

个人所得税是世界各国普遍开征的一个税种，最早产生于18世纪的英国。很多国家个人所得税收入在全部税收收入中所占比重超过了其他税种，成为政府重要的财政收入。

（二）个人所得税的纳税义务人

个人所得税的纳税义务人，包括中国公民、个体工商业户、个人独资企业、合伙企业投资者、在中国有所得的外籍人员（包括无国籍人员，下同）和香港、澳门、台湾同胞。上述纳税义务人依据住所和居住时间两个标准，区分为居民纳税义务人和非居民纳税义务人，分别承担不同的纳税义务。

1.居民纳税义务人

居民纳税义务人是指在中国境内有住所，或者无住所但在中国境内居住满1年的个人。居民纳税义务人负有无限纳税义务，其取得的应纳税所得，无论是来源于中国境内还是中国境外任何地方，都要在中国缴纳个人所得税。

所谓在中国境内有住所的个人，是指因户籍、家庭、经济利益关系，而在中国境内习惯性居住的个人。这里所说的习惯性居住，是判定纳税义务人属于居民纳税义务人还是非居民纳税义务人的一个重要依据。它是指个人因学习、工作、探亲等原因消除之后，没有理由在其他地方继续居留时，所要回到的地方，而不是指实际居住或在某一个特定时期内的居住地。一个纳税人因学习、工作、探亲、旅游等原因，原来是在中国境外居住，但是在这些原因消除之后，如果必须回到中国境内居住的，则中国为该人的习惯性居住地。尽管该纳税义务人在一个纳税年度内，甚至连续几个纳税年度，都未在中国境内居住过1天，他仍然是中国居民纳税义务人，应就其来自全球的应纳税所得，向中国缴纳个人所得税。

所谓在境内居住满1年，是指在一个纳税年度（即公历1月1日起至12月31日止，下同）内，在中国境内居住满365日。在计算居住天数时，对临时离境应视同在华居住，不扣减其在华居住的天数。这里所说的临时离境，是指在一个纳税年度内，一次不超过30日或者多次累计不超过90日的离境。综上可知，个人所得税的居民纳税义务人包括以下两类：

（1）在中国境内定居的中国公民和外国侨民，但不包括虽具有中国国籍，却并没有在中国大陆定居，而是侨居海外的华侨和居住在香港、澳门、台湾的同胞。

（2）从公历1月1日起至12月31日止，居住在中国境内的外国人、海外侨胞和香港、澳门、台湾同胞如果在一个纳税年度内，一次离境不超过30日，或者多次离境累计不超过90日的，仍应被视为全年在中国境内居住，从而判定为居民纳税义务人。例如，一个外籍人员从1997年10月起到中国境内的公司任职，在1998纳税年度内，曾于3月7日至12日离境回国，向其总公司述职，12月23日又离境回国欢度圣诞节和元旦。这两次离境时间相加，没有超过90日的标准，应视作临时离境，不扣减其在华居住天数。因此，该纳税义务人应为居民纳税人。

现行税法中关于"中国境内"的概念，是指中国大陆地区，目前还不包括香港、澳门和台湾地区。

2.非居民纳税义务人

非居民纳税义务人是指在中国境内无住所又不居住，或者无住所而在中国境内居住不满1年的个人。非居民纳税义务人承担有限纳税义务，仅就其从中国境内取得的所得，在中国缴纳个人所得税。也就是说，非居民纳税义务人，是指习惯性居住地不在中国境内，而且不在中国居住，或者在一个纳税年度内，在中国境内居住不满1年的个人。在现实生活中，习惯性居住地不在中国境内的个人，只有外籍人员、华侨或香港、澳门和台湾同胞。因此，非居民纳税义务人，实际上只能是在一个纳税年度中，没有在中国境内居住，或者在中国境内居住不满1年的外籍人员、华侨或香港、澳门、台湾同胞。

自2004年7月1日起，对境内居住的天数和境内实际工作期间按以下规定为准：

（1）判定纳税义务及计算在中国境内居住的天数

对在中国境内无住所的个人，需要计算确定其在中国境内居住天数，以便依照税法和协定或安排的规定判定其在华负有何种纳税义务时，均应以该个人实际在华逗留天数计算。上述个人入境、离境、往返或多次往返境内外的当日，均按1天计算其在华实际逗留天数。

（2）对个人入、离境当日及在中国境内实际工作期间的判定

对在中国境内、境外机构同时担任职务或仅在境外机构任职的境内无住所个人，在按《国家税务总局关于在中国境内无住所的个人计算缴纳个人所得税若干具体问题的通知》（国税函发〔1995〕125号）第一条的规定计算其境内工作期间时，对其入境、离境、往返或多次往返境内外的当日，均按半天计算为在华实际工作天数。

纳税义务人及其纳税义务示意图如图3-1所示。

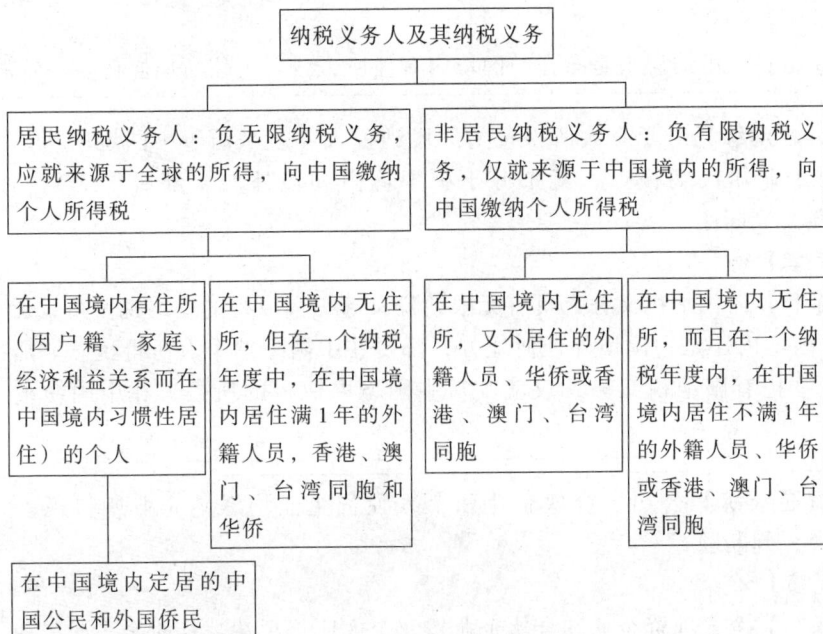

图3-1 纳税义务人及其纳税义务示意图

自2000年1月1日起，个人独资企业和合伙企业投资者也为个人所得税的纳税义务人。

【真题演练】根据《个人所得税法》规定，下列各项中，属于个人所得税居民纳税人的有（　　）。（2015年，多项选择题）

A.2001年7月1日至2002年9月1日来华工作的外国专家

B.1988年回国定居的美籍华人

C.到国外进修半年的我国某单位职员

D.在深圳有房产出租收入的香港居民

【答案】BC

【解析】居民纳税人是指在中国境内有住所，或者无住所但居住满一年的人，这两个条件满足一项即为居民纳税人。A项不够一个纳税年度，D项无住所居住也不满一年。

【真题演练】不属于个人所得税居民纳税人的有（　　　）。（2015年，多项选择题）

A.在中国境内无住所，且在境内居住超过6个月不满1年的个人

B.在中国境内无住所，但一个纳税年度中在中国境内居住满1年的个人

C.在中国境内有住所的个人

D.在中国境内无住所且不居住的个人

【答案】AD

【解析】居民纳税人是指在中国境内有住所，或者无住所但居住满一年的人。

【真题演练】对于个人所得税的居民纳税人，就来源于中国境内所得部分征税；对于非居民纳税人，就来源于中国境内和境外的全部所得征税。（　　　）（2015年，判断题）

【答案】×

【解析】居民纳税义务人负有无限纳税义务，其取得的应纳税所得，无论是来源于中国境内还是中国境外任何地方，都要在中国缴纳个人所得税。非居民纳税义务人承担有限纳税义务，仅就其从中国境内取得的所得，在中国缴纳个人所得税。

【真题演练】公司、合伙企业和个人独资企业均缴纳企业所得税。（　　　）（2015年，判断题）

【答案】×

【解析】个人独资企业和合伙企业按《个人所得税法》征收个人所得税，不征收企业所得税。

（三）个人所得税的应税项目和税率

1.个人所得税应税项目

确定应税所得项目可以使纳税人掌握自己都有哪些收入是要纳税的。下列各项个人所得，应纳个人所得税：

（1）工资、薪金所得

工资、薪金所得，是指个人因任职或者受雇而取得的工资、薪金、奖金、年终加薪、劳动分红、津贴、补贴以及与任职或者受雇有关的其他所得。

除工资、薪金以外，奖金、年终加薪、劳动分红、津贴、补贴也被确定为工资、薪金范畴。其中，年终加薪、劳动分红不分种类和取得情况，一律按工资、薪金所得课税。津贴、补贴等则有例外。根据我国目前个人收入的构成情况，规定对于一些不属于工资、薪金性质的补贴、津贴或者不属于纳税人本人工资、薪金所得项目的收入，不予征税。这些项目包括：

①独生子女补贴。

②执行公务员工资制度未纳入基本工资总额的补贴、津贴差额和家属成员的副食品补贴。

③托儿补助费。

④差旅费津贴、误餐补助。其中，误餐补助是指按照财政部规定，个人因公在城区、郊区工作，不能在工作单位或返回就餐的，根据实际误餐顿数，按规定的标准领取的误餐费。单位以误餐补助名义发给职工的补助、津贴不能包括在内。

奖金是指所有具有工资性质的奖金，免税奖金的范围在税法中另有规定。

公司职工取得的用于购买企业国有股权的劳动分红，按"工资、薪金所得"项目计征个人所得税。

出租汽车经营单位对出租车驾驶员采取单车承包或承租方式运营，出租车驾驶员从事客货营运取得的收入，按工资、薪金所得征税。

（2）个体工商户的生产、经营所得

个体工商户的生产、经营所得，是指：

①个体工商户从事工业、手工业、建筑业、交通运输业、商业、饮食业、服务业、修理业及其他行业取得的所得。

②个人经政府有关部门批准，取得执照，从事办学、医疗、咨询以及其他有偿服务活动取得的所得。

③上述个体工商户和个人取得的与生产、经营有关的各项应税所得。

④个人因从事彩票代销业务而取得所得，应按照"个体工商户的生产、经营所得"项目计征个人所得税。

⑤从事个体出租车运营的出租车驾驶员取得的收入，按"个体工商户的生产、经营所得"项目缴纳个人所得税。

⑥个体工商户和从事生产、经营的个人，取得与生产、经营活动无关的其他各项应税所得，应分别按照其他应税项目的有关规定，计算征收个人所得税。

⑦个人独资企业、合伙企业的个人投资者以企业资金为本人、家庭成员及其相关人员支付与企业生产经营无关的消费性支出及购买汽车、住房等财产性支出，视为企业对个人投资者利润分配，并入投资者个人的生产经营所得，依照"个体工商户的生产、经营所得"项目计征个人所得税。

⑧其他个人从事个体工商业生产、经营取得的所得。

个体工商户的上述生产、经营所得实际上可以分为两类：一类是纯生产、经营所得，如前7项所得，它是指个人直接从事工商各业生产、经营活动而取得的生产性、经营性所得以及有关的其他所得；另一类是独立劳动所得，如第8项所得。

（3）对企事业单位的承包经营、承租经营所得

对企事业单位的承包经营、承租经营所得，是指个人承包经营或承租经营以及转包、转租取得的所得。承包项目可分多种，如生产经营、采购、销售、建筑安装等各种承包。转包包括全部转包和部分转包。

（4）劳务报酬所得

劳务报酬所得，指个人独立从事各种非雇用的劳务所取得的所得。内容如下：设计、装潢、安装、制图、化验、测试、医疗、法律、会计、咨询、讲学、新闻、广播、翻译、审稿、书画、雕刻、影视、录音、录像、演出、表演、广告、展览、技术服务、介绍服务、经纪服务、代办服务、其他劳务（指上述列举28项劳务项目之外的各种劳务）。

自2004年1月20日起，在商品营销活动中，企业和单位对其营销业绩突出的非雇员以培训班、研讨会、工作考察等名义组织旅游活动，通过免收差旅费、旅游费对个人实行的营销业绩奖励（包括实物、有价证券等），应根据所发生费用的全额作为该营销人员当期的劳务收入，按照"劳务报酬所得"项目征收个人所得税，并由提供上述费用的企业和单位代扣代缴。

【真题演练】某大学于教授受某企业邀请，为该企业中层干部进行管理培训讲座，从企业取得报酬5 000元。该笔报酬在缴纳个人所得税时适用的税目是（　　）。（2012年，单项选择题）

A.工资薪金所得　　　　　　　　B.劳务报酬所得

C.稿酬所得　　　　　　　　　　D.偶然所得

【答案】B

【解析】劳务报酬所得，指个人独立从事各种非雇用的劳务所取得的所得。应邀进行讲课、作报告、介绍情况等业务属于劳务报酬所得。

（5）稿酬所得

稿酬所得，是指个人因其作品以图书、报刊形式出版、发表而取得的所得。将稿酬所得独立划归一个征税项目，而对不以图书、报刊形式出版、发表的翻译、审稿、书画所得归为劳务报酬所得，主要是考虑了出版、发表作品的特殊性。第一，它是一种依靠较高智力创作的精神产品；第二，它具有普遍性；第三，它与社会主义精神文明和物质文明密切相关；第四，它的报酬相对偏低。因此，稿酬所得应当与一般劳务报酬所得相区别，并给予适当优惠照顾。

（6）特许权使用费所得

特许权使用费所得，是指个人提供专利权、商标权、著作权、非专利技术以及其他特许权的使用权取得的所得。提供著作权的使用权取得的所得不包括稿酬所得。

专利权，是由国家专利主管机关依法授予专利申请人或其权利继承人在一定期间内实施其发明创造的专有权。对于专利权，许多国家只将提供他人使用取得的所得，列入特许权使用费，而将转让专利权所得列为资本利得税的征税对象。我国没有开征资本利得税，故将个人提供和转让专利权取得的所得都列入特许权使用费所得征收个人所得税。

商标权，即商标注册人享有的商标专用权。著作权，即版权，是作者依法对文学、艺术和科学作品享有的专有权。个人提供或转让商标权、著作权、专有技术或技术秘密、技术诀窍取得的所得，应当依法缴纳个人所得税。

（7）利息、股息、红利所得

利息、股息、红利所得，是指个人拥有债权、股权而取得的利息、股息、红利所得。利息，是指个人拥有债权而取得的利息，包括存款利息、贷款利息和各种债券的利息。按税法规定，个人取得的利息所得，除国债和国家发行的金融债券利息外，应当依法缴纳个人所得税。股息、红利，是指个人拥有股权取得的股息、红利。按照一定的比率对每股发给的息金叫股息；公司、企业应分配的利润，按股份分配的叫红利。股息、红利所得，除另有规定外，都应当缴纳个人所得税。

除个人独资企业、合伙企业以外的其他企业的个人投资者，以企业资金为本人、家庭成员及其相关人员支付与企业生产经营无关的消费性支出及购买汽车、住房等财产性支出，视为企业对个人投资者的红利分配，依照"利息、股息、红利所得"项目计征个人所得税。企业的上述支出不允许在所得税前扣除。

纳税年度内个人投资者从其投资企业（个人独资企业、合伙企业除外）借款，在该纳税年度终了后既不归还又未用于企业生产经营的，其未归还的借款可视为企业对个人投资者的红利分配，依照"利息、股息、红利所得"项目计征个人所得税。

个人在个人银行结算账户的存款自2003年9月1日起孳生的利息，应按"利息、股息、红利所得"项目计征个人所得税，税款由办理个人银行结算账户业务的储蓄机构在结付利息时代扣代缴。自2008年10月9日起，暂免征收储蓄存款利息的个人所得税。

自2015年9月8日起，个人从公开发行和转让市场取得的上市公司股票，持股期限超过1年的，股息、红利所得暂免征收个人所得税；持股期限在1个月以内（含1个月）的，其股息、红利所得全额计入应纳税所得额；持股期限在1个月以上至1年（含1年）的，暂减按50%计入应纳税所得额。

（8）财产租赁所得

财产租赁所得，是指个人出租建筑物、土地使用权、机器设备、车船以及其他财产取得的所得。

个人取得的财产转租收入属于"财产租赁所得"的征税范围，由财产转租人缴纳个人所得税。

（9）财产转让所得

财产转让所得，是指个人转让有价证券、股权、建筑物、土地使用权、机器设备、车船以及其他财产取得的所得。

在现实生活中，个人进行的财产转让主要是个人财产所有权的转让。财产转让实际上是一种买卖行为，当事人双方通过签订、履行财产转让合同，形成财产买卖的法律关系，使出让财产的个人从对方取得价款（收入）或其他经济利益。财产转让所得因其性质的特殊性，需要单独列举项目征税。对个人取得的各项财产转让所得，除股票转让所得外，都要征收个人所得税。

（10）偶然所得

偶然所得，是指个人得奖、中奖、中彩以及其他偶然性质的所得。得奖是指参加各种有奖竞赛活动，取得名次得到的奖金；中奖、中彩是指参加各种有奖活动，如有奖销售、有奖储蓄，或者购买彩票，经过规定程序，抽中、摇中号码而取得的奖金。偶然所得应缴纳的个人所得税税款，一律由发奖单位或机构代扣代缴。

（11）经国务院财政部门确定征税的其他所得

除上述列举的各项个人应税所得外，其他确有必要征税的个人所得，由国务院财政部门确定。个人取得的所得，难以界定应纳税所得项目的，由主管税务机关确定。

2.个人所得税税率

个人所得税的税率按所得项目不同分别确定为：

（1）工资、薪金所得

工资、薪金所得，适用七级超额累进税率，税率为3%～45%（见表3-3）。

表3-3　　　　　　　　　　**工资、薪金所得个人所得税税率表**

级数	全月含税应纳税所得额	税率
1	不超过1 500元的部分	3%
2	超过1 500～4 500元的部分	10%
3	超过4 500～9 000元的部分	20%
4	超过9 000～35 000元的部分	25%
5	超过35 000～55 000元的部分	30%
6	超过55 000～80 000元的部分	35%
7	超过80 000元的部分	45%

注：本表所称全月含税应纳税所得额是指依照税法的规定以每月收入额减除费用3 500元后的余额或者减除附加减除费用后的余额。

【真题演练】根据个人所得税法的规定，工资薪金所得适用（　　）超额累进税率。（2012年，单项选择题）

A.5%~35%　　　　B.5%~40%　　　　C.3%~45%　　　　D.3%~50%

【答案】C

【解析】工资、薪金所得，适用七级超额累进税率，税率为3%~45%。

（2）个体工商户的生产、经营所得和对企事业单位的承包经营、承租经营所得

个体工商户的生产、经营所得和对企事业单位的承包经营、承租经营所得，适用5%~35%的超额累进税率（见表3-4）。

表3-4　　　　个体工商户的生产、经营所得和对企事业单位的
承包经营、承租经营所得个人所得税税率表

级数	全年含税应纳税所得额	税率
1	不超过15 000元的部分	5%
2	超过15 000～30 000元的部分	10%
3	超过30 000～60 000元的部分	20%
4	超过60 000～100 000元的部分	30%
5	超过100 000元的部分	35%

注：本表所称全年含税应纳税所得额，对个体工商户的生产、经营所得来源，是指以每一纳税年度的收入总额，减除成本、费用、相关税费以及损失后的余额；对企事业单位的承包经营、承租经营所得来源，是指以每一纳税年度的收入总额减除必要费用后的余额。

个人独资企业和合伙企业的生产经营所得，也适用5%~35%的五级超额累进税率。

这里值得一提的是，由于目前实行承包（租）经营的形式较多，分配方式也不相同，因此，承包、承租人按照承包、承租经营合同（协议）规定取得所得的适用税率也不一致。根据国家税务总局1994年8月1日发布的《关于个人对企事业单位实行承包经营、承租经营取得所得征税问题的通知》规定，其适用税率分为以下两种情况：

①承包、承租人对企业经营成果不拥有所有权，仅是按合同（协议）规定取得一定所得的，其所得按"工资、薪金"所得项目征税，适用3%~45%的七级超额累进税率。

②承包、承租人按合同（协议）的规定只向发包、出租方交纳一定费用后，企业经营成果归其所有的，承包、承租人取得的所得，按对企事业单位的承包经营、承租

经营所得项目，适用5%~35%的五级超额累进税率征税。

（3）稿酬所得

稿酬所得，适用比例税率，税率为20%，并按应纳税额减征30%，故其实际税率为14%。

（4）劳务报酬所得

劳务报酬所得，适用比例税率，税率为20%。对劳务报酬所得一次收入畸高的，可以实行加成征收，具体办法由国务院规定。

根据《个人所得税法实施条例》的规定，"劳务报酬所得一次收入畸高"，是指个人一次取得劳务报酬，其应纳税所得额超过20 000元。对应纳税所得额超过20 000~50 000元的部分，依照税法规定计算应纳税额后再按照应纳税额加征五成，超过50 000元的部分，加征十成。因此，劳务报酬所得实际上适用20%、30%、40%的三级超额累进税率（见表3-5）。

表3-5　　　　　　　　　　　劳务报酬所得个人所得税税率表

级数	每次应纳税所得额	税率
1	不超过20 000元的部分	20%
2	超过20 000~50 000元的部分	30%
3	超过50 000元的部分	40%

注：本表所称每次应纳税所得额，是指每次收入额减除费用800元（每次收入额不超过4 000元时）或者减除20%的费用（每次收入额超过4 000元时）后的余额。

（5）特许权使用费所得，利息、股息、红利所得，财产租赁所得，财产转让所得，偶然所得和其他所得

特许权使用费所得，利息、股息、红利所得，财产租赁所得，财产转让所得，偶然所得和其他所得，适用比例税率，税率为20%。对个人出租住房取得的所得减按10%的税率征收个人所得税。从2007年8月15日起，居民储蓄利息税率调为5%。自2008年10月9日起，暂免征收储蓄存款利息的个人所得税。

（四）个人所得税应纳税额的计算

依照税法规定的适用税率和费用扣除标准，各项所得的应纳税额，应分别计算如下：

1.工资、薪金所得应纳税额的计算

工资、薪金所得以每月收入额减除费用3 500元后的余额，为应纳税所得额。

应纳税额=应纳税所得额×适用税率-速算扣除数

=（每月收入额-3 500元）×适用税率-速算扣除数

这里需要说明的是，由于工资、薪金所得在计算应纳个人所得税额时，适用的是

超额累进税率，所以，计算比较烦琐。运用速算扣除数计算法，可以简化计算过程。速算扣除数是指在采用超额累进税率征税的情况下，根据超额累进税率表中划分的应纳税所得额级距和税率，先用全额累进方法计算出税额，再减去用超额累进方法计算的应征税额以后的差额。当超额累进税率表中的级距和税率确定以后，各级速算扣除数也固定不变，成为计算应纳税额时的常数。

工资、薪金所得适用的速算扣除数见表3-6。

表3-6 **工资、薪金所得适用的速算扣除数表**

级数	月含税应纳税所得额	月不含税应纳税所得额	税率	速算扣除数（元）
1	不超过1 500元的部分	不超过1 455元的部分	3%	0
2	超过1 500~4 500元的部分	超过1 455~4 155元的部分	10%	105
3	超过4 500~9 000元的部分	超过4 155~7 755元的部分	20%	555
4	超过9 000~35 000元的部分	超过7 755~27 255元的部分	25%	1 005
5	超过35 000~55 000元的部分	超过27 255~41 255元的部分	30%	2 755
6	超过55 000~80 000元的部分	超过41 255~57 505元的部分	35%	5 505
7	超过80 000元的部分	超过57 505元的部分	45%	13 505

2.个体工商户的生产、经营所得应纳税额的计算

个体工商户的生产、经营所得以每一纳税年度的收入总额减除成本、费用及损失后的余额，为应纳税所得额。

应纳税额=应纳税所得额×适用税率-速算扣除数

　　　　=（收入总额-成本、费用以及损失等）×适用税率-速算扣除数

这里需要指出的是：

（1）对个体工商户个人所得税计算征收的有关规定

①自2011年9月1日起，个体工商户业主的费用扣除标准统一确定为42 000元/年，即3 500元/月。

②个体工商户向其从业人员实际支付的合理的工资、薪金支出，允许在税前据实扣除。

③个体工商户拨缴的工会经费、发生的职工福利费、职工教育经费支出分别在工资薪金总额2%、14%、2.5%的标准内据实扣除。

④个体工商户每一纳税年度发生的广告费和业务宣传费用不超过当年销售

（营业）收入15%的部分，可据实扣除；超过部分，准予在以后纳税年度结转扣除。

⑤个体工商户每一纳税年度发生的与其生产经营业务直接相关的业务招待费支出，按照发生额的60%扣除，但最高不得超过当年销售（营业）收入的5‰。

⑥个体工商户在生产、经营期间借款利息支出，凡有合法证明的，不高于按金融机构同类、同期贷款利率计算的数额的部分，准予扣除。

⑦个体工商户或个人专营种植业、养殖业、饲养业、捕捞业，应对其所得计征个人所得税。兼营上述四业并且四业的所得不能单独核算的，对属于征收个人所得税的，应与其他行业的生产、经营所得合并计征个人所得税；对于四业的所得不能单独核算的，应就其全部所得计征个人所得税。

⑧个体工商户和从事生产、经营的个人，取得与生产、经营活动无关的各项应税所得，应分别适用各应税项目的规定计算征收个人所得税。

（2）个体工商户的生产、经营所得适用的速算扣除数（见表3-7）

表3-7　　　　　个体工商户的生产、经营所得和对企事业单位的
承包经营、承租经营所得个人所得税税率表

级数	全年应纳税所得额	税率	速算扣除数（元）
1	不超过15 000元的部分	5%	0
2	超过15 000~30 000元的部分	10%	750
3	超过30 000~60 000元的部分	20%	3 750
4	超过60 000~100 000元的部分	30%	9 750
5	超过100 000元的部分	35%	14 750

（3）个人独资企业和合伙企业应纳个人所得税的计算

对个人独资企业和合伙企业生产经营所得，其个人所得税应纳税额的计算有以下两种办法：

第一种，查账征税。

①自2011年9月1日起，个人独资企业和合伙企业投资者的生产经营所得依法计征个人所得税时，个人独资企业和合伙企业投资者本人的费用扣除标准统一确定为42 000元/年，即3 500元/月。投资者的工资不得在税前扣除。

②投资者及其家庭发生的生活费用不允许在税前扣除。投资者及其家庭发生的生活费用与企业生产经营费用混合在一起，并且难以划分的，全部视为投资者个人及其家庭发生的生活费用，不允许在税前扣除。

③企业生产经营和投资者及其家庭生活共用的固定资产，难以划分的，由主管税

务机关根据企业的生产经营类型、规模等具体情况，核定准予在税前扣除的折旧费用的数额或比例。

④企业向其从业人员实际支付的合理的工资、薪金支出，允许在税前据实扣除。

⑤企业拨缴的工会经费、发生的职工福利费、职工教育经费支出分别在工资薪金总额2%、14%、2.5%的标准内据实扣除。

⑥每一纳税年度发生的广告费和业务宣传费用不超过当年销售（营业）收入15%的部分，可据实扣除；超过部分，可无限期向以后的纳税年度结转扣除。

⑦每一纳税年度发生的与其生产经营业务直接相关的业务招待费支出，按照发生额的60%扣除，但最高不得超过当年销售（营业）收入的5‰。

⑧企业计提的各种准备金不得扣除。

⑨投资者兴办两个或两个以上企业，并且企业性质全部是独资的，年度终了后，汇算清缴时，应纳税款的计算按以下方法进行：汇总其投资兴办的所有企业的经营所得作为应纳税所得额，以此确定适用税率，计算出全年经营所得的应纳税额，再根据每个企业的经营所得占所有企业经营所得的比例，分别计算出每个企业的应纳税额和应补缴税额。计算公式如下：

应纳税所得额=各企业的经营所得之和

应纳税额=应纳税所得额×税率-速算扣除数

本企业应补缴的税额=本企业应纳税额-本企业预缴的税额

第二种，核定征收。

核定征收方式，包括定额征收、核定应税所得率征收以及其他合理的征收方式。

实行核定应税所得率征收方式的，应纳所得税额的计算公式如下：

应纳所得税额=应纳税所得额×适用税率

应纳税所得额=收入总额×应税所得率

或　　　　　=成本费用支出额÷（1-应税所得率）×应税所得率

应税所得率应按表3-8规定的标准执行。

表3-8　　　　　　　　　　　个人所得税应税所得率表

行业	应税所得率
工业、交通运输业、商业	5%～20%
建筑业、房地产开发业	7%～20%
饮食服务业	7%～25%
娱乐业	20%～40%
其他行业	10%～30%

企业经营多业的，无论其经营项目是否单独核算，均应根据其主营项目确定其适用的应税所得率。

实行核定征税的投资者，不能享受个人所得税的优惠政策。

实行查账征税方式的个人独资企业和合伙企业改为核定征税方式后，在查账征税方式下认定的年度经营亏损未弥补完的部分，不得再继续弥补。

3.对企事业单位的承包经营、承租经营所得应纳税额的计算

对企事业单位的承包经营、承租经营所得，其个人所得税应纳税额的计算公式为：

应纳税额=应纳税所得额×适用税率-速算扣除数

= （纳税年度收入总额-必要费用）×适用税率-速算扣除数

这里需要说明的是：

（1）对企事业单位的承包经营、承租经营所得，以每一纳税年度的收入总额，减除必要费用后的余额为应纳税所得额。

在一个纳税年度中，承包经营或者承租经营期限不足1年的，以其实际经营期为纳税年度。

（2）对企事业单位的承包经营、承租经营所得适用的速算扣除数，同个体工商户的生产、经营所得适用的速算扣除数。

4.劳务报酬所得应纳税额的计算

对劳务报酬所得，其个人所得税应纳税额的计算公式为：

（1）每次收入不足4 000元的

应纳税额= （每次收入额-800）×20%

（2）每次收入在4 000元以上的

应纳税额=每次收入额× （1-20%）×20%

（3）每次收入的应纳税所得额超过20 000元的

应纳税额=每次收入额× （1-20%）×适用税率-速算扣除数

劳务报酬所得适用的速算扣除数见表3-9。

表3-9　　　　　　　　　　劳务报酬所得适用的速算扣除数表

级数	每次应纳税所得额	税率	速算扣除数（元）
1	不超过20 000元的部分	20%	0
2	超过20 000~50 000元的部分	30%	2 000
3	超过50 000元的部分	40%	7 000

（4）为纳税人代付税款的计算方法

单位或个人为纳税人代付税款的，应当将单位或个人支付给纳税人的不含税支付额（或称纳税人取得的不含税收入额）换算为应纳税所得额，然后按规定计算应代付

的个人所得税款。计算公式为：

①不含税收入额不超过3 360元的：

应纳税所得额=（不含税收入额-800）÷（1-税率）

应纳税额=应纳税所得额×适用税率

②不含税收入额超过3 360元的：

应纳税所得额=［（不含税收入额-速算扣除数）×（1-20%）］÷［1-税率×（1-20%）］

或　　　　　　=［（不含税收入额-速算扣除数）×（1-20%）］÷当级换算系数

应纳税额=应纳税所得额×适用税率-速算扣除数

上述①和②中的第一个公式中的税率，是指不含税劳务报酬收入所对应的税率（见表3-10），①和②中的第二个公式中的税率，是指应纳税所得额按含税级距所对应的税率（见表3-10）。

表3-10　　　　　　　　　　**不含税劳务报酬收入适用税率表**

级数	不含税劳务报酬收入额	税率	速算扣除数（元）	换算系数
1	未超过3 360元的部分	20%	0	无
2	超过3 360~21 000元的部分	20%	0	0.84
3	超过21 000~49 500元的部分	30%	2 000	0.76
4	超过49 500元的部分	40%	7 000	0.68

【真题演练】张某2013年3月取得劳务报酬10万元，应缴纳的个人所得税为（　　）。（2012年，单项选择题）

A.2万元　　　　　　B.2.1万元　　　　　　C.2.2万元　　　　　　D.2.5万元

【答案】D

【解析】10×（1-20%）×40%-0.7=2.5（万元）

5.稿酬所得应纳税额的计算

稿酬所得应纳税额的计算公式为：

（1）每次收入不足4 000元的

应纳税额=（每次收入额-800）×20%×（1-30%）

（2）每次收入在4 000元以上的

应纳税额=每次收入额×（1-20%）×20%×（1-30%）

6.财产转让所得应纳税额的计算

财产转让所得应纳税额的计算公式为：

应纳税额=应纳税所得额×适用税率=（收入总额-财产原值-合理税费）×20%

7.利息、股息、红利所得应纳税额的计算

利息、股息、红利所得应纳税额的计算公式为：

应纳税额=应纳税所得额×适用税率=每次收入额×20%

其中，个人从公开发行和转让市场取得的上市公司股票：

持股期限超过1年的，股息红利所得暂免征收个人所得税；

持股期限在1个月以内（含1个月）的，其股息红利所得全额计入应纳税所得额：

应纳税额=每次收入额×20%

持股期限在1个月以上至1年（含1年）的，暂减按50%计入应纳税所得额：

应纳税额=每次收入额×50%×20%

8.偶然所得应纳税额的计算

应纳税额=应纳税所得额×适用税率=每次收入额×20%

【真题演练】李某在一次福利彩票抽奖中，花1 000元抽中一辆价值300 000元的别克轿车，外加500 000元现金，个人所得税税率为20%，李某应缴纳的个人所得税税额为（　　）。（2012年，单项选择题）

A.100 000元　　　　B.0元　　　　C.159 800元　　　　D.160 000元

【答案】D

【解析】（300 000+500 000）×20%=160 000（元）

【真题演练】计算应纳税所得额时应税项目可以扣除固定费用的有（　　）。（2015年，多项选择题）

A.月工资薪金6 000元　　　　　　B.偶然所得2 000元

C.劳务报酬所得3 000元　　　　　D.财产转让所得20 000元

【答案】AC

【解析】偶然所得无费用扣除，财产转让所得扣除的是财产原值和合理费用。

【真题演练】可以直接作为个人所得税应税所得额的项目有（　　）。（2015年，多项选择题）

A.企业债券利息　　　　　　　　B.稿酬

C.中奖奖金　　　　　　　　　　D.股票转让所得

【答案】AC

【解析】稿酬有扣除标准，股票转让所得暂不征收个人所得税。A属利息、股息、红利所得，没有扣除。C属偶然所得，没有扣除。

（五）个人所得税征收管理

个人所得税的纳税办法有自行申报纳税和代扣代缴两种。

1.自行申报

自行申报，是由纳税人自行在税法规定的纳税期限内，向税务机关申报取得的应税所得项目和数额，如实填写个人所得税纳税申报表，并按照税法规定计算应纳税额，据此缴纳个人所得税的一种方法。

下列人员为自行申报纳税的纳税义务人：

（1）年所得12万元以上的。

（2）从中国境内两处或者两处以上取得工资、薪金所得的。

（3）从中国境外取得所得的。

（4）取得应纳税所得，没有扣缴义务人的。

（5）国务院规定的其他情形。

其中，年所得12万元以上的纳税人，无论取得的各项所得是否已足额缴纳了个人所得税，均应当按照本办法的规定，于纳税年度终了后向主管税务机关办理纳税申报；其他情形的纳税人，均应当按照自行申报纳税管理办法的规定，于取得所得后向主管税务机关办理纳税申报。同时需注意的是，年所得12万元以上的纳税人，不包括在中国境内无住所，且在一个纳税年度中在中国境内居住不满1年的个人；从中国境外取得所得的纳税人，是指在中国境内有住所，或者无住所而在一个纳税年度中在中国境内居住满1年的个人。

> 【真题演练】对年所得12万元以上的纳税人，无论取得的各项所得是否已足额缴纳了个人所得税，均应当按照规定，于纳税年度终了后向主管税务机关办理纳税申报。（　　）（2015年，判断题）
>
> 【答案】√
>
> 【解析】年所得12万元以上的为自行申报纳税的纳税义务人。

2.代扣代缴

代扣代缴，是指按照税法规定负有扣缴税款义务的单位或者个人，在向个人支付应纳税所得时，应计算应纳税额，从其所得中扣除并缴入国库，同时向税务机关报送扣缴个人所得税报告表。这种方法，有利于控制税源、防止漏税和逃税。

凡支付个人应纳税所得的企业、事业单位、社会团体、军队、驻华机构（不含依法享有外交特权和豁免的驻华使领馆、联合国及其他国际组织驻华机构）、个体户等单位或者个人，为个人所得税的扣缴义务人。

（1）扣缴义务人和代扣代缴的范围

①扣缴义务人。凡支付个人应纳税所得的企业（公司）、事业单位、机关、社团组织、军队、驻华机构、个体户等单位或者个人，为个人所得税的扣缴义务人。

这里所说的驻华机构，不包括外国驻华使领馆和联合国及其他依法享有外交特权和豁免权的国际组织驻华机构。

②代扣代缴的范围。扣缴义务人向个人支付下列所得，应代扣代缴个人所得税：

A.工资、薪金所得。

B.对企事业单位的承包经营、承租经营所得。

C.劳务报酬所得。

D.稿酬所得。

E.特许权使用费所得。

F.利息、股息、红利所得。

G.财产租赁所得。

H.财产转让所得。

I.偶然所得。

J.经国务院财政部门确定征税的其他所得。

扣缴义务人向个人支付应纳税所得（包括现金、实物和有价证券）时，不论纳税人是否属于本单位人员，均应代扣代缴其应纳的个人所得税税款。

这里所说的支付，包括现金支付、汇拨支付、转账支付和以有价证券、实物以及其他形式的支付。

（2）代扣代缴期限

扣缴义务人每月所扣的税款，应当在次月15日内缴入国库，并向主管税务机关报送《扣缴个人所得税报告表》（略）、代扣代收税款凭证和包括每一纳税人姓名、单位、职务、收入、税款等内容的支付个人收入明细表以及税务机关要求报送的其他有关资料。

扣缴义务人违反上述规定不报送或者报送虚假纳税资料的，一经查实，其未在支付个人收入明细表中反映的向个人支付的款项，在计算扣缴义务人应纳税所得额时不得作为成本费用扣除。

扣缴义务人因有特殊困难不能按期报送《扣缴个人所得税报告表》及其他有关资料的，经县级税务机关批准，可以延期申报。

第三节　税收征收管理

税收征收管理是指税务机关代表国家行使征税权，指导纳税人履行纳税义务，对日常税收活动依法进行组织、管理、监督、检查的活动。税收征收管理是实现税收职能的必要手段。为了加强税收征收管理，规范税收征收和缴纳行为，保障国家税收收入，保护纳税人的合法权益，促进经济和社会发展，1992年9月4日第七届全国人民代表大会常务委员会第二十七次会议通过了《中华人民共和国税收征收管理法》（以下简称《税收征收管理法》），并于1993年1月1日起施行。2001年4月28日第九届全国人民代表大会常务委员会第二十一次会议重新修订了《税收征收管理法》，修订后的《税收征收管理法》自2001年5月1日起施行。2013年6月第十二届全国人民代表大会常务委员会第三次会议通过了修订后的《税收征收管理法》，自2013年6月29日起施行。现行版本为2015年4月24日第十二届全国人民代表大会常务委员会第十四次会议修正。本法适用于依法由税务机关征收的各种税收的征收管理。

一、税务登记

税务登记又称纳税登记，是税务机关依据税法规定，对纳税人的生产、经营活动进行登记管理的一项法定制度，也是纳税人依法履行纳税义务的法定手续。税务登记是整个税收征收管理的起点。

办理纳税登记是征纳法律关系成立的依据和证明，是纳税人取得合法地位的标志，是纳税人履行纳税义务的首要环节。

凡有法律、法规规定的应税收入、应税财产或应税行为的各类纳税人（企业，企业在外地设立的分支机构和从事生产、经营的场所，个体工商户和从事生产、经营的事业单位），均应当办理税务登记。其他纳税人，除国家机关、个人和无固定生产、经营场所的流动性农村小商贩外，也应当办理税务登记。

根据税收法律、行政法规的规定，负有扣缴义务的扣缴义务人（国家机关除外），应当在发生扣缴义务时，到税务机关申报登记，领取扣缴税款凭证。

税务登记包括：开业登记；变更登记；停业、复业登记；注销登记；外出经营报验登记。

（一）开业登记

开业登记也称设立登记，是指从事生产经营的纳税人，经国家工商行政管理部门批准开业后办理的纳税登记。企业，企业在外地设立的分支机构和从事生产、经营的场所，个体工商户和从事生产、经营的事业单位（以下统称"从事生产、经营的纳税人"），向生产、经营所在地税务机关申报办理税务登记。

1.开业登记的时间和地点

（1）从事生产、经营的纳税人，向生产、经营所在地税务机关申报办理纳税登记：

①从事生产、经营的纳税人领取工商营业执照的，应当自领取工商营业执照之日起30日内，申报办理税务登记，税务机关发放税务登记证及副本。

②从事生产、经营的纳税人未办理工商营业执照但经有关部门批准设立的，应当自有关部门批准设立之日起30日内申报办理纳税登记，税务机关发放税务登记证及副本。

③从事生产、经营的纳税人未办理工商营业执照也未经有关部门批准设立的，应当自纳税义务发生之日起30日内申报办理税务登记，税务机关发放税务登记证及副本。

④有独立的生产经营权、在财务上独立核算并定期向发包人或者出租人上交承包费或租金的承包承租人，应当自承包承租合同签订之日起30日内，向其承包承租业务发生地税务机关申报办理税务登记，税务机关发放临时税务登记证及副本。

⑤境外企业在中国境内承包建筑、安装、装配、勘探工程和提供劳务的，应当自项目合同或协议签订之日起30日内，向项目所在地税务机关申报办理税务登记，税

务机关发放临时税务登记证及副本。

（2）上述规定以外的其他纳税人，除国家机关、个人和无固定生产、经营场所的流动性农村小商贩外，均应当自纳税义务发生之日起30日内，向纳税义务发生地税务机关申报办理纳税登记，税务机关发放税务登记证及副本。

2. 纳税人办理开业登记时应提供的证件、资料

纳税人在申报办理税务登记时，应当根据不同情况向税务机关如实提供以下证件和资料：

（1）营业执照或其他核准执业证件及工商登记表，或其他核准执业登记表复印件；

（2）有关机关、部门批准设立的文件；

（3）有关合同、章程、协议书；

（4）法定代表人和董事会成员名单；

（5）法定代表人（负责人）或业主的居民身份证、护照或者其他证明身份的合法证件；

（6）组织机构统一代码证书；

（7）住所或经营场所证明；

（8）委托代理协议书复印件；

（9）属于享受税收优惠政策的企业，还应包括需要提供的相应证明、资料；

（10）税务机关需要的其他资料、证件。

3. 开业登记的内容

纳税人在申报办理税务登记时，应当如实填写税务登记表。税务登记表的主要内容包括：

（1）单位名称、法定代表人或者业主姓名及其居民身份证、护照或者其他证明身份的合法证件；

（2）住所、经营地点；

（3）登记注册类型及所属主管单位；

（4）核算方式；

（5）行业、经营范围、经营方式；

（6）注册资金（资本）、投资总额、开户银行及账号；

（7）经营期限、从业人数、营业执照号码；

（8）财务负责人、办税人员；

（9）其他有关事项。

企业在外地设立的分支机构或从事生产、经营的场所，在办理税务登记时，还应当提供由总机构所在地税务机关出具的在外地设立分支机构的证明。

纳税人提交的证件和资料齐全且税务登记表的填写内容符合规定的，税务机关应及时发放税务登记证件。纳税人提交的证件和资料不齐全或税务登记表的填写内容不

符合规定的，税务机关应当场通知其补正或重新填报。纳税人提交的证件和资料明显有疑点的，税务机关应进行实地调查，核实后予以发放税务登记证件。税务登记表格式见表3-11。

表3-11

税务登记表

（适用于内资企业）

纳税人识别号：

纳税人名称				
法定代表人（负责人）		身份证件名称	证件号码	
注册地址			邮政编码	
生产经营地址			邮政编码	
生产经营范围	主营			
	兼营			
所属主管单位				
发照工商机关	工商机关名称			
	营业执照名称		营业执照字号	
	发照日期	年　月　日	开业日期	年　月　日
	有效日期	年　月　日至　　年　月　日		
开户银行名称	银行账号	币种	是否缴税账号	

生产经营期限	年 月 日至 年 月 日		从业人数			
经营方式		登记注册类型		行业		
财务负责人		办税人员		联系电话		
隶属关系				注册资本		
投资方名称	投资金额	投资币种	与美元汇率比价	所占投资比例		分配比例
会计报表种类						
低值易耗品摊销方法						
折旧方式						

所属非独立核算的分支机构	纳税人识别号	纳税人名称	生产经营地址	负责人

E-mail地址	

法定代表人（负责人）签章：　　　　　　　　纳税人（签章）

填表日期：　　年　月　日

以下由受理登记税务机关填写

税务登记机关（公章）　　经办人（签章）　　　　税务登记证发放日期：　　年　月　日

【真题演练】根据《中华人民共和国税收征收管理法》的规定，不需要办理税务登记的是（　　）（2015年，单项选择题）

A.无固定生产经营场所的流动性农村小商贩

B.从事生产经营的事业单位

C.企业在外地设立的分支机构和从事生产经营的场所

D.个体工商户

【答案】A

【解析】国家机关、个人和无固定生产经营场所的流动性农村小商贩不需要办理税务登记。

【真题演练】企业外地设立的分支机构，自领取营业执照之日起（　　）日以内，持有关证件，向税务机关申报办理税务登记。（2015年，单项选择题）

A.15　　　　　　　B.30　　　　　　　C.45　　　　　　　D.60

【答案】B

【解析】从事生产、经营的纳税人领取工商营业执照（含临时工商营业执照）的，应当自领取工商营业执照之日起30日内，向生产、经营地或者纳税义务发生地的主管税务机关申报办理税务登记。

（二）变更登记

变更登记是指纳税人在办理税务登记后，原登记的内容发生变化时向原税务登记机关申报办理变更的税务登记。

纳税人税务登记内容发生以下变化的，应当向原税务登记机关申报办理变更税务登记，具体包括：发生改变名称、改变法定代表人、改变经济性质或经济类型、改变住所和经营地点（不涉及主管税务机关变动的）、改变生产经营或经营方式、增减注册资金（资本）、改变生产经营期限、改变或增减银行账号、改变生产经营权属以及改变其他税务登记内容的。

纳税人税务登记内容发生变化的，应当自工商行政管理机关或者其他机关办理变更登记之日起30日内，持有关证件向原税务登记机关申报办理变更税务登记。申报办理变更税务登记时，需要如实提供的证件、资料有：（1）工商登记变更表及工商营业执照；（2）纳税人变更登记内容的有关证明文件；（3）税务机关发放的原税务登记证件（登记证正、副本和税务登记表等）；（4）其他有关资料。

纳税人税务登记内容发生变化，不需要在工商行政管理机关或者其他机关办理变更登记的，应当自发生变化之日起30日内，持下列证件到原税务登记机关申报办理变更税务登记：（1）纳税人变更登记内容的有关证明文件；（2）税务机关发放的原税务登记证件（登记证正、副本和税务登记表等）；（3）其他有关资料。

纳税人提交的有关变更登记的证件、资料齐全的，应如实填写税务登记变更表。

税务登记变更表的项目主要有：纳税人名称、变更项目、变更前内容、变更后内容、上交的证件情况。

税务机关对纳税人填报的表格及提交的附列资料、证件进行审核，符合规定的，税务机关应予以受理；不符合规定的，税务机关应通知其补正。

税务机关应当自受理之日起30日内，审核办理变更税务登记。纳税人税务登记表和税务登记证中的内容都发生变更的，税务机关按变更后的内容重新核发税务登记证件；纳税人税务登记表的内容发生变更而税务登记证中的内容未发生变更的，税务机关不重新核发税务登记证件。

【真题演练】纳税人已在工商行政管理机关办理变更登记的，应当自工商行政管理机关变更登记之日起（　　　　）日内，向原税务登记机关申报办理变更税务登记。（2013年，单项选择题）

A.10　　　　　　B.20　　　　　　C.30　　　　　　D.50

【答案】C

【解析】纳税人税务登记内容发生变化的，应当自工商行政管理机关或者其他机关办理变更登记之日起30日内，持有关证件向原税务登记机关申报办理变更税务登记。

（三）停业、复业登记

停业、复业登记是纳税人暂停和恢复生产经营活动而办理的纳税登记。

实行定期定额征收方式的纳税人，在营业执照核准的经营期限内需要停业的，应当向税务机关提出停业登记，说明停业理由、停业期限、停业前的纳税情况和发票的领、用、存情况，并如实填写申请停业登记表。税务机关经过审核（必要时可实地审查），应责成申请停业的纳税人结清税款，并收回税务登记证件、发票领购簿、未使用完的发票，办理停业登记。纳税人在停业期间发生纳税义务的，应当及时向主管税务机关申报，依法补缴应纳税款。

纳税人应当于恢复生产、经营之前，向税务机关提出复业登记申请，经确认后，办理复业登记，领回或启用税务登记证件、发票领购簿及其领购的发票，纳入正常管理。

纳税人的停业期限不得超过1年。纳税人停业期满不能及时恢复生产、经营的，应当在停业期满前向税务机关提出延长停业登记申请。纳税人停业期满未按期复业又不申请延长停业的，税务机关应当视为已恢复营业，实施正常的税收征收管理。

（四）注销登记

注销登记是指纳税人在发生下列情形时，向原登记税务机关申请办理的登记：纳税人因经营期限届满而自动解散；企业由于改组、分立、合并等原因而被撤销；企业资不抵债而破产；纳税人住所、经营地址迁移而涉及改变原主管税务机关的；纳税人被工商行政管理部门吊销营业执照；纳税人依法终止履行纳税义务的其他情形。

纳税人发生解散、破产、撤销以及其他情形，依法终止纳税义务的，应当在向工商行政管理机关或者其他机关办理注销登记前，持有关证件和资料向原税务登记机关申报办理注销税务登记；按规定不需要在工商行政管理机关或者其他机关办理注销登记的，应当自有关机关批准或者宣告终止之日起15日内，持有关证件和资料向原税务登记机关申报办理注销税务登记。

纳税人因住所、生产、经营场所变动而涉及改变税务登记机关的，应当在向工商行政管理机关申请办理变更或注销登记前，或者住所、生产、经营场所变动前，向原税务登记机关申报办理注销税务登记，并在30日内向迁达地主管税务机关申报办理税务登记。

纳税人被工商行政管理机关吊销营业执照的，应当自营业执照被吊销之日起15日内，向原税务登记机关申报办理注销税务登记。

境外企业在中国境内承包建筑、安装、装配、勘探工程和提供劳务的，应当在项目完工、离开中国前15日内，持有关证件和资料，向原税务登记机关申报办理注销税务登记。

纳税人办理注销税务登记前，应当向税务机关提交相关证明文件和资料，结清应纳税款、多退（免）税款、滞纳金和罚款，缴销发票、税务登记证件和其他税务证件，经税务机关核准后，办理注销税务登记手续。

【真题演练】纳税人被工商行政管理机关吊销营业执照的，应当自营业执照被吊销之日起（ ）内，向原税务登记机关申报办理注销税务登记。（2015年，单项选择题）

A.15日　　　　B.45日　　　　C.30日　　　　D.60日

【答案】A

【解析】纳税人被工商行政管理机关吊销营业执照或者被其他机关予以撤销登记的，应当自营业执照被吊销或者被撤销登记之日起15日内，向原税务登记机关

【真题演练】纳税人依法终止纳税义务，应当在向工商行政管理机关办理完毕工商注销登记后，持有关证件，向原税务机关申报办理注销税务登记。（ ）（2015年，判断题）

【答案】×

【解析】要先办理注销税务登记才可以办理工商注销登记。

【真题演练】只有从事生产、经营的纳税人才需要办理税务登记或注销税务登记。（ ）（2015年，判断题）

【答案】×

【解析】凡是有应税收入、应税财产、应税行为的各类纳税人都需要办理税务登记，不单单是从事生产、经营的纳税人。

【真题演练】个体工商户在税法规定的享有免税优惠的期限内，可以不必办理税务登记。（　　）（2015年，判断题）

【答案】×

【解析】凡是有应税收入、应税财产、应税行为的各类纳税人都需要办理税务登记，不单单是从事生产、经营的纳税人。

（五）外出经营报验登记

外出经营报验登记是指纳税人到外县（市）临时从事生产经营活动的，在外出生产经营以前，持税务登记证向主管税务机关申请开具《外出经营活动税收管理证明》（以下简称《外管证》）的一种登记管理制度。

税务机关按照一地一证的原则，核发《外管证》。《外管证》的有效期限一般为30日，最长不得超过180天。

纳税人应当在《外管证》注明地进行生产经营前向当地税务机关报验登记，并提交税务登记证件副本和《外管证》。纳税人在《外管证》注明地销售货物的，除提交以上证件、资料外，应如实填写《外出经营货物报验单》，申报查验货物。

纳税人外出经营活动结束，应当向经营地税务机关填报《外出经营活动情况申报表》，并结清税款、缴销发票。

纳税人应当在《外管证》有效期届满后10日内，持《外管证》回原税务登记地税务机关办理《外管证》缴销手续。

【真题演练】纳税人住所、经营地址迁移而改变原主管税务机关的，要办理（　　）。（2013年，单项选择题）

A.外出经营报验登记　　　　　　　B.停业登记

C.注销登记　　　　　　　　　　　D.变更登记

【答案】C

【解析】纳税人住所、经营地址迁移而涉及改变原主管税务机关的，应向原税务登记机关申报办理注销税务登记。

【真题演练】纳税人不办理税务登记的，由税务机关责令限期改正；逾期不改正的将由（　　）吊销营业执照。（2015年，单项选择题）

A.税务机关　　　　　　　　　　　B.财务机关

C.工商行政管理机关　　　　　　　D.审计机关

【答案】C

【解析】纳税人不办理税务登记的，由税务机关责令限期改正；逾期不改正的，经税务机关提请，由工商行政管理机关吊销其营业执照。

【真题演练】从事生产、经营的纳税人到外县（市）从事生产、经营活动的，必须持有所在税务机关填发的《外出经营活动税收管理证明》，向营业地税务机关报验登记，接受税务管理。（   ）（2015年，判断题）

【答案】√

【解析】外出经营报验登记是指纳税人到外县（市）临时从事生产经营活动的，在外出生产经营以前，持税务登记证向主管税务机关申请开具《外出经营活动税收管理证明》的一种登记管理制度。

（六）纳税人税种登记

纳税人在办理开业或变更税务登记的同时应当申请填报税种登记，由税务机关根据其生产、经营范围及拥有的财产等情况，认定纳税人所适用的税种、税目、税率、报缴税款期限、征收方式和缴库方式等。税务机关依据《纳税人税种登记表》所填写的项目，自受理之日起3日内进行税种登记。

（七）扣缴义务人扣缴税款登记

扣缴义务人包括代扣代缴纳税义务人和代收代缴税款义务人。代扣代缴指个人所得税由支付应税所得的单位代扣代缴。代收代缴指消费税中的委托加工由受托方代收加工产品的税款。

已办理税务登记的扣缴义务人应当在扣缴义务发生后向税务登记地税务机关申报办理扣缴税款登记。税务机关在其税务登记证件上登记扣缴税款事项，税务机关不再发给扣缴税款登记证件。

根据税收法律、行政法规的规定可不办理税务登记的扣缴义务人，应当在扣缴义务发生后向机构所在地税务机关申报办理扣缴税款登记，税务机关核发扣缴税款登记证件。

【真题演练】纳税义务人的权利主要有（   ）。（2015年，多项选择题）

A.申请复议和提起诉讼权　　　　B.多缴税款申请退回

C.办理税务登记　　　　　　　　D.依法申请减免税权

【答案】ABD

【解析】依法办理税务登记是纳税人的义务。

二、发票开具与管理

（一）发票的种类

发票是指在购销商品，提供劳务或接受劳务、服务以及从事其他经营活动时，所提供给对方的收付款的凭证。较为常见的发票有：

1.增值税专用发票

增值税专用发票是指专门用于结算销售货物和提供加工、修理修配劳务使用的一种发票。

增值税专用发票只限于增值税一般纳税人领购使用，增值税小规模纳税人不得领购使用。一般纳税人有下列情形之一者，不得领购开具专用发票：

（1）会计核算不健全，不能向税务机关准确提供增值税销项税额、进项税额和应纳税额数据及其他有关增值税税务资料的。

上述其他有关增值税税务资料的内容，由省、自治区、直辖市和计划单列市国家税务局确定。

（2）有《税收征收管理法》规定的税收违法行为，拒不接受税务机关处理的。

（3）有以下行为之一，经税务机关责令限期改正而仍未改正的：

①虚开增值税专用发票；

②私自印制专用发票；

③向税务机关以外的单位和个人买取专用发票；

④借用他人专用发票；

⑤未按《增值税专用发票使用规定》第十一条开具专用发票；

⑥未按规定保管专用发票和专用设备；

⑦未按规定申请办理防伪税控系统变更发行；

⑧未按规定接受税务机关检查。

《增值税专用发票使用规定》第十一条规定，专用发票应按下列要求开具：①项目齐全，与实际交易相符；②字迹清楚，不得压线、错格；③发票联和抵扣联加盖财务专用章或者发票专用章；④按照增值税纳税义务的发生时间开具。对不符合上列要求的专用发票，购买方有权拒收。

（4）销售的货物全部属于免税项目者。

有上列情形的一般纳税人如已领购使用专用发票，税务机关应收缴其结存的专用发票。

专用发票开具时限规定如下：①采用预收货款、托收承付、委托银行收款结算方式的，为货物发出的当天。②采用交款提货结算方式的，为收到货款的当天。③采用赊销、分期付款结算方式的，为合同约定的收款日期的当天。④将货物交付他人代销，为收到受托人送交的代销清单的当天。⑤设有两个以上机构并实行统一核算的纳税人，将货物从一个机构移送其他机构用于销售，按规定应当征收增值税的，为货物移送的当天。⑥将货物作为投资提供给其他单位或个体经营者，为货物移送的当天。⑦将货物分配给股东，为货物移送的当天。

增值税一般纳税人必须按规定时限开具专用发票，不得提前或滞后。

增值税专用发票由基本联次或者基本联次附加其他联次构成。基本联次为四联：第一联为存根联，由销货方留存备查；第二联为发票联，交购货方作记账凭证使用，只属于商事凭证；第三联为抵扣联，是购货方计算进项税额的证明，由购货方持有；第四联为记账联，是销货方核算销售额和销项税额的主要凭证。其他联次用途，由一般纳税人自行确定。

【真题演练】只要是一般纳税人就可以领购使用增值税专用发票。（   ）（2015年，判断题）

【答案】×

【解析】一般纳税人有下列情形之一者，不得领购开具专用发票：（1）会计核算不健全，不能向税务机关准确提供增值税销项税额、进项税额和应纳税额数据及其他有关增值税税务资料的。（2）有《税收征收管理法》规定的税收违法行为，拒不接受税务机关处理的。（3）有某些行为，经税务机关责令限期改正而仍未改正的。（4）销售的货物全部属于免税项目者。

2.普通发票

普通发票主要由增值税小规模纳税人使用。增值税一般纳税人在不能开具专用发票的情况下也可以使用普通发票。普通发票由行业发票和专用发票组成。前者适用于某个行业的经营业务，如商业零售统一发票、商业批发统一发票、工业企业商品销售统一发票等；后者仅适用于某一经营项目，如广告费用结算发票、商品房销售发票等。其基本联次为三联：第一联为存根联，开票方留存备查；第二联为发票联，收执方作为付款或收款原始凭证，填开后的发票联要加盖财务印章或发票专用章；第三联为记账联，开票方作为记账原始凭证。

专用发票除具有普通发票的功能与作用外，还是纳税人计算应纳税额的重要凭证，与普通发票相比，有以下区别：

（1）使用范围不同。专用发票只限于一般纳税人之间从事生产经营增值税应税项目使用，而普通发票则可以用于所有纳税人的所有经营活动，当然也包括一般纳税人生产、经营增值税应税项目。

（2）作用不同。普通发票只是一种商事凭证，而专用发票不仅是一种商事凭证，还是一种扣税凭证。

（3）票面反映内容不同。专用发票不但要包括普通发票所记载的内容，而且还要记录购销双方的税务登记号、地址、电话、银行账户和税额等。

（4）联次不同。专用发票不仅要有普通发票的联次，而且还要有扣税联。

（5）反映的价格不同。普通发票反映的价格是含税价，税款与价格不分离；专用发票反映的是不含税价，税款与价格分开填列。

【真题演练】与一般发票相比，增值税专用发票多出的一联是（   ）。（2015年，单项选择题）

A.存根联　　　　　　　　　　B.记账联

C.税款抵扣联　　　　　　　　D.发票联

【答案】C

【解析】专用发票不仅要有普通发票的联次，而且还要有扣税联。

3.专业发票

专业发票是指国有金融、保险企业的存贷、汇兑、转账凭证、保险凭证，国有邮政、电信企业的邮票、邮单、话务、电报收据；国有铁路、国有航空企业和交通部门、国有公路、水上运输企业的客票、货票等。经国家税务总局或省、自治区税务机关批准，专业发票可由政府和主管部门自行管理，不套印税务机关统一发票监制章，也可根据税务征管的需要纳入统一发票管理。

上述发票从版面上也可划分为三大类：（1）手写发票，又称手工票，是指用手工书写形式填开的发票。（2）电脑发票，又称机打发票，是指利用计算机填开并使用其附设的打印机打印出票面内容的发票。这类发票包括普通计算机用及防伪专用计算机用（如防伪税控机）的发票。（3）定额发票，是指发票票面印有固定的金额（定额）的发票。这类发票主要是防止开具发票时大头小尾以及方便一些特殊行业或有特殊需要的企业使用。

> 【真题演练】下列选项属于专用发票的是（　　）。（2013年，单项选择题）
> A.商业零售统一发票　　　　　　B.商品房销售发票
> C.商业批发统一发票　　　　　　D.工业企业产品销售统一发票
> 【答案】B
> 【解析】商业零售统一发票、商业批发统一发票、工业企业商品销售统一发票属于行业发票，商品房销售发票属于专用发票。

> 【真题演练】下列各项中，专门用于结算销售货物和提供加工修理修配劳务使用的发票是（　　）。（2015年，单项选择题）
> A.普通发票　　　　　　　　　　B.专业发票
> C.增值税专用发票　　　　　　　D.行业发票
> 【答案】C
> 【解析】增值税专用发票是工业、商业企业用于结算销售货物和提供加工修理修配劳务使用的发票。

（二）发票的开具要求

（1）单位和个人只有在发生经营业务、确认营业收入时，才能开具发票。

销售商品、提供服务以及从事其他经营活动的单位和个人，对外发生经营业务收取款项，收款方应向付款方开具发票；特殊情况下由付款方向收款方开具发票。特殊情况是指收购单位和扣缴义务人支付个人款项时开具的发票。

所有单位和从事生产、经营活动的个人在购买商品、接受服务以及从事其他经营活动支付款项时，应当向收款方取得发票。取得发票时，不得要求变更品名和金额。

（2）开具发票时应按号码顺序填开，填写项目齐全、内容真实、字迹清楚、全部联次一次性复写或打印，内容完全一致，并在发票联和抵扣联加盖单位财务印章或者发票专用章。

（3）填写发票应当使用中文。民族自治地区可以同时使用当地通用的一种民族文字；外商投资企业和外资企业可以同时使用一种外国文字。

（4）使用电子计算机开具发票必须报主管税务机关批准，并使用税务机关统一监制的机打发票。开具后的存根联应当按照顺序号装订成册，以备税务机关检查。

（5）开具发票时限、地点应符合规定。

开具发票应当按照规定的时限、顺序，逐栏、全部联次一次性如实开具，并加盖单位财务印章或者发票专用章。

发票限于领购单位和个人在本省、自治区、直辖市内开具。省、自治区、直辖市税务机关可以规定跨市、县开具发票的办法。

（6）任何单位和个人不得转借、转让、代开发票。未经税务机关批准，不得拆本使用发票，不得自行扩大专业发票使用范围。禁止倒买倒卖发票、发票监制章和发票防伪专用品。

【真题演练】下列关于开具发票的说法，错误的是（　　）。（2012年，单项选择题）

A.开具发票时，可以不按顺序填开

B.开具后的存根联应当按照顺序号装订成册

C.未经税务机关批准，不得拆本使用发票

D.单位和个人应在发生经营业务、确认营业收入时，才能开具发票

【答案】A

【解析】开具发票应当按照规定的时限、顺序，逐栏、全部联次一次性如实开具，并加盖单位财务印章或者发票专用章。

【真题演练】下列各项中，不符合发票开具要求的是（　　）。（2015年，单项选择题）

A.一次性复写发票的全部联次　　　B.按号码顺序填写开发票

C.填写发票使用中文　　　　　　　D.随意拆本使用发票

【答案】D

【解析】未经允许不得拆本。

【真题演练】开具发票应按照规定的时限、顺序，逐栏、全部联次一次性如实开具，并加盖单位财务印章或发票专用章，特殊情况也可以分联次分别开具。（　　）（2015年，判断题）

【答案】×

【解析】开具发票应当按照规定的时限、顺序，逐栏、全部联次一次性如实开具，并加盖单位财务印章或者发票专用章。

三、纳税申报

纳税申报是指纳税人、扣缴义务人按照税法规定的期限和内容向税务机关提交有关纳税事项书面报告的法律行为，是纳税人履行纳税义务、承担法律责任的主要依据，是税务机关税收管理信息的主要来源和税务管理的一项重要制度。纳税人必须依照法律、行政法规规定或者税务机关依照法律、行政法规的规定确定的申报期限、申报内容如实办理纳税申报，报送纳税申报表、财务会计报表以及税务机关根据实际需要要求纳税人报送的其他纳税资料。

扣缴义务人必须依照法律、行政法规规定或者税务机关依照法律、行政法规的规定确定的申报期限、申报内容如实报送代扣代缴、代收代缴税款报告表以及税务机关根据实际需要要求扣缴义务人报送的其他有关资料。

纳税人、扣缴义务人不能按期办理纳税申报或者报送代扣代缴、代收代缴税款报告表的，经税务机关核准，可以延期申报。经核准延期办理前款规定的申报、报送事项的，应当在纳税期内按照上期实际缴纳的税额或者税务机关核定的税额预缴税款，并在核准的延期内办理税款结算。

纳税人应依照法律、法规规定的申报期限、申报内容如实填写纳税申报表，办理纳税申报手续。纳税人办理纳税申报主要采取以下方式：

（1）直接申报，即上门申报。纳税人、扣缴义务人直接到税务机关办理纳税申报或者报送代扣代缴、代收代缴税款报告表。这是一种传统申报方式。直接申报可以分为直接到办税服务厅申报、到巡回征收点申报和到代征点申报三种。

（2）邮寄申报。纳税人、扣缴义务人采取邮寄方式办理纳税申报的，应当使用统一的纳税申报专用信封，并以邮政部门收据作为申报凭据。邮寄申报以寄出的邮戳日期为实际申报日期。邮寄申报以寄出地的邮政局邮戳日期为实际申报日期。凡实行查账征收方式的纳税人，经主管税务机关批准，可以采用邮寄纳税申报的办法。邮寄申报的邮件内容包括纳税申报表、财务会计报表以及税务机关要求纳税人报送的其他纳税资料。

（3）数据电文申报，即纳税人、扣缴义务人由电子手段、光学手段或类似手段生成、存储或传递的信息。这些手段包括电子数据交换、电子邮件、电报、电传或传真等，如网上申报。采用数据电文形式进行纳税申报的具体日期，是以纳税人将申报数据发送到税务机关特定系统的时间为准。该数据电文进入特定系统的时间，视为申报时间。纳税人采取电子方式办理纳税申报的，应当按照税务机关规定的期限和要求保存有关资料，并定期书面报送主管税务机关。税务机关收到的纳税人数据电文与报送的书面资料不一致时，应以书面数据为准。

（4）简易申报，是指实行定期定额征收方式的纳税人，经税务机关批准，通过以缴纳税款凭证代替申报并可简并征期的一种申报方式。这种申报方式是以纳税人便利纳税为原则设置的。

（5）其他方式，如纳税人、扣缴义务人委托他人代理向税务机关办理纳税申报或者报送代扣代缴、代收代缴报告表等。

【真题演练】目前纳税人采取的网上申报方式属于纳税申报方式中的（   ）。（2012年，单项选择题）

　　A.直接申报　　　　B.邮寄申报　　　　C.数据电文申报　　　　D.简易申报

【答案】C

【解析】网上申报方式属于数据电文申报。

【真题演练】纳税人采取数据电文形式进行纳税申报时，如果税务机关收到的纳税人数据电文与报送的书面资料不一致，应（   ）。（2015年，单项选择题）

　　A.以书面资料为准

　　B.由税务机关从数据电文和书面资料中任选一种

　　C.以数据电文为准

　　D.责令纳税人选择其他申报方式另行申报

【答案】A

【解析】纳税人采取数据电文形式进行纳税申报时，如果税务机关收到的纳税人数据电文与报送的书面资料不一致，应以书面资料为准。

四、税款征收

税款征收是税务机关依照税收法律、法规的规定，将纳税人应当缴纳的税款组织入库的一系列活动的总称。它是税收征收管理工作的重要组成部分，在税收征收管理中占有很重要的地位。税务机关应当加强对税款征收的管理，建立、健全责任制度，并根据保证国家税款及时足额入库、方便纳税人、降低税收成本的原则，确定税款征收的方式。

（一）税款征收方式

税款征收方式是税务机关在组织税款入库过程中采取的具体计算征收税款的方法和形式。我国税款征收方式主要有以下九种：

1.查账征收

查账征收，是指由纳税人依据账簿记载，先自行计算缴纳，事后经税务机关查账核实，如有不符合税法规定的，则多退少补。查账征收适用于财务会计制度健全、核算严格规范、纳税意识较强的纳税人。

2.查定征收

查定征收，是指由税务机关根据纳税人的生产设备等情况在正常情况下的生产、销售情况，对其生产的应税产品查定产量和销售额，然后依照税法规定的税率征收的一种税款征收方式。查定征收主要适用于会计核算不健全的小型工矿企业和个体工商业户。

3.查验征收

查验征收，是由税务机关对纳税申报人的应税产品进行查验后征税，并贴上完税证、查税证或盖查验戳，并据以征税的一种税款征收方式。查验主要适用于零星、流动性大的税源，如城乡集贸市场的临时经营和机场、码头等场外经销商品的税款征收。进行查验征收时，要做好查验登记，将查验商品的数量、价格、销售量、所征税款等逐一登记至登记簿上，以掌握税源，严格加强管理。

4.定期定额征收

定期定额征收，是指税务机关依照有关法律、法规的规定，按照一定的顺序，核定纳税人在一定经营时期内的应纳税经营额及收益额，并以此为计税依据，确定其应纳税额的一种税款征收方式。定期定额征收方式适用于生产规模较小、营业额和所得额不能准确计算的小型工商户的税款征收。这种征收方式在一定程度上能够约束部分不规范纳税人的纳税行为，防止税收的大量流失。其弊端是不能很好地贯彻依法纳税的原则，保障税款及时足额入库。税收"双定"往往不十分准确，税款流失现象依然存在。今后，应通过强化征管，向查账征收方向努力。

5.核定征收

核定征收税款是指在纳税人的会计账簿不健全，资料残缺难以查账，或者其他原因难以准确确定纳税人应纳税额时，由税务机关采用合理的方法依法核定纳税人应纳税款的一种征收方式。纳税人有下列情形之一的，税务机关有权核定其应纳税额：

（1）依照法律、行政法规的规定可以不设置账簿的；

（2）依照法律、行政法规的规定应当设置账簿但未设置的；

（3）擅自销毁账簿或者拒不提供纳税资料的；

（4）虽设置账簿，但账目混乱或者成本资料、收入凭证、费用凭证残缺不全，难以查账的；

（5）发生纳税义务，未按照规定的期限办理纳税申报，经税务机关责令限期申报，逾期仍不申报的；

（6）纳税人申报的计税依据明显偏低，又无正当理由的。

【真题演练】纳税人发生纳税义务，未按照税法规定的期限办理纳税申报，经税务机关责令限期申报，逾期仍未申报的，税务机关有权核定其应纳税额。（ ）（2015年，判断题）

【答案】√

【解析】见核定征收情形第5条。

6.代扣代缴

代扣代缴，是指按照税法规定，负有扣缴税款义务的法定义务人，在向纳税人支付款项时，从所支付的款项中直接扣收税款的方式。

7.代收代缴

代收代缴，是指负有收缴税款义务的法定义务人，对纳税人应纳的税款进行代收代缴的方式，即由与纳税人有经济业务往来的单位和个人向纳税人收取款项时，依照税收的规定收取税款。

代扣代缴、代收代缴方法的采用有利于加强税收源泉控制，有效防止税款流失。两种方法都仅限使用于税法、行政法规中明确规定的情形，对法律、行政法规没有规定负有扣缴义务的单位和个人，税务机关不得要求其履行义务。扣缴义务人依法履行扣缴义务时，纳税人不得拒绝。纳税人如拒绝，扣缴义务人应当及时报告税务机关处理。税务机关应当按照规定付给扣缴义务人代扣、代收手续费。

8.委托代征税款

委托代征，是指受托单位按照税务机关核发的代征证书的要求，以税务机关的名义向纳税人征收一些零散税款的一种税款征收方式。

委托代征方式有利于弥补税务机关在征管力量上的不足，加强源泉控管，提高征管效能，主要适用于零星分散、流动性大的税款征收，如集贸市场税收、车船税等。税务机关委托有关单位代征税款，应发给委托代征证书，委托单位和人员按照代征证书的要求，以税务机关的名义依法征收税款。受托单位和个人在征收税款时，纳税人不得拒绝；纳税人拒绝的，受托单位和个人应及时报告税务机关。实行委托代征税款方式时，税务机关应特别加强对代征单位和个人的管理，以确保依法征收、应征尽征。

9.其他方式

其他方式包括邮寄申报纳税、自计自填自缴、自报核缴方式等。

【真题演练】掌握税收法律法规，账簿、凭证、财务会计制度比较健全，能够如实反映生产经营成果，正确应纳税款的纳税人，其不适用的税款征收方式是（　　）。（2013年，多项选择题）

A.查定征收　　　　B.查账征收　　　　C.查验征收　　　　D.定期定额征收

【答案】ACD

【解析】查账征收适用于财务会计制度健全、核算严格规范、纳税意识较强的纳税人。

【真题演练】对财务制度不健全，生产经营不固定，零星分散，流动性大的纳税人，税务机关通常采取的征税方式是（　　）。（2015年，单项选择题）

A.查验征收　　　　B.查定征收　　　　C.查账征收　　　　D.定期定额征收

【答案】A

【解析】查验征收是税务机关对某些难以进行源泉控制的征收对象，通过查验证、照和实物，据以征税而采取的一种征收方式。这种征收方式适用于经营品种比较单一，经营地点、时间和商品来源不固定的纳税单位。

【真题演练】在纳税人未设置会计账簿，擅自销毁账簿，拒不提供纳税资料等情况下，税务机关应当采取的税款征收方式是（　　）。（2015年，单项选择题）

A.查验征收　　　B.查定征收　　　　C.定期定额征收　　　D.核定税额

【答案】D

【解析】纳税人有下列情形之一的，税务机关有权核定其应纳税额：（一）依照法律、行政法规的规定可以不设置账簿的；（二）依照法律、行政法规的规定应当设置但未设置账簿的；（三）擅自销毁账簿或者拒不提供纳税资料的。

【真题演练】一般情况下，上市公司适用的税款征收方式是（　　）。（2015年，单项选择题）

A.查定征收　　　B.查账征收　　　　C.定期定额征收　　　D.查验征收

【答案】B

【解析】上市公司基本上都是查账征收。

【真题演练】分散的高税率产品生产单位，适用的税款征收方式是（　　）。（2015年，单项选择题）

A.查账征收　　　B.查定征收　　　　C.查验征收　　　　D.核定征收

【答案】C

【解析】查验征收是指由税务机关对某些零星、分散的高税率工业产品，通过查验数量，按市场一般销售价格计算其销售收入并据以征税的一种方法。

（二）税收保全措施

税收保全措施，是指税务机关对可能由于纳税人的行为或者某种客观原因，致使以后税款的征收不能保证或难以保证的案件，采取限制纳税人处理或转移商品、货物或其他财产的措施。

税务机关有根据认为从事生产、经营的纳税人有逃避纳税义务行为的，可以在规定的纳税期之前，责令限期缴纳应纳税款；在限期内发现纳税人有明显的转移、隐匿其应纳税的商品、货物以及其他财产或者应纳税的收入的迹象的，税务机关可以责成纳税人提供纳税担保。如果纳税人不能提供纳税担保，经县以上税务局（分局）局长批准，税务机关可以采取下列税收保全措施：

（1）书面通知纳税人开户银行或者其他金融机构冻结纳税人的金额相当于应纳税款的存款；

（2）扣押、查封纳税人的价值相当于应纳税款的商品、货物或者其他财产。

纳税人在前款规定的限期内缴纳税款的，税务机关必须立即解除税收保全措施；限期期满仍未缴纳税款的，经县以上税务局（分局）局长批准，税务机关可以书面通知纳税人开户银行或者其他金融机构从其冻结的存款中扣缴税款，或者依法拍卖或者变卖所扣押、查封的商品、货物或者其他财产，以拍卖或者变卖所得抵缴税款。

个人及其所扶养家属维持生活必需的住房和用品，不在税收保全措施的范围之内。

（三）税收强制执行

税收强制执行措施，是当事人不履行法律、行政法规规定的义务，有关国家机关采用法定的强制手段，强迫当事人履行义务的行为。

从事生产、经营的纳税人、扣缴义务人未按照规定的期限缴纳或者解缴税款，纳税担保人未按照规定的期限缴纳所担保的税款，由税务机关责令限期缴纳。逾期仍未缴纳的，经县级以上税务局（分局）局长批准，税务机关可以采取强制执行措施：

（1）书面通知其开户银行或者其他金融机构从其存款中扣缴税款；

（2）扣押、查封、依法拍卖或者变卖其价值相当于应纳税款的商品、货物或者其他财产，以拍卖或者变卖所得抵缴税款。

税务机关采取强制执行措施时，对前款所列纳税人、扣缴义务人、纳税担保人未缴纳的滞纳金同时强制执行。强制执行措施是税收保全措施的延续，更充分地反映了税收强制性的特征。

个人及其所扶养家属维持生活必需的住房和用品，不在强制执行措施的范围之内。

【真题演练】按照规定，有权利采取税收保全措施，强制执行措施的机构是（　　）。（2015年，单项选择题）

A.工商行政管理部门　　B.财政机关　　C.公安机关　　D.税务机关

【答案】D

【解析】税收保全措施、强制执行措施是《中华人民共和国税收征收管理法》赋予税务机关的两种不同权利，其目的是为了保证国家税款及时足额入库。

【真题演练】下列选项中，属于税收保全措施的是（　　）。（2015年，单项选择题）

A.书面通知纳税人开户银行或者其他金融机构扣缴相当于税款的存款

B.变卖纳税人的商品、货物或者其他财产抵缴

C.拍卖纳税人的金额相当于应纳税款的商品、货物或者其他财产以抵缴税款

D.书面通知纳税人开户银行或者其他金融机构冻结纳税人的金额相当于应纳税款的存款

【答案】D

【解析】其他三项均属于税收强制措施。

【真题演练】下列措施中，不属于税收保全的是（　　）。（2015年，单项选择题）

A.扣押　　　　　　　　　　　B.查封

C.罚款　　　　　　　　　　　D.冻结相应银行存款

【答案】C

【解析】税收保全措施的两种主要形式：（1）书面通知纳税人开户银行或其他金融机构暂停支付纳税人相当于应纳税款的存款。（2）扣押、查封纳税人的价值相当于应纳税款的商品、货物或其他财产。

【真题演练】对纳税人采取税收保全措施，必须经税务机关向人民法院提出申请后，由人民法院执行。（　　）（2015年，判断题）

【答案】×

【解析】据《中华人民共和国税收征收管理法》第三十八条规定，对纳税人采取税收保全措施须经县以上税务局（分局）局长批准，不需向人民法院申请。

（四）税款的退还

纳税人超过应纳税额缴纳的税款，税务机关发现后应当立即退还；纳税人自结算缴纳税款之日起3年内发现的，可以向税务机关要求退还多缴的税款并加算银行同期存款利息，税务机关及时查实后应当立即退还；涉及从国库中退库的，依照法律、行政法规有关国库管理的规定退还。

（五）税款的追征

（1）因税务机关的责任，致使纳税人、扣缴义务人未缴或者少缴税款的，税务机关在3年内可以要求纳税人、扣缴义务人补缴税款，但是不得加收滞纳金。

（2）因纳税人、扣缴义务人计算错误等失误，未缴或者少缴税款的，税务机关在3年内可以追征税款、滞纳金；有特殊情况的，追征期可以延长到5年。

（3）对偷税、抗税、骗税的，税务机关追征其未缴或者少缴的税款、滞纳金或者所骗取的税款，不受前款规定期限的限制。

【真题演练】对偷税、抗税、骗税的，税务机关追征其未缴或少缴的税款、滞纳金或所骗取的税款，不受期限的限制。（　　）（2015年，判断题）

【答案】√

【解析】见税款追征第3条。

五、税务代理

（一）税务代理的概念

税务代理指代理人接受纳税主体的委托，在法定的代理范围内依法代其办理相关税务事宜的行为。税务代理人在其权限内，以纳税人（含扣缴义务人）的名义代为办理纳税申报，申办、变更、注销税务登记证，申请减免税，设置保管账簿凭证，进行税务行政复议和诉讼等纳税事项的服务活动。

实行税务代理是建立社会主义市场经济体制的客观要求，是加强税收征收管理的内在需要，也是发挥社会力量协税护税的一种比较好的形式。随着我国税制体系的日趋健全、税收征收管理制度改革的逐步深入和税收宣传体系透明度的日益提高，以及一批具有税务代理资格人员的出现和《中华人民共和国税收征收管理法》的制定为税务代理提供了法律依据，全面推行和规范税务代理既是一种需要，也具备了基本条件。为此，我国应积极推行和规范税务代理制度，按照国际通行做法，实行会计师事务所、税务师事务所和律师事务所等社会中介机构代理办税的制度，使其逐步成为税收征收管理体系中一个不可缺少的环节。

（二）税务代理的特征

1.公正性

税务代理机构不是税务行政机关，而是征纳双方的中介机构，因而只能站在公正的立场上，客观地评价代理人的经济行为；同时代理人必须在法律范围内为被代理人办理税收事宜，独立、公正地执行业务。既维护国家利益，又保护委托人的合法权益。

2.自愿性

税务代理的选择一般有单向选择和双向选择，无论哪种选择都是建立在双方自愿的基础上的。也就是说，税务代理人实施税务代理行为，应当以纳税人、扣缴义务人自愿委托和自愿选择为前提。

3.有偿性

税务代理机构是社会中介机构，它不是国家行政机关的附属机构，因此，同其他企事业单位一样要自负盈亏，提供有偿服务，通过代理取得收入并抵补费用，获得利润。

4.独立性

税务代理机构与国家行政机关、纳税人或扣缴义务人等没有行政隶属关系，既不受税务行政部门的干预，又不受纳税人、扣缴义务人所左右，独立代办税务事宜。

5.确定性

税务代理人的税务代理范围，是以法律、行政法规和行政规章的形式确定的。因此，税务代理人不得超越规定的范围从事代理活动。税务机关按照法律、行政法规规定委托其代理外，代理人不得代理应由税务机关行使的行政权力。

（三）税务代理的法定业务范围

税务代理的范围是指按照国家有关法律的规定，允许税务代理人从事的业务内容。尽管世界各国所规定的业务不尽相同，但其基本原则大致是一样的，即税务代理的业务范围主要是纳税人、扣缴义务人所委托的各项涉税事宜。

《税务代理业务规程》规定，代理人可以接受纳税人、扣缴义务人的委托，从事以下税务代理：

①办理税务登记、变更税务登记和注销税务登记手续；

②办理除增值税专用发票外的发票领购手续；

③办理纳税申报或扣缴税款报告；

④办理缴纳税款和申请退税手续；

⑤制作涉税文书；

⑥审查纳税情况；

⑦建账建制，办理账务；

⑧税务咨询、受聘税务顾问；

⑨税务行政复议手续；

⑩国家税务总局规定的其他业务。

六、税务检查

（一）税务检查的概念

税务检查是税务机关根据税收法律、行政法规的规定，对纳税人、扣缴义务人履行纳税义务、扣缴义务及其他有关税务事项进行审查、核实、监督活动的总称。

（二）税务检查的内容

税务机关有权进行下列税务检查：

（1）检查纳税人的账簿、记账凭证、报表和有关资料，检查扣缴义务人代扣代缴、代收代缴税款账簿、记账凭证和有关资料。

（2）到纳税人的生产、经营场所和货物存放地检查纳税人应纳税的商品、货物或者其他财产，检查扣缴义务人与代扣代缴、代收代缴税款有关的经营情况。

（3）责成纳税人、扣缴义务人提供与纳税或者代扣代缴、代收代缴税款有关的文件、证明材料和有关资料。

（4）询问纳税人、扣缴义务人与纳税或者代扣代缴、代收代缴税款有关的问题和情况。

（5）到车站、码头、机场、邮政企业及其分支机构检查纳税人托运、邮寄应纳税商品、货物或者其他财产的有关单据、凭证和有关资料。

（6）经县以上税务局（分局）局长批准，凭全国统一格式的检查存款账户许可证明，查询从事生产、经营的纳税人、扣缴义务人在银行或者其他金融机构的存款账户。税务机关在调查税收违法案件时，经设区的市、自治州以上税务局（分局）局长批准，可以查询案件涉嫌人员的储蓄存款。税务机关查询所获得的资料，不得用于税收以外的用途。

（三）税务检查的职责与权限

（1）税务机关对从事生产、经营的纳税人以前纳税期的纳税情况依法进行税务检查时，发现纳税人有逃避纳税义务行为，并有明显的转移、隐匿其应纳税的商品、货物以及其他财产或者应纳税的收入的迹象的，可以按照本法规定的批准权限采取税收保全措施或者强制执行措施。税务机关采取税收保全措施的期限一般不得超过6个月；重大案件需要延长的，应当报国家税务总局批准。

（2）纳税人、扣缴义务人必须接受税务机关依法进行的税务检查，如实反映情况，提供有关资料，不得拒绝、隐瞒。

（3）税务机关依法进行税务检查时，有权向有关单位和个人调查纳税人、扣缴义务人和其他当事人与纳税或者代扣代缴、代收代缴税款有关的情况，有关单位和个人有义务向税务机关如实提供有关资料及证明材料。

（4）税务机关调查税务违法案件时，对与案件有关的情况和资料，可以记录、录音、录像、照相和复制。

（5）税务机关派出的人员进行税务检查时，应当出示税务检查证和税务检查通知书，并有责任为被检查人保守秘密；未出示税务检查证和税务检查通知书的，被检查人有权拒绝检查。

七、税收法律责任

税收法律责任，是指税收法律关系的主体因违反税收法律规范所应承担的法律后果。税收法律责任可分为行政责任和刑事责任。

1.税务违法行政处罚

纳税人如果违反了税收征收管理制度，但还没有构成犯罪的，将会受到严厉的行政处罚。纳税人实施的违法行为不同，所受到的行政处罚也不一样。

（1）责令限期改正

纳税人有下列违反税务管理的行为之一的，由税务机关责令限期改正，逾期不改正的，可以处以2 000元以下的罚款，情节严重的，处以2 000元以上10 000元以下的罚款：

①未按照规定的期限办理税务登记、变更税务登记和注销税务登记的；

②未按照规定设置、保管账簿或者保管记账凭证和有关资料的；

③未按照规定将财务、会计制度或者财务、会计处理办法和会计核算软件报送税务机关备查的；

④未按照规定将其全部银行账号向税务机关报告的；

⑤未按照规定安装、使用税控装置，或者损毁或擅自改动税控装置的；

⑥未按照规定向税务机关申请办理税务登记换证手续的。

（2）罚款

罚款是最主要的处罚措施，适用于所有的税收违法行为。根据违法行为对税收征管的损害程度，法律上设定不同的罚款力度。违反税收管理违法行为，情节严重的，必须处以罚款；非属情节严重的，则可以处以也可以不处以罚款。

（3）没收财产

没收财产适用于有违法所得的税收违法行为。没收财产，是将犯罪分子个人所有的财产的一部分或全部强制、无偿地收归国有的一种处罚方法。

（4）收缴未用发票和暂停供应发票

收缴和停供发票是税务行政处罚之一。既然是一种行政处罚，就应按法律法规的权限和程序处理，而不能凭税务人员随意收缴和停供。《税收征收管理法》第七十二条规定："从事生产、经营的纳税人、扣缴义务人有本法规定的税收违法行为，拒不接受税务机关处理的，税务机关可以收缴其发票或者停止向其发售发票。"

（5）停止出口退税权

停止出口退税权适用于骗税行为。享有出口退税权的企业，以假报出口或者其他欺骗手段，骗取国家出口退税款的，税务机关可以在规定期间内停止为其办理出口退税。

2.税务违法刑事处罚

对危害税收征管罪的刑罚，包括管制、拘役、有期徒刑、无期徒刑和死刑以及罚金和没收财产。其中，虚开增值税专用发票，虚开用于骗取出口退税、抵扣税款发票罪以及伪造、出售伪造的增值税专用发票罪的最高刑是死刑；骗取出口退税罪、非法出售增值税专用发票罪的最高刑是无期徒刑；其他最高刑为有期徒刑。

对于涉嫌危害税收征管犯罪的税收违法行为，税务机关可以依法先行给予行政处罚。经人民法院审判构成犯罪并判处罚金时，税务机关已经给予当事人罚款的，应当折抵罚金。

在刑事处罚中，税款追缴优先。因犯偷税罪、抗税罪、逃避追缴欠税罪、骗取出口退税罪、虚开增值税专用发票或者虚开用于骗取出口退税、抵扣税款的其他发票罪，被判处罚金、没收财产的，在执行前，应当先由税务机关追缴税款和所骗取的出口退税款。

八、税务行政复议

税务行政复议是指当事人（纳税人、扣缴义务人、纳税担保人及其他税务当事人）对税务机关及其工作人员作出的税务具体行政行为不服，依法向上一级税务机关（复议机关）提出申请，复议机关对具体行政行为的合法性、合理性作出裁决。

为了防止和纠正税务机关违法或者不当的具体行政行为，保护纳税人和其他当事人的合法权益，保障和监督税务机关依法行使职权，国家税务总局根据《中华人民共和国行政复议法》、《中华人民共和国税收征收管理法》和其他有关规定，于2009年12月15日公布《税务行政复议规则》，自2010年4月1日起施行。

纳税人和其他当事人对行政复议决定不服的，可以按照行政诉讼法的有关规定向人民法院提起行政诉讼。

（1）复议范围

复议机关受理申请人对下列具体行政行为不服提出的行政复议申请：

①税务机关作出的征税行为，包括确认纳税主体、征税对象、征税范围、减税、

免税、退税、适用税率、计算依据、纳税环节、纳税期限、纳税地点和税款征收方式等具体行政行为，征收税款、加收滞纳金，扣缴义务人、受税务机关委托征收的单位作出的代扣代缴、代收代缴税款行为。

②行政许可、行政审批行为。

③发票管理行为，包括发售、收缴、代开发票等。

④税务机关采取的税收保全措施、强制执行措施。

⑤行政处罚行为：罚款、没收财物和违法所得、停止出口退税权。

⑥不依法履行下列职责的行为：颁发税务登记；开具、出具完税凭证、外出经营活动税收管理证明；行政赔偿；行政奖励；其他不依法履行职责的行为。

⑦资格认定行为。

⑧不依法确认纳税担保行为。

⑨政府信息公开工作中的具体行政行为。

⑩纳税信用等级评定行为。

⑪通知出入境管理机关阻止出境行为。

⑫其他具体行政行为。

（2）复议管辖

对各级税务机关作出的具体行政行为不服的，可以向其上一级税务机关申请行政复议。

①对税务机关作出的具体行政行为不服的，向其上一级税务机关申请复议。

②对税务机关的派出机构依法以自己的名义作出的具体行政行为不服的，向设立该派出机构的税务机关申请复议。

③对扣缴义务人作出的扣缴税款行为不服的，向主管扣缴义务人的税务机关的上一级税务机关申请复议。

④对受税务机关委托的单位作出代征税款行为不服的，向委托的税务机关的上一级税务机关申请复议。

⑤对被撤销的税务机关在撤销前作出的具体行政行为不服的，向继续行使其职权的税务机关的上一级税务机关申请复议。

⑥对国家税务总局和地方税务局共同作出的具体行政行为不服的，向国家税务总局申请复议。

⑦对国家税务总局作出的具体行政行为不服的，向国家税务总局申请复议。

⑧对税务机关与其他行政机关共同作出的具体行政行为不服的，向其共同上一级行政机关申请复议。纳税人或者其他税务当事人也可以向具体行政行为发生地的县级地方人民政府提出行政复议申请，由接受申请的县级地方人民政府依法进行转送。

（3）复议期限

申请人可在知道税务机关作出具体行政行为之日起60日内提出行政复议申请。

因不可抗力或者被申请人设置障碍等其他正当理由耽误法定申请期限的，申请期限自障碍消除之日起继续计算。

申请人按前款规定申请行政复议的，必须先依照税务机关根据法律、行政法规确定的税额、期限，缴纳或者解缴税款及滞纳金或者提供相应的担保，方可在实际缴清税款和滞纳金后或者所提供的担保得到作出具体行政行为的税务机关确认之日起60日内提出行政复议申请。

申请人提供担保的方式包括保证、抵押和质押。作出具体行政行为的税务机关应当审查保证人的资格、资信；对不具备法律规定的资格或者没有能力保证的，有权拒绝。作出具体行政行为的税务机关应当审查抵押人、出质人提供的抵押担保、质押担保；对不符合法律规定的抵押担保、质押担保，不予确认。

申请人对税务机关作出的其他行政行为不服，可以申请行政复议，也可以直接向人民法院提起行政诉讼。

申请人可以在知道税务机关作出具体行政行为之日起60日以内提出行政复议申请。因不可抗力和被申请人设置障碍等正当理由耽误法定申请期限的，申请期限从障碍消除之日起继续计算。

申请人申请行政复议，可以书面申请，也可以口头申请。口头申请的，复议机关应当场记录申请人的基本情况、复议请求和申请复议的主要事实、理由、时间。

申请人向复议机关申请行政复议，复议机关已经受理的，在法定行政复议期限内，申请人不得向人民法院提起行政诉讼。申请人向人民法院提起行政诉讼，人民法院已受理的，不得申请行政复议。

（4）复议受理

复议机关收到行政复议申请以后，应当在5日以内进行审查，决定是否受理。对不符合规定的申请，决定不予受理，并书面告知申请人。

对于不属于本机关受理的行政复议申请，复议机关应当告知申请人向有关复议机关提出。

复议机关收到行政复议申请以后没有按照上述规定期限审查并作出不予受理决定的，视为受理。

对符合规定的行政复议申请，从复议机关法制工作机构收到之日起即为受理。受理行政复议申请，应当书面告知申请人。

对于应当先向复议机关申请行政复议，对行政复议决定不服再向人民法院提起行政诉讼的具体行政行为，复议机关决定不予受理或者受理后超过复议期限不作答复的，纳税人和其他当事人可以从收到不予受理决定书之日起或者行政复议期满之日起15日以内，依法向人民法院提起行政诉讼。

按照规定延长行政复议期限的，以延长以后的时间为行政复议争取时间。

纳税人和其他当事人依法提出行政复议申请，复议机关无正当理由而不予受理且申请人没有向人民法院提起行政诉讼的，上级税务机关应当责令其受理。必要时，上级税务机关也可以直接受理。

复议机关法制工作机构按照规定向有关组织、人员调查取证，查阅文件、资料所取得的有关材料，不得作为支持被申请人具体行政行为的证据。

在行政复议过程中，被申请人不得自行向申请人和其他有关组织、个人收集证据。

申请人和第三人可以查阅被申请人提出的书面答复，作出具体行政行为的证据、依据和其他有关材料，除了涉及国家秘密、商业秘密和个人隐私的以外，复议机关不得拒绝。

（5）复议决定

税务行政复议原则上采用书面审查的办法。但是，当申请人提出要求或者复议机关法制工作机构认为有必要的时候，应当听取申请人、被申请人和第三人的意见，并可以向有关组织、人员了解情况。

复议机关对被申请人作出的具体行政行为所依据的事实证据、法律程序、法律依据和设定的权利、义务内容的合法性、适当性进行全面的审查。

复议机关法制工作机构应当从受理行政复议申请之日起7日以内，将行政复议申请书副本或者行政复议申请笔录复印件发送被申请人。

被申请人应当从收到申请书副本或者申请笔录复印件之日起10日以内，提出书面答复，并提交当初作出具体行政行为的证据、依据和其他有关材料。

在行政复议决定作出以前，申请人要求撤回行政复议申请的，可以撤回，但是不得以同一基本事实和理由重新申请行政复议。

申请人在申请行政复议的时候，按照税务行政复议规则的规定一并提出对有关规定的审查申请的，复议机关对该规定有权处理的，应当在30日以内依法处理；无权处理的，应当在7日以内按照法定程序转送有权处理的行政机关依法处理，有权处理的行政机关应当在60日以内依法处理。处理期间，中止对具体行政行为的审查。

复议机关在审查被申请人作出的具体行政行为的时候，认为其依据不合法，本机关有权处理的，应当在30日以内依法处理；无权处理的，应当在7日以内按照法定程序转送有权处理的国家机关依法处理。处理期间，中止对具体行政行为的审查。

复议机关责令被申请人重新作出具体行政行为的，被申请人不得以同一事实和理由作出与原具体行政行为相同或者基本相同的具体行政行为。但是，复议机关以原具体行政行为违反法定程序而决定撤销，被申请人重新作出具体行政行为的，不受上述限制。

被申请人不按照规定提出书面答复，提交当初作出具体行政行为的证据、依据和其他有关材料的，视为该具体行政行为没有证据、依据，决定撤销该具体行政行为。

重大、疑难的行政复议申请，复议机关应当集体讨论决定。

申请人在申请行政复议的时候，可以一并提出行政赔偿请求。复议机关对于符合国家赔偿法的有关规定，应当给予赔偿的，在决定撤销、变更具体行政行为或者确认具体行政行为违法的时候，应当同时决定被申请人依法给予赔偿。

申请人在申请行政复议的时候没有提出行政赔偿请求的，复议机关在依法决定撤销或者变更具体行政行为确定的税款、滞纳金、罚款和对财产的扣押、查封等强制措施的时候，应当同时责令被申请人退还税款、滞纳金和罚款，解除对财产的扣押、查封等强制措施，或者赔偿相应的价款。

复议机关应当从受理行政复议申请之日起60日以内作出行政复议决定。情况复杂，不能在规定的期限以内作出行政复议决定的，经复议机关负责人批准，可以适当延长，并告知申请人和被申请人，但是延长期限最多不超过30日。

复议机关作出行政复议决定，应当制作行政复议决定书，并加盖印章。行政复议决定书一经送达，即发生法律效力。

被申请人应当履行行政复议决定。被申请人不履行行政复议决定的，无正当理由拖延履行行政复议决定的，复议机关或者有关上级行政机关应当责令其限期履行。

（6）海关行政复议

纳税人、担保人对于海关确定纳税人、完税价格、商品归类、原产地、适用税率、计征汇率、免税、减税、补税、退税、征收滞纳金、计征方式和纳税地点有异议的，应当按照海关作出的行政决定缴纳税款，并可以依法向上一级海关申请行政复议。对行政复议决定不服的，可以依法向人民法院提起诉讼。

对于按照反倾销条例的有关规定作出的是否征收反倾销税的决定以及追溯征收、退税、对新出口经营者征税的决定不服的，对于是否继续征收反倾销税作出的复审决定不服的，对于按照反补贴条例的有关规定作出的是否征收反补贴税的决定以及追溯征收的决定不服的，对于是否继续征收反补贴税作出的复审决定不服的，可以依法申请行政复议，也可以依法向人民法院提起诉讼。

【真题演练】关于税务行政复议，下列说法正确的有（　　　）。（2015年，多项选择题）

A.当事人对税务机关的处罚决定不服的，应当先申请行政复议，对行政复议不服的，可以依法向人民法院起诉

B.当事人对税务机关的行政处罚决定逾期不申请复议也不向人民法院起诉、又不履行的，作出处罚决定的税务机关可依法采取强制执行措施，或者申请人民法院强制执行

C.纳税人同税务机关在纳税上发生争执时，必须先依照税务机关的纳税决定缴纳或解缴税款及滞纳金或者提供相应的担保，然后可以依法申请行政复议，或向人民法院起诉

D.当事人对税务机关的税收保全措施或税收强制执行措施不服的，可以依法申请行政复议，也可以依法向人民法院起诉

【答案】BD

【解析】当事人对税务机关的处罚决定、强制执行措施或者税收保全措施不服的，可以依法申请行政复议，也可以依法向人民法院起诉，所以A错误。纳税人

同税务机关在纳税上发生争执时，必须先依照税务机关的纳税决定缴纳或解缴税款及滞纳金或者提供相应的担保，然后可以依法申请行政复议，对行政复议决定不服的可以向人民法院起诉，所以C错误。

>> 同步练习

一、单项选择题

1.有关税收的概念，下列表述中正确的是 （　　　）。

A.税收是民众自愿缴纳、政府取得财政收入的形式

B.税收是政府为了满足社会公共需要，强制、无偿地取得财政收入的一种形式

C.税收是政府为了政权需要，强制、无偿地取得财政收入的一种形式

D.税收是政府取得财政收入的一种形式

2.下列税种中，采用从量税的是 （　　　）。

A.企业所得税　　　　B.车船税　　　　　C.增值税　　　　　D.消费税

3.按照规定不需要在工商行政管理机关办理注销登记的纳税人，应当向原税务登记机关申报办理注销税务登记，其时间限制为 （　　　）。

A.自有关机关批准或者宣告终止之日起15日内

B.自有关机关批准或者宣告终止之日起30日内

C.自有关机关批准或者宣告终止之日起60日内

D.自有关机关批准或者宣告终止之日起90日内

4.商业性企业及主营商业的企业，年应税销售额不低于（　　　）万元的，可以认定为一般纳税人。

A.30　　　　　　　　B.80　　　　　　　C.100　　　　　　　D.50

5.饲料、化肥、农药、农机、农膜应征收的增值税税率是 （　　　）。

A.17%　　　　　　　B.13%　　　　　　C.5%　　　　　　　D.11%

6.采用预收货款方式销售货物，其增值税纳税义务发生时间为 （　　　）。

A.收到预收款的当天　　　　　　　　B.货物发出的当天

C.货物送达购货方的当天　　　　　　D.签订购销合同的当天

7.下列项目中，不适用定额税率的是 （　　　）。

A.啤酒　　　　　　　B.汽油　　　　　　C.白酒　　　　　　D.黄酒

8.下列各项中，不属于税收法律的是 （　　　）。

A.《企业所得税法》　　　　　　　　B.《税收征收管理法》

C.财政部发布有关税收的公告　　　　D.《个人所得税法》

9.对于年所得12万元以上的纳税人，应于纳税年度终了后（　　　）内向主管税务机关办理纳税申报。

A.15日　　　　　　　B.1个月　　　　　C.两个月　　　　　D.3个月

10.企业领取营业执照后，向税务机关申报办理税务登记的时间为（　　）。

A.10日之内　　　　　B.15日之内　　　　　C.30日之内　　　　　D.60日之内

二、多项选择题

1.税收的形式特征通常概括为税收"三性"，即（　　）。

A.强制性　　　　　B.无偿性　　　　　C.固定性　　　　　D.有偿性

2.下列税种中，属于流转税的有（　　）。

A.增值税　　　　　B.房产税　　　　　C.关税　　　　　D.消费税

3.税收按照征收管理的分工体系进行分类，可以分为工商税和关税类，其中，工商税类主要包括（　　）。

A.增值税　　　　　B.车船税　　　　　C.关税　　　　　D.印花税

4.下列税种中，属于地方税的是（　　）。

A.契税　　　　　B.车船税　　　　　C.增值税　　　　　D.消费税

5.下列税种中，属于中央地方共享税的有（　　）。

A.资源税　　　　　B.关税　　　　　C.增值税　　　　　D.消费税

6.税收程序法的主要内容包括（　　）。

A.纳税主体确定程序　　　　　　　　　B.税务争议解决程序

C.税收征收程序　　　　　　　　　　　D.税收检查程序

7.下列选项属于税务登记的有（　　）。

A.开业登记　　　　　　　　　　　　　B.变更登记

C.注销登记　　　　　　　　　　　　　D.外出经营报验登记

8.我国现行的税率主要有（　　）。

A.比例税率　　　　　B.累进税率　　　　　C.定额税率　　　　　D.定率税率

9.销售方同时符合以下条件的代垫运费可以不作为价外费用征收增值税（　　）。

A.承运部门将运费发票开具给购货方的

B.纳税人将该项发票转交给购货方的

C.承运部门将运输发票开具给销售方的

D.纳税人自己保留运输发票的

10.下列消费品中，需要在零售环节纳税的有（　　）。

A.金首饰　　　　　B.钻石　　　　　C.银首饰　　　　　D.手表

三、判断题

1.征税的主体是隶属国家的机构和团体，由这些机构和团体来实施征税。

（　　）

2.税收是国家组织财政收入的主要形式。　　　　　　　　　　　　（　　）

3.所得税是以纳税人的各种应纳税收入为征税对象的税种。征税对象是收入扣除成本费用后的净额。　　　　　　　　　　　　　　　　　　　　　　（　　）

4.一般而言，国内税法的效力要高于国际税法，因为按照属地原则首先要遵守国

内的税法。 （ ）

5.零税率即对出口商品免税。 （ ）

6.一般纳税人因销货退回或折让而退还给购买方的增值税税额，应从发生销货退回或折让当期的销项税额中冲减。 （ ）

7.委托个人加工的应税消费品，由受托方向其机构所在地或者居住地主管税务机关申报纳税。 （ ）

8.中央税是指仅由中央政府征收和管理使用，由中央所有和支配的税收。 （ ）

9.非居民企业应就来源于中国境内、境外的所得缴税。 （ ）

10.税法规定，企业某一纳税年度发生的亏损可以用下一年度的所得弥补，下一年度的所得不足以弥补的，可以逐年延续弥补，但最长不得超过5年。 （ ）

四、案例分析题

张某在某外商投资企业担任企业管理人员，假设2015年他的收入情况如下：

（1）取得工资薪金收入12 800元。

（2）从A公司取得特许权使用费收入12 000元。

（3）从B公司取得劳务报酬20 000元。

（4）取得银行利息18 000元。

（5）取得财产保险赔偿款15 000元。

（6）出版一本书，取得稿酬3 500元。

根据以上资料，回答下列问题：

（1）月工资薪金应纳税所得额为（   ）元。

A.9 300   B.12 800   C.3 500   D.10 000

（2）特许权使用费收入应纳税额为（   ）元。

A.12 000   B.9 600   C.1 920   D.2 400

（3）劳务报酬应纳税所得额为（   ）元。

A.20 000   B.16 000   C.3 200   D.40 000

（4）稿酬应纳税额为（   ）元。

A.3 500   B.2 700   C.540   D.378

（5）张某全年应纳税额为（   ）元。

A.22 238   B.26 783   C.30 488   D.225 988

第四章
财政法律制度

考情分析

本章主要涉及的考点有预算法律制度的构成，国库集中支付制度的概念，政府采购法律制度的构成和原则，国家预算的级次划分和构成、预算管理的职权、预算组织的程序以及预决算的监督，政府采购的执行模式和方式，国库单一账户体系的构成及财政收支的方式等。

主要题型有单项选择题、多项选择题、判断题和案例分析题。

学习的重点是国家预算的级次划分和构成、预算管理的职权、预算组织的程序以及预决算的监督，政府采购的执行模式和方式，国库单一账户体系的构成及财政收支的方式。

第一节 预算法律制度

一、预算法律制度的构成

预算法律制度是指国家经过法定程序制定的，用以调整国家预算关系的法律、行政法规和相关规章制度。随着社会主义市场经济体制的不断完善，财政改革的不断深化，预算法律制度在强化我国预算的分配和监督职能、健全预算管理、加强国家宏观调控、保障经济和社会健康发展等方面都发挥了重要作用。我国的预算法律制度主要由《中华人民共和国预算法》（以下简称《预算法》）和《中华人民共和国预算法实施条例》（以下简称《预算法实施条例》）以及有关国家预算管理的其他法规制度构成。

（一）《预算法》

1994年3月22日第八届全国人民代表大会第二次会议通过了《预算法》。该法自1995年1月1日起施行。《预算法》的主要内容有：（1）明确了各级人大的预算管理职权。（2）明确了我国预算的组成。（3）理顺了政府预算编制、审批、执行、调整、监督和决算的程序。（4）确定了分税制的预算管理体制。这是新中国成立以来颁布的第一部预算单行法，标志着我国预算管理工作在法制化、科学化、规范化的道路上又迈出重要的一步。

（二）《预算法实施条例》

为了保证《预算法》能够有效实施，充分规范我国财政预算。1995年11月，国务院又颁布了《预算法实施条例》，对《预算法》中的一些条例进行了更为详细的解释。这是将我国的政府财政预算纳入法制轨道的又一重要举措。

【真题演练】关于我国的预算法律制度，下列说法正确的有（　　）。（2014年，多项选择题）

A.《预算法》是我国第一部财政基本法律

B.现行的预算法为1994年3月22日第八届全国人民代表大会第二次会议通过

C.《预算法实施条例》是国务院制定并由全国人民代表大会审议通过的

D.《预算法实施条例》于1995年11月22日起施行

【答案】ABD

【解析】选项C，《预算法实施条例》是国务院制定，但不是由全国人民代表大会审议通过的。

二、国家预算概述

（一）国家预算的概念

国家预算也称政府预算，是政府的基本财政收支计划，即经法定程序批准的国家年度财政收支计划。国家预算是实现财政职能的基本手段，反映国家的施政方针和社会经济政策，规定政府活动的范围和方向。

（二）国家预算的作用

国家预算的职能在具体工作中的运用就表现为国家预算的作用。我国国家预算的作用主要表现在财力保证作用、调节制约作用和反映监督作用等三个方面：

1.财力保证作用

财力保证作用，体现了国家预算的分配职能，在实际工作中就是有计划地筹集资金和安排支出的活动和过程。筹集资金是安排支出的前提，安排支出是筹集资金的目的，从财力上保证国家基本职能的实现。我国国家财政用于社会各项事业的资金主要是通过国家预算集中和分配的。

2.调节制约作用

国家预算的调节制约作用主要表现在两个方面：

（1）有效地利用国家预算收支的综合平衡，调节社会总供求平衡，促进经济发展。社会总供给与总需求是宏观经济两个重要的变量。总供求的平衡状态是国民经济运行状态的集中反映。当社会总供求平衡时，物价稳定，国民经济就能够健康地发展；当总供求严重失衡时，经济发展的正常比例关系就会遭到破坏。由于国家预算支出直接构成社会总需求的一部分，预算支出中的投资性支出又对未来的供给产生重大影响，因此，国家预算可以根据社会供求状况，采取相应的政策措施，通过预算支出规模的紧缩与扩张，有效地调节社会总供求的平衡。

（2）通过预算支出，调整国民经济结构。国民经济结构中最重要的是产业结构。通过产业结构的调整使国民经济的重大比例关系趋于协调，这主要是通过国家预算支出来实现的，即通过预算支出结构的安排来调节投资分配结构。

3.反映监督作用

国家预算是国民经济的综合反映。预算收入反映了国民经济的发展规模和经济效益水平，预算支出反映了各项事业发展的基本情况。国家预算具有综合性强、联系面广、信息灵通、反应灵敏等特点。它不仅反映国家预算上下级之间的纵向关系，而且与国民经济各部门、企业、行政事业单位有着密切的横向关系。这就使预算管理工作本身成为一个涉及面广、反馈灵敏的信息系统，成为国民经济的一个窗口。因此，通过国家预算的编制和执行，就可以及时掌握国民经济的运行状况、发展趋势以及出现的问题，从而采取相应的措施，促进国民经济健康地发展。从这个意义上讲，反映也起到了一种监督作用。

除反映情况外，国家预算监督的主要任务有：一是保证国家方针政策的切实执行，保证预算收支任务的顺利完成；二是同违反财经法纪的现象做斗争，重点是监督各地方、各部门、各单位履行国家预算的法律责任。只有加强国家预算应有的严肃性，才能保证国家方针政策的贯彻执行和预算收支任务的圆满完成。

【真题演练】国家预算既是保障国家机器运转的物质条件，又是政府实施各项社会经济政策的有效保证，体现的是国家预算的（　　）。（2013年，单项选择题）

A.制约作用

B.反映监督作用

C.财力保证作用

D.调节作用

【答案】C

【解析】本题考查国家预算的作用。

（三）国家预算级次的划分

预算级次是按一定原则设置和构建的预算管理层级结构。在我国，预算级次可以分为政府预算级次和单位预算级次两部分。

根据国家政权结构、行政区域划分和财政管理体制的要求，按照一级政府设立一级预算的原则，我国国家预算共分为五级预算，具体包括：中央预算、省级（省、自治区、直辖市）预算、地市级（设区的市、自治州）预算、县市级（县、自治县、不设区的市、市辖区）预算和乡镇级（乡、民族乡、镇）预算。其中，对于不具备设立预算条件的乡、民族乡、镇，经省、自治区、直辖市政府确定，可以暂不设立预算。

这是由中国的国体结构、整体结构以及行政区划所决定的，也是与中国分税制后逐步形成的五级政府预算主体相一致的。

【真题演练】我国国家预算体系中县市级预算包括（　　）。（2012年，多项选择题）

A.县预算　　　　B.自治县预算　　　　C.设区的市预算　　　　D.市辖区预算

【答案】ABD

【解析】选项C，设区的市预算属于地市级预算。

【真题演练】上海市预算属于（　　）预算。（2012年，单项选择题）

A.中央　　　　B.省级　　　　C.地市级　　　　D.县市级

【答案】B

【解析】本题考察预算的级次划分。

（四）国家预算的构成

国家预算按照政府级次可分为中央预算和地方预算，按照收支管理范围可分为总预算和部门单位预算。

1.中央预算

它是中央政府的年度财政收支计划，是国家预算的重要组成部分。它规定中央财政各项收入来源和数量、中央财政支出的各项用途和数量，反映中央的方针政策。

2.地方预算

地方各级政府的年度财政收支计划也是国家预算的重要组成部分。地方预算的构成与其政权构成相一致，我国地方预算由省（自治区、直辖市）、省辖市（自治州、直辖市辖区）、县（自治县、市、旗）、乡（镇）4级组成。

3.总预算

总预算是指政府的财政汇总预算。按照国家行政区域划分和政权结构可相应划分为各级次的总预算，如我国的中央总预算、省（自治区、直辖市）总预算、市总预算、县总预算等。国家总预算根据中央各部门预算和地方预算汇编而成，包括中央预算和地方预算。

4.部门单位预算

单位预算是指国家机关、政府各部门、社会团体和其他单位的收支预算，是国家预算的基本组成部分。它是指各级政府的直属机关就其本身及所属行政、事业单位的年度经费收支所汇编的预算。部门单位预算是指部门、单位的收支预算。各部门单位预算由本部门所属单位预算组成。部门单位预算是总预算的基础，其预算收支项目比较详细和具体，由各预算部门和单位编制。部门预算是当前我国政府预算的主要编制形式。各主管部门在部门所属单位上报预算的基础上，汇总本部门的预算。

【真题演练】总预算是指中央预算。（　　　）（2011年，判断题）

【答案】×

【解析】总预算是指政府的财政汇总预算，包括中央预算和地方预算。

【真题演练】下列国家预算中有关中央预算表述正确的是（　　　）。（2013年，多项选择题）

A.由中央各部门（含直属单位）的预算组成

B.中央预算包括地方向中央上解的收入数额

C.中央预算包括中央对地方返还或者给予补助的数额

D.中央预算不包括军队和政党组织的预算

【答案】ABC

【解析】中央预算是指中央政府预算，由中央各部门（含直属单位）的预算组成。中央预算包括地方向中央上解的收入数额和中央对地方返还或者给予补助的数额。其中，中央各部门是指与财政部直接发生预算缴款、拨款关系的国家机关、军队、政党组织和社会团体；直属单位是指与财政部直接发生预算缴款、拨款关系的企业和事业单位。

三、预算管理的职权

（一）各级人民代表大会及其常务委员会的职权

1.全国人民代表大会及其常务委员会的职权

根据《预算法》第十二条规定，全国人民代表大会审查中央和地方预算草案及中央和地方预算执行情况的报告；批准中央预算和中央预算执行情况的报告；改变或者撤销全国人民代表大会常务委员会关于预算、决算的不适当的决议。

全国人民代表大会常务委员会监督中央和地方预算的执行；审查和批准中央预算的调整方案；审查和批准中央决算；撤销国务院制定的同宪法、法律相抵触的关于预算、决算的行政法规、决定和命令；撤销省、自治区、直辖市人民代表大会及其常务委员会制定的同宪法、法律和行政法规相抵触的关于预算、决算的地方性法规和决议。

2.县级以上地方各级人民代表大会及其常务委员会的职权

根据《预算法》第十三条的规定，县级以上地方各级人民代表大会审查本级总预算草案及本级总预算执行情况的报告；批准本级预算和本级预算执行情况的报告；改变或者撤销本级人民代表大会常务委员会关于预算、决算的不适当的决议；撤销本级政府关于预算、决算的不适当的决定和命令。

县级以上地方各级人民代表大会常务委员会监督本级总预算的执行；审查和批准本级预算的调整方案；审查和批准本级政府决算（以下简称"本级决算"）；撤销本级政府和下一级人民代表大会及其常务委员会关于预算、决算的不适当的决定、命令和决议。

3.乡、民族乡、镇的人民代表大会的职权

设立预算的乡、民族乡、镇的人民代表大会审查和批准本级预算和本级预算执行情况的报告；监督本级预算的执行；审查和批准本级预算的调整方案；审查和批准本级决算；撤销本级政府关于预算、决算的不适当的决定和命令。

【真题演练】下列关于全国人民代表大会预算职权表述正确的是（   ）。（2010年，多项选择题）

A.审查中央和地方预算草案及中央和地方预算执行情况的报告

B.审查和批准中央预算的调整方案

C.撤销国务院制定的同宪法、法律相抵触的关于预算、决算的行政法规、决定和命令

D.改变或者撤销全国人民代表大会常务委员会关于预算、决算的不适当的决议

【答案】AD

【解析】全国人民代表大会的职权包括：（1）审查中央和地方预算草案及中央和地方预算执行情况的报告；（2）批准中央预算和中央预算执行情况的报告；（3）改变或者撤销全国人民代表大会常务委员会关于预算、决算的不适当的决议。全国人民代表大会常务委员会负责：（1）监督中央和地方预算的执行；（2）审查和批准中央预算的调整方案；（3）审查和批准中央决算；（4）撤销国务院制定的同宪法、法律相抵触的关于预算、决算的行政法规、决定和命令；（5）撤销省、自治区、直辖市人民代表及其常务委员会制定的同宪法、法律和行政法规相抵触的关于预算、决算的地方性法规和决议。

（二）各级财政部门的职权

1.国务院财政部门的职权

根据《预算法》第十六条的规定，国务院财政部门具体编制中央预算、决算草案；具体组织中央和地方预算的执行；提出中央预算预备费动用方案；具体编制中央预算的调整方案；定期向国务院报告中央和地方预算的执行情况。

2.地方各级政府财政部门的职权

地方各级政府财政部门具体编制本级预算、决算草案；具体组织本级总预算的执行；提出本级预算预备费动用方案；具体编制本级预算的调整方案；定期向本级政府和上一级政府财政部门报告本级总预算的执行情况。

> 【真题演练】根据我国《预算法》的规定，不属于国务院财政部门预算职权的是（　　）。（2011年，单项选择题）
>
> A.具体编制中央预算、决算草案
>
> B.具体组织中央和地方预算的执行
>
> C.审查和批准中央预算的调整方案
>
> D.具体编制中央预算的调整方案
>
> 【答案】C
>
> 【解析】选项C，属于全国人民代表大会常务委员会的职权。

（三）各部门、各单位的职权

1.各部门的职权

根据《预算法》第十七条的规定，各部门具体负责编制本部门预算、决算草案；组织和监督本部门预算的执行；定期向本级政府财政部门报告预算的执行情况。

2.各单位的职权

根据《预算法》第十八条的规定，各单位负责编制本单位预算、决算草案；按照国家规定上缴预算收入，安排预算支出，并接受国家有关部门的监督。

> 【真题演练】下列有关部门预算管理职权的表述中，不正确的有（　　）。（2012年，多项选择题）
>
> A.编制本部门预算、决算草案
>
> B.组织和监督本部门预算的执行
>
> C.定期向上级政府财政部门报告预算的执行情况
>
> D.不定期向上级政府财政部门报告预算的执行情况
>
> 【答案】CD
>
> 【解析】各部门的预算职权包括：（1）编制本部门预算、决算草案；（2）组织和监督本部门预算的执行；（3）定期向本级政府财政部门报告预算的执行情况。

四、预算收入与预算支出

对各项政府预算收支进行科学、系统的分类，有利于全面、准确地反映政府收支活动，有利于增加财务预算的透明度，强化财政监督，有利于建立国际化的公共预算机制，推进国际合作与交流。

根据我国现行预算法规定，预算收入按来源可分为税收收入、国有资产收益、专项收入和其他收入；按归属可分为中央预算收入、地方预算收入、中央和地方预算共享收入。

预算支出按内容可分为经济建设支出、事业发展支出、国家管理费用支出、国防支出、各项补贴支出和其他支出；按主体可分为中央预算支出和地方预算支出。

（一）预算收入

1.税收收入

税收是政府为了分摊公共商品的生产成本、调节经济运行和公平收入分配，凭借政治权力，强制地参与各类经济主体收入再分配的一种主要形式。它具有强制性、固定性、无偿性的特点，是我国预算收入的主要来源。

2.国有资产收益

国有资产收益又称经营性国有资产收入，主要是各级政府以国有资产所有者身份以利润上交、租金、股息、红利和权益转让等形式取得的收入。国有资产收益形式主要取决于国家对国有资产的经营方式。目前，我国国有企业的经营方式，按其资产所有权与经营权是否分离及分离程度，主要有国家直接经营、承包经营、租赁经营、股份经营等。相应地，目前我国国有资产收益的内容主要包括：（1）国有企业缴纳所得税后应上缴给国家的利润；（2）股份有限公司中国家应该分得的股利；（3）有限责任公司中，国家作为出资者按照出资比例应分取的红利；（4）各级政府授权的投资部门或机构以国有资产投资形成的收益应上缴国家的部分；（5）国有企业产权转让收入；（6）股份有限公司国家股权转让收入；（7）对有限责任公司国家出资转让的收入；（8）其他非国有企业占用国有资产应上缴的收益；（9）其他按规定应上缴的国有资产收益。

3.专项收入

它是指根据特定需要由国务院批准或者经国务院授权由财政部批准，设置、征集和纳入预算管理、有专项用途的收入，主要包括：排污费收入、城市水资源费收入、教育费附加收入等。专项收入一般需要专款专用。它能够具体体现国家的宏观政策。

4.其他收入

它是指除了上述三种收入形式外，各级政府取得的各种杂项非税收入，主要包括外事服务收入、捐赠收入、罚没收入等。

（二）预算支出

1.经济建设支出

经济建设支出是指预算安排的、参与社会再生产过程的各类支出，主要包括用于经济建设的基本建设投资、支持国有企业的挖潜改造支出、支援农业生产支出和其他经济建设支出。

2.事业发展支出

事业发展支出具体包括教育、科学、文化、卫生、体育等机构的基本建设支出、人员经费支出和公用经费支出及其他事业发展方面的支出等。

3.国家管理费用支出

国家管理费用支出是指各级政府预算安排的用于各级国家权力机关、国家行政机关的支出，此外还包括我国驻外使馆等机构经费、国际组织会费、捐赠支出等。

4.国防支出

国防支出主要是国家为巩固国防，在预算中安排用于军队建设和其他国防建设的支出，包括军费、国防科研事业费、民兵建设费、专项工程和其他与国防有关的支出。

5.各项补贴支出

各项补贴支出主要是国家根据宏观经济政策，对一些社会生产活动进行补贴，政策性较强，比如价格补贴支出等。

6.其他支出

其他支出主要是指除上述几种情况以外的种类繁多的杂项支出。

【真题演练】由于我国中央预算收入采用了分税制财政管理体制，因此我国国家预算收入分为中央预算收入和地方预算收入两种形式。（　　）（2014年，判断题）

【答案】×

【解析】我国国家预算收入划分为中央预算收入、地方预算收入以及中央和地方预算共享收入。

【真题演练】我国《预算法》规定的预算收入形式中的专项收入包括（　　）。（2014年，多项选择题）

A.征收排污费专项收入

B.铁道专项收入

C.罚没收入

D.电力建设基金专项收入

【答案】ABD

【解析】选项C属于其他收入。

五、预算组织程序

预算组织程序包括预算的编制、审批、执行和调整。

（一）预算的编制

1.预算年度

预算年度又称财政年度或会计年度，是编制政府预算时规定的收支起止期限，通常为一年。

目前，世界各国采用的预算年度有两种：一种是历年制预算年度，即从每年1月1日起至同年12月31日止，把日历年度的起止日期作为预算收支的起止日期。我们称之为历年制。第二种是跨年制，即人为地确定一个预算年度的起止日期。这样，一个预算年度就会跨越两个日历年度，即从某年某月某日起至次年某月某日止。我们称之为跨年制。目前，国际上采用历年制的国家最多。我国也采用历年制预算年度。

2.预算草案的编制依据

预算草案是指各级政府、各部门、各单位编制的未经法定程序检查和批准的预算收支计划。各级政府编制年度预算草案的依据通常是：

（1）国家法律、法规

国家的法律、法规是政府履行其职能和实施宏观财政经济管理的依据和行为准则。预算是国家管理社会经济事务、实施宏观调控的主要手段之一。因此，在编制政府预算时，必须以国家法律、法规为依据，做到有法必依，以确保预算的合法性和科学性。

（2）国民经济和社会发展计划、财政中长期计划以及有关的财政经济政策

政府预算是政府经济活动的集中反映。它不仅直接制约着政府活动的范围和方向，也直接或间接地制约着国民经济和社会发展计划的实现。政府编制预算草案时必须与国民经济和社会发展计划相适应，并与中长期财政计划和一定时期的有关财政经济政策相协调，以综合测算和确定年度预算收支规模和结构，有效发挥预算的职能作用。

（3）本级政府的预算管理职权和财政管理体制确定的预算收支范围

预算管理职权是以法律形式规定的各级政府、各级财政部门和国民经济各部门以及各单位在预算管理中的职责和权限。各级政府在编制本级总预算草案时，必须依据预算管理职权和分税制财政管理体制确定的预算收支范围编制各自的预算草案。

（4）上一年度预算执行情况和本年度预算收支变化因素

上一年度预算收支执行情况是编制下年预算草案的基础性信息资料。除个别新增或取消的预算收支项目外，大部分预算收支项目都是相对稳定的。因此，在编制预算草案时，可以依据连续性原则，以上一年度预算收支执行情况为基础，剔除年度间不可比因素，并结合本年度预算收支变化因素进行综合测算确定。

（5）上级政府对编制本年度预算草案的指示和要求

为保证预算编制的科学性和统一性，每年国务院及地方政府都会下达编制本年度预算草案的指示要求。这些指示和要求是各级政府编制本级总预算的重要依据。

【真题演练】国民经济和社会发展计划、财政中长期计划以及有关的财政经济政策是各级政府、各部门和各单位编制年度预算草案的依据。（　　）（2014年，判断题）

【答案】×

【解析】国民经济和社会发展计划、财政中长期计划以及有关的财政经济政策是各级政府编制年度预算草案的依据。

3.预算草案的编制内容

（1）中央一般预算草案的编制内容

①当年本级预算收入和支出。在我国分税制预算管理体制中，对中央本级预算的固定收入、固定支出以及中央与地方共享收入中应属中央预算部分都做了明确的规定。因此，中央政府财政部门在编制预算草案时，应将以上项目完整编列，不能遗漏。

②上一年度结余用于本年度安排的支出。它是指各级财政上年预算执行结果收大于支的结余转列计划年度，作为一个收入来源，列入"上年结余收入"。结余包括结转项目结余和净结余。上述结余可作为下年预算支出的资金来源，分别用于结转项目支出和安排当年的其他支出。

③返还或者补助地方支出。这是中央政府按照预算管理体制规定对地方政府的税收返还及补助支出，具体包括税收返还补助、原体制补助、转移支付补助、专项补助、结算补助等。

④地方上解收入。地方上解收入是依据国家预算管理体制规定，各个地方上解中央预算的收入，具体包括原体制上解、专项上解、结算上解等。

此外，中央财政本年度举债的国内外债务和还本付息数额应当在本级预算中单独列示。

（2）地方各级政府一般预算草案的编制内容

①当年本级预算收入和支出。这是指按照分税制预算管理体制规定，划分给地方各级政府的固定收入、固定支出以及按体制规定取得的共享收入。

②上一年度结余用于本年度安排的支出。

③中央（或上级）返还或者补助收入。

中央（或上级）返还或补助收入是按预算管理体制规定，中央（或上级）财政对地方（或下级）财政的税收返还和补助形成的地方（或下级）预算收入。地方（或下级）预算的这项收入是与中央（或上级）预算的返还或者补助下级支出相对应的，具体包括税收返还收入、转移支付补助收入、专项补助收入、结算补助收入等。

④返还或者补助下级支出。这是地方县级以上政府按预算管理体制的规定对下级政府的税收返还和拨付补助款的预算支出。

⑤上解中央（或上级）支出。这是指下级政府财政按照预算管理体制规定，将一

部分地方（或本级）预算收入解交到中央（或上级）财政，具体包括专项上解、结算上解等。

⑥下级上解收入。这是指地方县级以上政府接受下级政府将其部分预算收入上解本级的一项收入。在上下级政府之间，下级上解的收入与上解上级的支出是对应的。

（二）预算的审批

我国《预算法》规定，国务院在全国人民代表大会举行会议时，向大会作关于中央和地方预算草案的报告；地方各级政府在本级人民代表大会举行时，向大会作关于本级总预算草案的报告。中央预算由全国人民代表大会审批，地方各级政府预算由本级人民代表大会审批。

各级人民代表大会审查和批准预算的过程分可为两个阶段：一是初审阶段，二是审查批准阶段。

初审是指在召开人民代表大会之前，由各级人民代表大会财经委员会和有关的专门委员会对预算草案进行初步审查。财政部在每年全国人民代表大会会议举行的前一个月，要将中央预算草案的主要内容提交全国人民代表大会财经委员会的预算工作委员会进行初步审查，省、自治区、直辖市，设区的市、自治州政府财政部门也应在本级人民代表大会会议举行的一个月前，将本级预算草案的主要内容提交本级人民代表大会有关的专门委员会或本级人民代表大会常务委员会有关的工作委员会进行初步审查；县、自治县、不设区的市政府财政部门，也要将本级预算草案的主要内容提交本级人民代表大会常务委员会进行初步审查，并在本级人民代表大会开会期间向大会报告审查结果。

审查批准是首先由国务院向全国人民代表大会作关于中央和地方预算草案的报告，提请人民代表审议。在审议过程中，人民代表有权就有关问题提出质询，国务院和财政部必须作出明确答复。在此期间，全国人民代表大会财经委员会要向大会作关于中央预算草案审查报告的结果，提请大会讨论审查。经讨论，审查并通过报告以后，大会作出批准中央预算的决议。如果作出修改预算的决议，国务院应据此进行修改和调整。经过全国人民代表大会审查批准的中央预算，即为当年的中央预算。地方各级预算草案由本级人民代表大会审查批准，其审批过程是：由地方各级政府在本级人民代表大会举行会议期间，向大会作关于本级总预算草案的报告，经讨论审查，批准本级预算。

经财政部门审核，各级人民代表大会批准后，财政部门应及时办理批复预算手续，以保证各级预算的执行。按《预算法》要求，财政部门应自全国人民代表大会批准中央预算30日内向中央各部门批复预算；中央各部门应在财政部批复本部预算之日15天内，向所属单位批复预算；地方各级财政部门应自本级人民代表大会批准本级政府预算之日起30日内批复本级各部门预算；地方各部门应当在本级财政部门批复本部门预算起15日内，向所属各单位批复预算。各级政府预算按上述过程经各级人民代表大会审核批准后，即具有法律效力，应向社会公布，各地区、各部门、各单位都要依法贯彻执行。

【真题演练】地方各级政府预算由（　　　）审查和批准。（2013年，单项选择题）

A.上级人民政府

B.本级人民政府

C.本级人民代表大会

D.本级人民代表大会常委会

【答案】C

【解析】本题考核预算的审批。

（三）预算的执行

政府预算一经立法机构审查批准，即进入执行阶段。在政府预算周期循环中，如果说政府预算编制所要解决的主要问题是对公共资源吸纳与配置进行事前预测和决策，那么预算执行所要解决的主要问题则是将这一预测和决策的可能性变为现实。

1.预算执行的任务

①积极组织预算收入。根据国家的政策、财政法规以及税法，把各地区、各部门、各事业单位的应缴的预算收入，及时、足额地收缴入库，是预算执行的首要任务。

②及时拨付预算资金。各级财政部门在大量组织收入的同时，还要做好预算支出的执行工作，必须根据年度支出预算和季度用款计划，及时拨付预算资金，保证经济社会发展的资金供给。此外，还应该监督各用款单位管好用好资金，通过建立预算资金支出效益评价体系，提高资金使用效率。

③组织预算收支平衡。在执行预算的过程中会出现预算收入超收或者短收、预算支出增加或者减少等情况。这就要求组织预算执行的机关，及时分析掌握预算收支执行情况，并采取有效措施，不断组织新的预算收支平衡，以保证预算收支任务的顺利实现。

④加强预算执行的监督。在预算执行过程中，要按照有关的法律、法规和规章制度，对预算资金集中、分配、使用过程中的各种活动加以控制，即监督检查各预算执行单位执行预算和遵守财经纪律的情况，防止预算执行中的各种偏差。

2.预算执行的组织机构与职责

我国的政府预算的执行是根据"统一领导，分级管理"的原则，按照国家行政管理系统进行统一领导和分级管理，具体由国家行政领导机关和相关的职能部门组成的组织机构，实施统一领导，明确职责，分工负责，密切合作。我国预算执行的组织机构有各级政府、各级政府财政部门、预算收入征收部门、国家金库、各有关部门和各有关单位。

①国务院和地方各级人民政府的职责。各级政府是预算执行的组织领导机关。国务院作为国家最高行政机关，负责组织中央和地方预算的执行；地方各级政府负责组织本级政府预算和本行政区域内总预算的执行。

②财政部和地方各级财政部门的职责。财政部和地方各级财政部门是具体负责组织执行的职能机构。财政部在国务院的领导下，具体负责组织预算执行工作，执行中央预算并指导检查地方预算的执行。地方各级财政机关在同级政府领导下，具体负责组织本级预算的执行，保证其预算收入和支出任务的完成，并监督和指导下级预算的执行。

③各级预算收入征收部门的职责。各级预算收入征收部门是负责预算收入的征收管理机关，主要包括财政部门、税务部门和海关。

④有关银行的职责。预算的执行按各种不同用途的预算支出和管理分工，各银行分别负责相应的贷款和拨款。

⑤国家金库的职责。我国国家金库是办理预算收入的收纳、划分、留解和库款支拨的专门机构。政府全部预算收入都由国库收纳入库，一切预算支出都由国库拨付。在履行职责过程中，国库必须认真贯彻国家的方针、政策和财经制度，发挥国库的执行、促进、监督和反映作用。

3.预算收入的执行

政府预算收入的执行是指按年度预算确定的收入任务，在预算执行中去组织实现。这是政府预算执行的首要任务。只有预算收入任务圆满完成，才能保证预算支出及时拨付，完成全年预算收支业务；只有完成和超额完成国家预算收入，才能保证各项生产建设事业的资金需要。

4.预算支出的执行

预算支出的执行就是按年初确定的预算支出任务分配和使用预算资金的过程。这是预算执行过程中最重要的工作。预算支出的执行是由财政部门负责组织指导和监督，由各支出预算部门或单位具体负责执行。财政部门主管预算资金的分配和供应，各支出预算部门和单位按照预算规定的用途具体负责资金的运用。

【真题演练】《预算法》规定，各级预算由本级政府组织执行，具体工作由本级（　　）负责。（2011年，单项选择题）

A.人民代表大会常务委员会　　　　B.政府财政部门

C.政府审计部门　　　　　　　　　D.各单位

【答案】B

【解析】财政部和地方各级财政部门是具体负责组织执行预算的职能机构。

（四）预算的调整

国家预算在执行的过程中，由于客观政治、经济情况的变化，常常会使预算的某些部分超过或达不到原定计划。为了使年度预算符合客观实际，保证各级预算在执行中的平衡，有必要根据实际情况的变化对预算及时进行调整，以达到新的平衡，避免收支脱节，达到新的平衡。

1.预算调整的概念

预算调整是指经全国人民代表大会批准的中央预算和经地方各级人民代表大会批准的本级预算，在执行中因特殊情况需要增加支出或者减少收入，使原批准的收支平衡的预算的总支出超过总收入，或者使原批准的预算中举借债务的数额增加，而发生的预算收支指标的增减变化。预算调整的主要形式是预算的追加、追减。在原定预算支出规模之外按照法定程序增加预算支出数额称为追加预算支出，在原定预算收入规模之外按照法定程序减少预算收入的数额称为减征预算收入。

2.预算调整的程序

各级政府对于必须进行的预算调整，应当编制预算调整方案。中央预算的调整方案必须提请全国人民代表大会常务委员会审查和批准；县级以上各级政府预算的调整方案必须提请本级人民代表大会常务委员会审查和批准；乡、民族乡、镇政府预算的调整方案必须提请本级人民代表大会常务委员会审查和批准。未经批准，各级政府不得作出任何使原批准的收支平衡的预算的总支出超过总收入或者使原批准的预算中举借债务的数额增加的决定。

此外，预算调整还必须符合法律规定。《预算法》（1995 年实施）中明文规定：

第一，各级政府对于必须进行的预算调整，应当编制预算调整方案。中央预算的调整方案必须提请全国人民代表大会常务委员会审查和批准。县级以上地方各级政府预算的调整方案必须提请本级人民代表大会常务委员会审查和批准；乡、民族乡、镇政府预算的调整方案必须提请本级人民代表大会审查和批准。未经批准，不得调整预算。

第二，未经批准调整预算，各级政府不得作出任何使原批准的收支平衡的预算的总支出超过总收入或者使原批准的预算中举借债务的数额增加的决定。

第三，地方各级政府预算的调整方案经批准后，由本级政府报上一级政府备案。

【真题演练】预算法规定，中央预算的调整方案必须提请（　　）审查和批准。（2012年，单项选择题）

A.全国人民代表大会

B.全国人民代表大会常务委员会

C.国务院

D.财政部

【答案】B

【解析】本题考核预算的调整。

【真题演练】关于预算调整原因的叙述中，正确的有（   ）。（2013年，多项选择题）

A.原批准的预算在执行中因特殊情况需要增加支出

B.原批准的预算中举借债务的数额变更的部分

C.原批准的预算在执行中因特殊情况需要减少收入

D.原批准的收支平衡的预算的总支出超过总收入

【答案】ACD

【解析】选项B，原批准的预算中举借债务的数额增加的部分才需要调整，而不是变更的部分。

六、决算

政府通过编制财政决算，对预算执行的最终结果在规定周期内进行总结、分析和反映，这些总结、分析和反映的内容是政府预算执行结果的必然要求。决算包括决算草案的编制、决算草案的审批和决算的批复。

1.政府决算的概念

政府决算是指各部门按照法定程序编制的、用以反映经法定程序批准的年度预算执行结果的政府预算会计总结报告。它通过对各地区、各部门、各单位预算管理过程的各种会计信息资料进行及时、正确、完整的反映，并通过这些信息资料满足政府管理和各类社会机构及人员对政府活动了解和监督的需要。

2.政府决算的意义

政府决算是政府预算执行的最终结果。政府预算的执行反映了政府在国民经济和社会发展等方面的经济和社会政策成就，也从中反映了政府在一定时期的绩效，因此，政府决算对政府本身具有很重要的意义，具体包括以下几个方面：

①政府决算是国家政治、经济、社会等各项活动在财政资金收支上的集中反映。国家的政治、经济和社会活动要通过一定的方针政策来体现，而实施这些方针政策则必须通过一定的资金配置和运用来保证。预算资金就是这些资金的来源。通过对某一财政年度政府预算资金的总结而形成的政府决算，能全面反映国家在政治、经济和社会等方面的成效。

②政府决算是政府预算管理中一个必不可少的环节，反映了政府预算执行的结果。政府决算成为政府预算管理中必不可少的一个环节，是因为在这个环节中，政府决算可通过编制、审核和分析的过程，从政府预算资金和收支方面对预算资金进行考核和监督，以严格各项财经纪律，改进财政预算规章制度，保证政府活动的合规性。政府预算所预测的各项指标只是作为一项估计数，不可能与实际执行的数字完全吻合。这就需要政府决算来反映预算的真实执行数。政府决算的有关具体数字才是体现国家各项事业发展的速度和效果的真实数字。

③政府决算是系统整理和积累财政统计资料的主要来源。通过政府决算的编制，可以得到政府预算最终执行的实际数，对这些数据进行全面分析，可以得到当年年度内预算编制、预算执行、预算管理、预算平衡以及预算资金使用效果和监督的经验教训，为以后年度政府预算管理提供宝贵经验，同时还可为需要财政资金使用信息的各类人员提供参考资料，也可以为以后制定新的经济政策提供重要的依据。

④政府决算是实现预算监督管理的重要手段。决算的流程体现了对执行预算法案而发生的账目，由行政机关编制决算报告，经司法审查后，提交立法机关审议，由此最终确认政府公共收支的合法性。因此，决算是实现政府预算法制化监督的重要手段。

3.政府决算草案的编制流程和主要内容

所谓决算草案，是指各级政府、各部门、各单位编制的未经法定程序审查和批准的预算收支的年度执行结果。概括起来，政府决算草案的主要编制流程包括如下步骤：

①拟订和下达编审决算草案的通知。每年编制决算草案的具体事项，由国务院财政部门统一部署。财政部每年根据当年国家财政方针政策、预算管理体制的变动、财务制度改革，以及当年预算执行中的问题，拟订和颁发当年的《国家财政决算编审工作的通知》下达给各省（自治区、直辖市）和中央各部门，其中对编制决算草案的原则、要求、具体方法以及报送时期都有具体要求。

②进行年终清理。在决算之前，各级财政部门和行政事业单位等，都要对预算收支、会计账目、财产物资等进行全面核对、结算和清查。年终清理对于反映全年的预算执行情况、总结预算执行的经验、检查遵守财经纪律的情况都有重要意义。

③制定和颁发决算表格。决算表格是决算数据资料的系统化。通常，在制发决算编审的同时，财政部门和执行预算的有关部门，还要制定和颁发各种统一的决算表格，主要包括财政决算收支总表、决算收入明细表、决算支出明细表等。

④编制各级预算和决算说明书。我国政府决算的编制程序与预算编制的程序大致相同，主要是从执行预算的基层单位开始，自下而上，逐级编制，由各级财政部门汇总编成本级预算，主要包括单位决算的编制和地方各级总决算的编制两个方面。单位决算是各级决算编制的基础，其核心内容是各类决算报表数字。各级地方政府总决算是由本级财政部门编制的，是对本级预算执行情况的总结。

4.政府决算的审批程序

依照《预算法》的规定，政府决算的审批程序为：

财政部门编制的中央决算草案，报国务院审定后，由国务院提请全国人民代表大会常务委员会审查和批准。中央决算草案应在全国人民代表大会常务委员会举行会议审查和批准的一个月前提交全国人大财政经济委员会，由全国人大财政经济委员会结合审计工作报告进行初步审查。全国人民代表大会常务委员会预算工作委员会，协助财政经济委员会承担全国人民代表大会常务委员会审查中央预算的具体工作。

县级以上地方各级政府财政部门编制本级决算草案，报本级政府审查后，由本级政府提请本级人民代表大会常务委员会审查和批准。乡、民族乡、镇政府编制本级决算草案，提请本级人民代表大会审查和批准。

各级政府决算经批准后，财政部门应当向本级各部门批复决算。地方各级政府应当将经批准的决算，报上一级政府备案。

【真题演练】 下列表述正确的有（　　　）。（2011年，多项选择题）

A.由国务院财政部门编制的中央决算草案，经国务院审定后，由国务院提请全国人大批准

B.由国务院财政部门编制的中央决算草案，经国务院审定后，由国务院提请全国人大常委会审批

C.由县级以上地方各级政府财政部门编制的本级决算草案，经本级政府审定后，由本级人大常委会审批

D.由乡级政府编制的决算草案，由本级人大审批

【答案】 BCD

【解析】 选项A，由国务院财政部门编制的中央决算草案，经国务院审定后，由国务院提请全国人大常委会审批。

七、预决算的监督

政府预算、决算监督的实质是一个国家以价值形式对公共财政资源的筹集、分配和使用方面的经济活动进行考核、审查和监督，是预算、决算管理工作的重要组成部分。

预决算的监督包括：国家权力机关的监督、各级政府的监督、各级政府财政部门的监督和各级政府审计部门的监督。

我国关于预算、决算的法律、法规主要包括《宪法》《全国人民代表大会议事规则》《预算法》《全国人民代表大会常务委员会关于加强中央预算审查监督的决定》等。根据这些法律、法规的规定，按照监督主体划分，我国的预、决算的监督可分为以下几个方面：

1.各级人民代表大会及其常务委员会对预算、决算的监督

各级人民代表大会及其常务委员会对政府预算、决算进行立法、审批和监督。对政府预算、决算进行有效监督是各级人民代表大会对政府行为的一项重要监督制度。

各级人大及其常务委员会对政府预算、决算的监督主要体现在对预算的编制、执行、调整及决算的监督上。行使监督权的方式，除听取各级政府所作的预算草案及上年度预算情况的报告，审查和批准预算及预算调整方案，审查和批准各级政府的决算，撤销本级政府关于预算的不适当的决议外，还有权就预算、决算中的重大事项或者特定问题组织调查。有关的政府、部门单位和个人应当如实反映情况，接受监督。

2.政府财政部门对预算、决算的监督

政府财政部门对预算、决算的监督权包括：①对本级政府所属部门、预算单位和下一级政府的财政部门所编制的预算、决算的合理性、合法性、真实性和准确性进行监督检查。②根据本级政府的授权对下一级政府预算执行情况进行监督检查。③对本级政府所属部门、预算单位的预算执行情况进行监督检查。中央政府财政部门除实施预算、决算监督外，还在财政部内部设立了财政监察部门，各级地方政府也设置了相应的监督机构，依法履行监督职责。各级政府部门、预算单位必须依照法律和国家规定接受政府财政部门监督。

3.政府审计机关对预算、决算的监督

政府审计机关对预算、决算的监督权包括：①对本级政府预算执行情况进行审计监督。②对本级政府各部门和下一级政府预算执行情况和政府决算以及预算外资金的管理和使用情况进行审计监督。③对国家投资建设项目预算的执行情况和决算进行监督。④各级政府应当每年向本级人民代表大会常务委员会提出审计机关对预算执行和其他财政收支的审计报告。

4.政府行政对预算、决算的监督

根据相关法律规定，县级以上各级政府负责监督下级政府的预算执行；下级政府应当定期向上一级政府报告预算情况，拥有预算执行监督权和对预算、决算方面不当决定的撤销权。

5.社会公众和社会舆论对预算、决算的监督

我国宪法明确规定"中华人民共和国的一切权利属于人民"。各民主党派、社会公众都具有依法实施民主监督的权利，社会舆论在政府预算、决算监督体系中也占有相当重要的地位。

【真题演练】对本级各部门和下级政府的预算执行情况和决算实施审计监督的部门是（ ）。（2012年，单项选择题）

A.各级政府财政部门　　　　　　B.各级政府

C.各级政府审计部门　　　　　　D.上一级政府财政部门

【答案】C

【解析】各级政府审计部门对本级各部门、各单位和下级政府的预算执行和决算实行审计监督。

第二节　政府采购法律制度

一、政府采购法律制度的构成

我国的政府采购法律制度由《中华人民共和国政府采购法》（以下简称《政府采

购法》)、国务院各部门特别是财政部颁布的一系列部门规章以及地方性法规和政府规章组成。

（一）政府采购法

《政府采购法》于2002年6月制定，并于2003年1月1日起施行。它是规范政府采购活动的一部基本性法律，在规范我国政府活动、维护国家利益和社会公共利益、保护政府采购当事人各方的合法权益等方面，都发挥着非常重要的作用。

1.立法背景

政府采购法是在我国实行社会主义市场经济体制、普遍推行政府采购制度等条件下出台的。它的出台具有深刻的经济和社会背景。

（1）实行社会主义市场经济体制。市场经济体制的一个基本点就是市场在社会资源配置中起基础性作用。它从根本上改变了计划经济体制下形成的经济运行模式，使企业成为独立的市场主体。政府财政也按政府事权的要求，划分为各自独立的中央与地方财政。各种经济主体都具有自己独立或相对独立的地位和经济利益，能够完全根据自己的生存和发展需要从事相应的经济和社会活动。因此，市场经济体制为政府采购立法提供了制度基础。

（2）政府财政收支体制发生了重大改革。在体制改革过程中，国家首先实行"财政包干""分灶吃饭"的体制，继而普遍推行分税制，再划分中央与地方事权的基础，辅以必要的财权，并在实施过程中不断完善，改变了以往我国统收统支形势下各级地方财政没有太多的自主权而只能依计划采购的格局，使各级地方政府有了自己独立的财政，能够根据本级政府的事权划分，充分组织和安排使用财政资源。

（3）试行政府采购制度取得了重大进展。我国1996年开始试行新的政府采购制度。虽然采购规模不大，但这项工作得到了各级政府和有关方面的高度重视，试点工作有效推进，规章制度逐步完善，用于采购的资金每年大幅度增长，发展势头良好。同时，普遍推行招标制度，基本实现了经济效益的最佳化，促进了政府职能的转变，增强了企业的竞争意识，推动了企业经营机制的转换，维护了市场经济秩序，使得政府采购制度的优势逐渐凸显，增强了各级主体对政府采购制度的信心。

（4）反腐败政策深入人心。在改革开放、经济搞活过程中，由于企业自主权的不断扩大，市场竞争的日益激烈，某些部门为了获取竞争优势，不惜采用不正当的竞争手段；同时，一些掌握一定行政权力的人也没有在利益面前站稳脚跟，出现了一些损害国家和社会利益权钱交易等腐败问题。根据这些情况，党和国家积极倡导廉政建设，加大力度，抑制和打击各种形式的贪污腐败现象，通过一系列制度建设铲除滋生腐败的土壤。健全的政府采购制度无疑是减少在政府采购方面类似现象发生的有效手段之一。

2.主要内容

我国《政府采购法》共九章八十八条，分别是总则、政府采购当事人、政府采购方、政府采购程序、政府采购合同、质疑和投诉、监督检查、法律责任、附则。其主要内容如下：

（1）《政府采购法》的立法宗旨和目标

《政府采购法》明确规定的立法宗旨有提高政府采购资金的使用效益，维护国家和社会公共利益，保护政府采购当事人的合法权益，促进廉政建设。

体现在第九条中的政府采购目标为保护环境、扶持不发达地区和少数民族地区、促进中小企业发展。

（2）政府采购的基本制度

①集中采购和分散采购相结合的采购模式。在总结我国政府采购实践的基础上，借鉴各国的立法经验和国际惯例，我国政府采购规定，政府采购实行集中采购和分散采购相结合的模式。纳入集中采购目录的政府采购项目，应当实行集中采购。集中采购目录的制定，属于中央预算的政府采购项目，由国务院确定并公布；属于地方预算的政府采购项目，由省级人民政府或者其授权的机构确定并公布。属于分散采购的采购人可以自行采购，也可以委托采购代理机构采购。

②信息公开制度。《政府采购法》第十一条规定，政府采购的信息应当在政府采购监督管理部门指定的媒体上及时向社会公开发布。第六十三条规定，政府采购项目的采购标准应当公开。采购人在采购活动后，应当将采购结果予以公布。

③采购本国货物政策。我国《政府采购法》第十条规定，政府采购应当采购本国货物、工程和服务。这符合国际上的通行做法，各国都利用政府采购保护促进本国工业的发展，因此，《政府采购法》基本上都有关于优先购买本国产品的规定。

（3）政府采购当事人

政府采购当事人是指在政府采购活动中享有权利和承担义务的各类主体，包括采购人、供应商和采购代理机构。采购人是指依法进行政府采购的国家机关、事业单位、团体组织。国家机关、事业单位、团体组织在使用财政性资金采购货物、工程和服务时，是政府采购法律关系中的采购人。采购代理机构是受采购人的委托采购货物、工程和服务的机构，包括集中采购机构和采购代理机构。供应商是指向采购人提供货物、工程或者服务的法人、其他经济组织或者自然人。《政府采购法》第三章详细规定了各个采购当事人的主体资格。根据《政府采购法》的规定，目前国有企业等还不是政府采购当事人，其采购行为不受《政府采购法》规范。

（4）政府采购的方式、程序与政府采购合同

①政府采购的方式。政府采购的法定方式有公开招标、邀请招标、竞争性谈判、单一来源采购、询价、国务院采购监督管理部门认定的其他采购方式六种。

公开招标是指采购人按照法定程序，公开发布招标公告，邀请所有潜在的供应商参加投标竞争，根据已定标准从中择优确定中标商，并与之签订政府采购合同的一种

采购方式。这种方式能最大限度地保证物有所值原则。

邀请招标是指采购人根据供应商的资信和业绩，向其选择的若干供应商发出投标邀请书，从被邀请的供应商的竞争投标中确定中标商的招标方式。

竞争性谈判是指采购人通过与多家供应商就交易的条件进行谈判，最后从中确定最佳供应商的一种采购方式。

单一来源采购亦称直接采购，是没有竞争的采购方式，只有在只能从唯一的供应商处采购等条件下方可以选择。

询价是指在货物规格、标准统一、现货货源充足且价格变化幅度小的采购项目下采用。采购人向三家以上的供应商发出询价单让其报价，然后在报价基础上进行比价。最低报价在一般情况下都应采用。

只有在特定的情况下，如紧急情况、成本过高等，方可以选用其他采购方式。同时，其他采购方式的使用条件也有严格的限制。

②政府采购的程序。根据《政府采购法》的有关规定，政府采购的程序主要有以下三个步骤：A.编制政府采购预算。B.公告政府采购信息。C.选择采购方式及适用的程序。《政府采购法》对每一种采购方式下的采购程序都做了非常详细的规定。

③政府采购合同。政府采购合同是政府采购当事人依法运作政府采购方式和程序的理想结果。《政府采购法》对政府采购合同的签订、政府采购合同的形式、必备条款、合同备案、合同的履行、合同标的的追加以及政府采购合同的变更、中止和终止都做了具体规定。

3.比较以往的创新与突破

《政府采购法》的出台是我国经济生活中的一件大事，具有举足轻重的意义。这意味着我国的政府采购活动从此有了法律准绳。就整体效果而言，这部法律的立法质量比较高，既能够满足现实的需要，又具有一定的前瞻性。《政府采购法》在以下几方面取得了突破：

（1）确立了现代政府采购法的采购政策目标，确立了现代政府采购的基本原则

《政府采购法》是一部专门的、规范政府采购的法律，具有政府采购母法性质。第三条规定的政府采购的原则和第九条规定的政府采购的目标，都是直接规范政府采购活动的原则和目标，具有很强的针对性。这是首次规定我国政府采购活动应该遵守的大的方针和基本准则，明确了以后所有的政府采购行为的总的价值取向和指导原则。这为以后的地方立法和进行相关的法律解释以及填补政府采购方面的法律漏洞等法律适用方面提供了依据。原则和目标的确立为规范整个政府采购指明了方向，意义重大。

（2）确立了完整的调整范围

《政府采购法》的调整对象为各级国家机关、事业单位和团体组织，使用财政性资金采购依法制定的、集中采购目录以内的或者采购限额标准以上的，除采用招标方

式采购的工程以外货物、工程和服务的行为。《招标投标法》则规范采用招标方式采购工程的行为。这样，两部法律的组合就形成了比较完整的调整范围了，使所有的适合采购主体的采购行为都能得到规范。在《政府采购法》出台之前，只有采购招标方式的工程采购能得到《招标投标法》的调整，其他形式的采购、其他对象的采购则仅仅由部门规章或者政府文件来调整，有的甚至还处于法律盲区。《政府采购法》的出台使所有的使用财政性资金采购的国家机关、事业单位和团体组织在采购时有法可依。

（3）确立了集中与分散相结合的采购组织模式

《政府采购法》规定在总结我国政府采购实践经验的基础上，借鉴各国的立法经验和国际惯例，规定政府采购实行集中采购和分散采购相结合的模式。属于集中采购目录和采购限额标准以上的采购项目必须由集中采购机构采购，而除此之外的采购则可以自行采购或者委托采购代理机构代理采购。集中采购目录分别由国务院和省级人民政府或其授权的机构确定并公布。由于集中采购机构是非营利性机构，只要监督其不滥用权力，防止其可能的腐败问题就可以确保采购的公正公平了。一般采购代理机构属于营利性的法人，可能发生为了自身利益而牺牲其他正当利益的风险，但不可否认的是，由市场决定的一般代理机构的代理效率会更高，服务也会更周到。这样采用集中与分散相结合的原则，实际上很好地处理了原则性与灵活性的问题。国务院和省级人民政府根据情况调整，避免统得过死和放得过松的情况出现，有利于我国政府采购的健康发展。

（4）第一次规定了质疑和投诉程序，强化了对政府采购活动的监督

供应商是政府采购对象的提供者，是政府采购行为中重要的当事人，但相对于多数情况下拥有行政权力的采购人，供应商无疑处于弱势地位。一旦采购人混淆了其参与民事活动与其作出行政行为上的身份，供应商的权利就有可能受到侵害。我国《政府采购法》规定了质疑和投诉制度，只要供应商对政府采购中的行为存在疑问，都可以向采购人、采购代理机构和其他相关行政机关提出质疑，并要求说明理由，在不能得到满意答复的情况下可以向主管机关投诉，维护其正当的权利，并且供应商最终可以通过行政复议和行政诉讼救济其受侵害的权利。《政府采购法》关于供应商权利救济制度的系统规定，保障了供应商的权利，使渠道畅通，同时强化了对政府采购活动的监督，有助于维护采购的公正、捍卫采购制度的透明，防止行政机关和采购人、代理机构滥用权利并杜绝腐败现象的发生。明确质疑和投诉程序意义重大，供应商依法所获权益的维护和保障在很大程度上都将有赖于质疑和投诉制度的建立。如果没有有效的救济途径，政府采购制度的目标就难以实现。

然而，《政府采购法》也存在一些值得继续探讨的地方，如采购主体适用范围较窄，排除了企业法人使用财政性资金进行的采购和政府采购人利用民间资金进行的采购，与《招标投标法》的某些规定存在冲突等。总的来说，《政府采购法》的颁布意义重大，在我国政府采购中发挥着重要的作用。

【真题演练】中央预算的政府采购项目，其集中采购目录由（ ）确定并公布。（2012年，单项选择题）

A.财政部

B.国务院

C.全国人民代表大会

D.全国人民代表大会常务委员会

【答案】B

【解析】中央预算的政府采购项目，其集中采购目录由国务院确定并公布。

（二）政府采购部门规章

虽然目前国务院尚未出台有关政府采购方面的任何法规，但国务院各部门，特别是财政部，为了贯彻《政府采购法》《招标投标法》，颁布了一系列的实施细则和办法。这些部门规章细化了在《政府采购法》和《招标投标法》中原则性的规定，使其操作起来更加简单明确，其中正在实施的部门规章有财政部2004年8月11日颁布，2004年9月11日生效的《政府采购货物和服务招标投标管理办法》；2004年8月11日颁布，2004年8月11日生效的《政府采购代理机构资格认定办法》；2005年12月28日颁布，2006年3月1日生效的《政府采购代理机构资格认定办法》；国家工商行政管理总局1998年6月6日颁布的《关于禁止串通招标投标行为的暂行规定》等。

（三）政府采购地方性法规和政府规章

各地省级财政部门也根据各地的具体情况颁布了相应的地方性法规和地方政府部门规章。这些法规和规章结合了本地区的实际情况，具有较强的针对性和可行性，且更新速度快，克服了法律和行政法规不可避免的统一性和原则性规定所带来的执行问题。其中最新的相关法规主要有广东省财政厅2004年12月23日颁布的《广东省省级政府采购计划管理暂行办法》，2004年9月21日《广东省政府采购公开招标采购方式暂行实施规程》，2004年11月26日《广东省政府采购评审委员会工作暂行规程》，2004年9月21日《广东省政府采购项目档案管理暂行办法》，2003年9月23日《广东省省级政府采购项目评审专家管理暂行办法》，还有《河北省政府采购招标投标管理暂行办法》《湖北省政府采购招标投标管理暂行办法》《湖北省建设工程招标投标管理办法》《福建省省级政府采购运作规程暂行规定》等。此外，每年各省级人民政府颁布的政府采购集中采购目录及标准的通知也是政府采购实施的重要依据之一。如《关于印发北京市2005年政府采购集中采购目录及标准的通知》《关于印发〈广东省2006年政府集中采购目录及政府采购限额标准〉的通知》等。这些法规虽然数量庞大，但适用范围仅局限于本行政区域。虽然它们都是根据《招标投标法》和《政府采购法》等制定的，但各地的具体情况不一，使得这些地方性法规和部门规章各具地方特色。

二、政府采购的概念与原则

(一) 政府采购的概念

政府采购,是指各级国家机关、事业单位和团体组织,使用财政性资金采购依法制定的集中采购目录以内的或者采购限额标准以上的货物、工程和服务的行为。

(二) 政府采购的原则

1.公开透明原则

公开透明原则是政府采购必须遵循的基本原则之一。政府采购被誉为"阳光下的交易",即源于此。政府采购的资金来源于纳税人缴纳的各种税金。只有坚持公开透明,才能为供应商参加政府采购提供公平竞争的环境,为公众对政府采购资金的使用情况进行有效的监督创造条件。公开透明要求政府采购的信息和行为不仅要全面公开,而且要完全透明。仅公开信息但仍搞暗箱操作属于违法行为。依《政府采购法》精神,公开透明要求做到政府采购的法规和规章制度要公开,招标信息及中标或成交结果要公开,开标活动要公开,投诉处理结果或司法裁减决定等都要公开,使政府采购活动在完全透明的状态下运作,全面、广泛地接受监督。

2.公平竞争原则

公平竞争原则是市场经济运行的重要法则,是政府采购的基本规则。公平竞争要求在竞争的前提下公平地开展政府采购活动。首先,要将竞争机制引入采购活动中,实行优胜劣汰,让采购人通过优中选优的方式,获得价廉物美的货物、工程或者服务,提高财政性资金的使用效益。其次,竞争必须公平,不能设置妨碍充分竞争的不正当条件。公平竞争是指政府采购的竞争是有序竞争,要公平地对待每一个供应商,不能有歧视某些潜在的符合条件的供应商参与政府采购活动的现象,而且采购信息要在政府采购监督管理部门指定的媒体上公开地披露。《政府采购法》有关这方面的规定将推进我国政府采购市场向竞争更为充分、运行更为规范、交易更为公平的方向发展,不仅使采购人获得价格低廉、质量有保证的货物、工程和服务,同时还有利于提高企业的竞争能力和自我发展能力。

3.公正原则

公正原则是为采购人与供应商之间在政府采购活动中处于平等地位而确立的。公正原则要求政府采购要按照事先约定的条件和程序进行,对所有供应商一视同仁,不得有歧视条件和行为,任何单位或个人无权干预采购活动的正常开展。尤其是在评标活动中,要严格按照统一的评标标准评定中标或成交供应商,不得存在任何主观倾向。为了实现公正,《政府采购法》提出了评标委员会以及有关的小组人员必须要有一定数量的要求,要有各方面代表,而且人数必须为单数,相关人员要回避,同时规定了保护供应商合法权益的方式。这些规定都有利于实现公正原则。

4.诚实信用原则

诚实信用原则是发展市场经济的内在要求，在市场经济发展初期向成熟时期过渡的阶段，尤其要大力推崇这一原则。诚实信用原则要求政府采购当事人在政府采购活动中，本着诚实、守信的态度履行各自的义务，讲究信誉，兑现承诺，不得散布虚假信息，不得有欺诈、串通、隐瞒等行为，不得伪造、变造、隐匿、销毁需要依法保存的文件，不得规避法律法规，不得损害第三人的利益。《政府采购法》对此以及违法后应当承担的法律责任作了相应规定。坚持诚实信用原则，能够增强公众对采购过程的信任。

【真题演练】下列体现政府采购中"公开透明原则"的有（　　）。（2015年，多项选择题）

A.政府采购当事人在政府采购活动中，本着诚实、守信的态度履行各自的权利和义务

B.政府采购要按照事先约定的条件和程序进行，对所有供应商一视同仁

C.政府采购的招标信息要公开

D.政府采购的中标结果要公开

【答案】CD

【解析】选项A为诚实信用原则，选项B为公正原则。

三、政府采购的功能与执行模式

（一）政府采购的功能

1.节约财政支出，提高采购资金的使用效益

我国正处在市场经济全面转型的过渡时期，存在很多新老问题，诸如政府机构庞大、重复建设等历史包袱沉重的老问题，再加上基础设施投入、科技教育振兴、产业技术改造、环境保护以及建立社会保障制度等迫切需要解决的新问题。因此，在新的经济增长点尚未形成的情况下，从政府层面看，节省财政支出，最大限度地发挥有限资金的使用效益，应当是各级财政面临的最突出问题。"政府消费"作为财政支出的重要的"一块"资源，如何"堵口""节流""防渗"，自然是一个十分迫切而严峻的课题。

在传统的分散采购体制下，财政部门只从宏观上通过预算来安排各级政府的支出计划。划拨经费，各用款单位根据所需自行分散选购。由于在花钱办事阶段脱离监控，从而出现盲目采购、重复采购、随意采购以及购买质次价高或伪劣假冒产品等现象。我国20世纪80年代进口机电设备普查的资料显示，1984年至1988年5月全国共引进项目2万多个，用汇335亿美元，引进后未按期投产项目占61.6%。究其原因，主要是当时的一对一的分散采购造成的。实施政府采购制度后，由于从财政资金的宏观分配到具体的花钱办事实行了全方位监控，所以减少了资金流通环节，提高了资金

的使用效率，为国家节约了大量的财政资金。

2.强化宏观调控

实践证明，市场经济不可能自动保证国民经济的健康发展，需要政府适度的宏观调控与环境管理，因此，政府按照市场规则将其财力运用于市场并影响市场以实现政府的既定宏观目标，形成政府采购政策的一个重要功能。

一般而言，政府采购政策调控的应用领域包括：第一，政府作为国家最大的消费者，其采购的数量、品种和频率，可以反映财政政策的松与紧，对整个国民经济产生直接影响，并可以对国民紧急的运行状况进行微调或显调。第二，为支持和扶持民族工业和中小企业，可以制定相应的政府采购政策，要求政府采购采购部门向重点企业或产业实施有倾向的采购，通过授予政府采购合同的方式直接体现政策偏好。当然，还可以在政府采购制度中渗入明确的产业政策导向，以市场信号引导企业调整产品结构和产业结构，起到间接调控的作用。第三，在世界经济一体化的大气候下，通过建立符合国际规范的政府采购制度、制定鼓励"走出去战略"的政府采购政策，引导本国经济走向世界，参与国际竞争，我国企业可以进入其他国家的政府采购市场，其他国家的企业也可以进入我国的政府采购市场，从而消除封闭所造成的政府采购货物、工程和服务质次价高的现象。总而言之，将政府采购政策与其他经济政策相结合，可以促进政府各项重大政策目标的实现。正如美国政府采购制度专家史蒂夫所说，政府采购的国际化可以取得"各种利益的微妙平衡及利益的均衡分享"。

3.活跃市场经济

政府采购可以调动供给商参与市场竞争的积极性，帮助建立公平竞争机制，活跃市场。

4.推进反腐倡廉

在经济体制转轨时期，我国的法制体系尚不完备，政府购买行为自然存在采购消费的"以私代公"意识与采购手段的"暗箱操作"模式。因此，一些不良供应商抓住传统采购的弊端，大肆采用"回扣""折扣"，请客送礼，变相贿赂等手段，争抢主顾，损公肥私，形成了我国当前经济生活中的一大痼疾。实施政府采购方式，使政府的各项采购活动都在公开、公平、公正、透明的环境中运作，形成财政、审计、供应商和社会公众等全方位参与监督的机制，使不法分子无机可乘，从源头上有效地遏制政府采购活动中的各种腐败现象。在改革开放新形势下，反腐倡廉不仅要靠道德教育，更重要的还需要制度创新，形成主、客观共同起作用的简单约束机制，增加监督效果。

5.保护民族产业

政府优先采购国货，并对自主创新企业和产品给予优惠待遇，必将有效地促进民族产业的创新发展。

【真题演练】政府采购中，通过对采购地区的选择以平衡地区间的经济发展是"活跃市场经济"功能的体现。（　　）（2013年，判断题）

【答案】×

【解析】政府采购中，通过对采购地区的选择以平衡地区间的经济发展是"强化宏观调控"功能的体现。

（二）政府采购的执行模式

采购人进行政府采购活动前首先要依据采购标的不同来确定政府采购模式。根据采购标的制定标准的不同，我国政府采购分为集中采购和分散采购两种模式。

1.集中采购

集中采购就是国家机关、事业单位或团体组织对属于采购目录内的采购标的统一委托集中采购机构代为采购的行为。关于集中采购目录的确定，我国《政府采购法》是根据制定机构的行政级别不同而划分的。

2.分散采购

分散采购是相对集中采购而言的，即除了国务院或省级人民政府确定必须采取集中采购形式的，采购人可自由选择自行采购或委托第三方代为采购。第三方可以是国务院的相关部门，也可以是省级人民政府有关部门认可的采购代理机构。可见，分散采购是集中采购的补充形式，采购标的涉及集中采购目录以外和采购限额标准以上的采购项目。

但是，无论是集中采购还是分散采购，采购人如果委托采购代理机构代理政府采购项目，就应当依法与受托方——采购代理机构签订书面的委托代理合同，而不能采取口头形式。委托合同的内容必须符合我国《合同法》的有关规定，明确委托事务、双方的权利与义务以及委托期限等事项。

【真题演练】政府采购的执行模式是集中采购。（　　）（2011年，判断题）

【答案】×

【解析】按照《政府采购法》的规定，采纳未纳入集中采购目录的政府采购项目，可以自行采购，也可以委托集中采购机构在委托的范围内代理采购。

【真题演练】下列关于实行分散采购的优点，说法正确的有（　　）。（2014年，多项选择题）

A.灵活性强 　　　　　　　　B.降低采购成本

C.取得规模效益 　　　　　　D.满足采购及时性

【答案】AD

【解析】选项BC为集中采购的优点。

四、政府采购当事人

为实现对政府采购活动的有效监管，提高政府采购活动的规范性、可操作性、公平性和透明度，保护政府采购当事人的合法权益，维护国家利益和社会公共利益，促进廉政建设，《政府采购法》对政府采购当事人的权利、义务和责任进行了规范和约束。但在政府采购的执法实践中，人们的认识并不完全一致。对法律条文的理解，既要综合考虑法律的完整意义，又要紧密结合我国现行体制的客观实际。这样才能更好地贯彻《政府采购法》的立法精神，切实保护政府采购各个当事人的利益。

所谓政府采购当事人，就是指政府采购活动中享有权利和承担义务的各类主体，包括采购人、供应商和采购代理机构等。采购人是买方，是购买和使用所购买货物、工程和服务的主体。我国《政府采购法》规定的采购人是指依法进行采购的国家机关、事业单位和团体组织。供应商就是卖方，是货物、工程和服务的提供者。《政府采购法》规定，供应商必须是法律规定的合格供应商。采购代理机构分为两种：一种采购代理机构是政府依法按照限制性原则、非强制性原则和独立设置原则设立的集中采购机构。它是非营利事业单位，其业务有强制性的，也有非强制性的，主要负责组织实施集中采购活动。另一种采购代理机构是指具备一定条件的招投标代理中介机构。其具备的条件有两个：一是有省级以上有关政府部门授予的招投标代理资质；二是获得省级以上财政部门登记备案资格。采购代理机构的主要职能是为采购人提供代理服务，应当在采购人委托的事项和范围内展开工作。

（一）采购人

根据《政府采购法》的规定，在我国，采购人是指使用财政性资金采购集中采购目录以内的或者限额标准以上的货物、工程和服务的国家机关、事业单位和团体组织，包括各级国家权力机关、行政机关、审判机关、检察机关、党政组织、政协组织、工青妇组织以及教科文卫体医等事业单位。目前，由于国有企业的采购尚未纳入《政府采购法》的管理范围内，因此，国有企业并不是政府采购的当事人。

采购人的权利、义务、责任是与其所具有的特征分不开的。首先，采购人虽然是依法进行政府采购的国家机关、事业单位和团体组织，但从市场买卖双方等交易角度出发，其仍具有民事行为能力和法人资格，是独立享有民事权利和承担民事责任的法人组织，而且不需要办理法人登记。可见，采购人不同于一般法人，更不同于自然人。其次，采购人具有行政权力。采购人代表国家利益和社会公共利益，在采购活动中体现着国家意志和社会公共意志，不是个人消费，也不是企业消费，其采购权利的实施往往能够影响一个国家的产业政策发展。再次，采购人的决策具有政策性。采购人是为国家利益和社会公共利益服务的。这就决定了其决策应当体现集中性和政策性。在采购时必须兼顾各方面的利益，从全局出发，体现政府采购的公平性和政策性，实现采购资源的优化。最后，采购人采购行为从筹划、决策到实施，都是一个集体决策过程，都要按规定程序进行，不允许有任何的随意性。《政府采购法》以法律形式明确规定了采购人的正当合法权益，不仅是为了保护采购人的正当权益，而且也是对国家利益和社会公共利益的保障，有助于保证政府采购制度的实施。

1.采购人的权利

从我国《政府采购法》的规定来看，采购人的权利概括起来有以下10个方面：

（1）按照自己履行职能的需要，提出采购需求的权利

采购人为了履行职能，必然需要相应的货物、工程和服务。按照《政府采购法》的规定，凡是集中采购目录以内或者限额标准以上的采购，都需要统一编制采购预算，经审批后才能执行。因此，采购人对所需的货物、工程和服务的采购，并不完全由自己控制，而是按照政府财政部门规定的预算编制原则、方法和程序，在编制部门预算时，编制本部门的采购预算，详细确定需要的功能、数量、资金来源和供应时间等。预算批复后执行预算时，再详细编制采购计划。采购人对于满足自身履行职责与职能的合理需要，有权提出采购需求。

（2）自己选择代理机构的权利

《政府采购法》明确规定，采购人有权自行选择采购代理机构，任何单位和个人不得以任何方式为采购人指定采购代理机构。从理论上讲，采购是采购人的事情，不是监督管理部门的事情。监督管理部门的主要职责是制定规则，并监督采购人在法定规则下自主采购，而不是将采购人的权利剥夺。采购人有权自己选择代理机构，不等于没有限制和监督，而是有条件要求的。这个条件按要求，就是在统一规则下，在政府采购监督管理部门认定的合格采购代理机构中自主选择，超出这个范围是不允许的。维护采购人的权利，有效地防止了监督管理部门干预政府采购活动中的商业行为。

（3）按照采购需要与集中采购机构签署委托协议的权利

《政府采购法》规定，列入集中采购目录的项目必须由集中采购机构负责组织实施。由于集中采购机构是代理机构，采购人就必须与集中采购机构签订代理委托协议。具体委托内容和事项应当由采购人根据实际情况，与集中采购机构协商确定，可以全面委托，也可以部分委托。

（4）要求采购代理机构遵守委托协议约定，监督采购代理机构的采购活动权利

采购人将采购业务委托给采购代理机构（包括集中采购机构和招投标代理机构），在这期间有可能产生一些违背采购人利益和社会公共利益的问题。例如，采购代理机构采购的货物或服务不符合采购人的要求，或者不符合委托协议书的约定，或者质量差、成本高，甚至是采购代理人与供应商恶意串通获得了不正当利益，并损害了采购人的合法利益。因此，采购人在委托采购代理机构进行采购时，双方应该明确各自的权利、义务和责任等。当采购人发现采购代理机构有违约行为或自身利益受到损害时，有权依法予以追究。

（5）审查政府采购供应商资格的权利

《政府采购法》对采购人参与供应商资格审查的权利专门作了规定，即采购人可

以要求参加政府采购的供应商提供有关资质证明文件和业绩情况，并根据法定条件和采购项目对供应商的特定要求进行资格审查。但需要注意的是，当采购人将采购事宜委托给采购代理机构以后，供应商的资格审查就应当由采购代理机构来进行。

（6）依法确定中标供应商的权利

采购人根据采购的性质和数额不同，可以采取多种采购方式，且政府采购活动大部分是通过采购代理机构进行的，所以，采购人可以在法律规定的范围内，依据预先制定的采购标准和规定，确定符合采购要求的优秀供应商。值得注意的是，在采购实践中，当出现集中采购机构的一次采购涉及多个采购人的采购对象时，究竟由谁来确定中标供应商，要看采购人对采购代理机构的依法委托事项。如果双方确定的委托代理协议中包括委托确定中标供应商的内容，采购代理机构也可以直接确定中标供应商。采购人有权拒绝任何个人、机构等违规指定的供应商，享有依照法定的政府采购方式和程序确定供应商的权利。

（7）签订采购合同并参与对供应商采购的履约验收的权利

按照《政府采购法》的规定，政府采购合同是一种民事合同，适用《合同法》。因为采购人在进行交易时，不是社会的领导者和管理者，而是与其他社会主体一样，只是市场交易的一方，与卖方处于平等的地位，用民事合同的方式来处理更符合政府采购当事人之间自愿、平等的关系。当然，采购人也可以委托采购代理机构代表其与供应商签订采购合同，但需要提交采购人的授权委托书。履约验收是指采购人或采购代理机构依据采购合同对供应商采购进行的验收，是保证政府采购质量的关键环节。可以说，履约验收对采购人而言是至关重要的。作为采购结果的使用者，自然有权参与验收。《政府采购法》规定，采购人或者其委托的采购代理机构应当组织对供应商履约的验收。大型或者复杂的政府采购项目，应当邀请国家认可的质量检测机构参加验收工作。另外，采购人还有权通过合同规定采购联合体的连带责任，可以向以联合体形式参与政府采购的供应商索取联合协议，与联合体各方共同签订采购合同，规定联合体各方应承担的连带责任。采购人有权认可供应商采取分包方式履行采购合同，中标、成交供应商可以依法采取分包方式履行合同，但应经采购人同意，并就采购项目和分包项目向采购人负责。

（8）对特殊项目实施部门集中采购的权利

采购人需要的采购对象种类繁多，有通用性的采购项目，也有特殊性的采购项目。项目特殊必然产生需求的特殊，对供应商也具有特殊要求，必须用特殊的采购方式进行采购。《政府采购法》对特殊情况进行了相应规定，即采购人对属于本部门、本系统有特殊要求的项目，可以实行部门集中采购；属于单位有特殊要求的项目，经省级以上人民政府批准，可以自行采购。

（9）对未纳入集中采购目录的政府采购项目进行自行采购的权利

对于未纳入集中采购目录的政府采购项目，采购人可以自行决定委托集中采购机构或者一般采购代理机构进行采购。

（10）采购人的其他权利

采购人还享有法律法规规定的其他合法权利，如对采购方案的最终确定权，采购方案经采购代理机构审查论证、修订后，采购人有权最终确定；对采购文件的审核、确认权，采购人有权对采购代理机构编制的项目采购文件进行审查、确认；有权参加所委托项目的采购实施活动，如项目审查论证、招标或谈判、询价活动；有权派代表参与项目的评审活动，并对采购代理机构的工作人员提出回避要求；有权了解项目评审的具体情况以及最终的评审结果，并可对采购结果提出建议；有权对采购代理机构的工作提出具体要求，如工作效率、采购质量等；有权要求采购代理机构对合同的签订、履行进行组织协调，并对供应商的履约及售后服务情况进行督促检查。

2.采购人的义务

权利和义务具有一致性和对应性。没有凭空产生的权利，也没有凭空产生的义务。虽然采购人所处的地位和采购目的具有特殊性，但采购人在享有权利的同时，同样必须履行相应的义务。具体而言，采购人应承担的义务主要包括以下5个方面：

（1）必须严格执行《政府采购法》及相关法律的各项规定

《政府采购法》及其配套制度规定的采购人必须承担的义务，采购人不得以部门利益为由拒绝执行。如在纳入集中采购目录的采购项目时，采购人有必须委托集中采购机构代理的义务。采购人不得通过化整为零等方式规避其负有的集中采购的义务。

（2）必须接受政府采购监督管理部门的监管

各级政府财政部门作为政府采购的监督管理部门，是政策的制定者和监督者。采购人是执行者，其活动应当接受政府采购监督管理部门的监管，并对政府采购监督管理部门负责。此外，其采购程序、过程和结果还要接受国家审计部门、监察部门的监督检查，采购人有义务积极支持和配合政府采购监督管理部门的工作。

（3）必须尊重供应商的正当合法权益

在参与供应商资格审查时，必须平等对待各供应商，不得以不合理的要求影响供应商获得采购竞争的资格。在采购过程中，凡不属于应该遵守的秘密，采购人有义务回答供应商的询问和质疑。在采购文件变动时，必须及时通知已经投标的供应商，并且相应地延长招标期限。在评标和定标的过程中，采购人不得与采购代理机构或其他供应商串通，达到以权谋私或获取其他不正当利益的目的。当发生废标情况时，采购人应当将废标理由通知所有投标人。

（4）必须遵守采购代理机构的工作秩序

在采购人委托采购代理机构进行招标采购活动后，不得干预采购代理机构开展工作，更不得提出不符合规定的要求或者与采购代理竞标供应商的审查、选取及登记记录，评委随机抽取的记录，评委评标打分记录，由评委会监督员和公证人员出具的评标报告，中、落标通知书，采购合同，评标现场监控资料，项目验收证明材料，采购项目公证书，质疑与投诉符合法定程序的处理材料，以及可能涉及项目变更产生的由政府采购监管部门出具的相关材料等。这些材料具有很强的原始记录功能，能客观真实地反映采购过程的每一环节，是集中采购机构能否规范运作最直接的体现。采购文件的保存期限至少为15年。

（5）采购人应承担的其他义务

除了上述义务之外，采购人还应承担以下义务：向采购代理机构提供项目审批、立项手续；落实采购项目所需的资金，并确保资金来源的正当性和合法性；向采购代理机构提供采购项目的详尽采购清单，并确保提供资料的真实性；以授权委托书的方式委派专人协助采购代理机构办理采购事项，并参与采购项目实施过程中的相关活动；在采购代理机构实施采购项目时提供一切便利条件；及时对采购代理机构审查论证的采购方案和依法编制的采购文件进行审核、确认；无条件接受采购代理机构按合法采购程序确定的项目中标（成交）结果，并及时与中标或成交供应商签订采购合同；在合同履行过程中为供应商提供相应环境，并提供相关服务；自觉接受有关部门的监督检查；在采购活动中遵守国家和地方的有关法律法规的规定，保守相关秘密等。

原则上讲，采购人的责任与其权利和义务是紧密相关的。采购人如果滥用权利，或者不履行义务，应该承担相应的责任。所应承担的责任包括责令限期改正，给予警告，处以罚款；拒不改正的，停止向其支付资金；对直接负责的主管人员和其他直接责任人员，由其行政主管部门或者其他主管机关给予行政处分；构成犯罪的，依法追究刑事责任。

【真题演练】下列选项中，可以作为政府采购当事人中采购人的有（　　）。（2012年，多项选择题）

　　A.商务部　　　　B.中国红十字会　　　C.财政部　　　　D.个人独资企业

【答案】ABC

【解析】采购人是指使用财政性资金采购集中采购目录以内的或者限额标准以上的货物、工程和服务的国家机关、事业单位和团体组织，包括各级国家权力机关、行政机关、审判机关、检察机关、党政组织、政协组织、工青妇组织以及教科文卫体医等事业单位。

【真题演练】下列各项中，属于政府采购采购人应承担的义务的有（　　）。（2014年，多项选择题）

　　A.在指定媒体及时向社会发布政府采购信息、招标结果

　　B.依法答复供应商的询问和质疑

　　C.妥善保存反映每项采购活动的采购文件

　　D.要求采购代理机构遵守委托协议的约定

【答案】ABC

【解析】选项D为政府采购人的权利。

（二）供应商

供应商指向采购人提供货物，工程或者服务的法人，其他组织或者自然人。供应商作为政府采购活动中的重要当事人，承担着向采购人提供合格采购对象的责任。没有供应商的参与，就没有政府采购，其权利必须得到充分尊重和保障。

供应商参加政府采购活动应当具备下列条件：（1）具有独立承担民事责任的能力。（2）具有良好的商业信誉和健全的财务会计制度。（3）具有履行合同所必需的设备和专业技术能力。（4）有依法缴纳税收和社会保障资金的取得记录。（5）参加政府采购活动前三年内，在经营活动中没有重大违法记录。（6）法律，行政法规规定的其他条件。

1.供应商的权利

根据我国《政府采购法》的相关规定，供应商至少应该享有以下权利：

（1）公正、公平地参与政府采购活动的权利，即要求平等地获得供应商资格的权利。根据《政府采购法》的规定，政府采购供应商原则上不搞资格认定工作，供应商只要符合政府采购法律规定的条件就等于获得了政府采购资格，政府采购监督管理部门，采购代理机构不得设置任何条件歧视供应商。其资格审查，也是审查供应商是否符合法律规定。在进行供应商资格审查时，必须公正、平等地开展审查工作，不能设定特殊的、歧视性的条件阻止供应商取得合格资格。

（2）公正、平等地获得政府采购信息的权利。供应商公正、平等地获得政府采购信息，是政府采购宗旨和原则的客观要求。因为政府采购范围广、规模大，这项权利能否得到保障直接决定着供应商的经济效益。采购人和采购代理机构必须按照公开透明原则，将应该公开的政府采购信息在指定媒体上及时披露，以便供应商及时掌握有关需求信息，作出经营决策。

（3）自主、平等地参加政府采购竞争的权利。供应商作为独立的主体参加政府采购的竞争，不应受到采购人或者采购代理机构的歧视性待遇。每一个符合条件的供应商都可以自由、平等地参与竞争。同时，供应商也不应采取任何手段给予其他供应商任何非正当压力。供应商之间的竞争应该建立在良好的质量、优质的服务和低廉的价格基础之上，而非其他。

（4）提出质疑和投诉的权利，形成对政府采购活动的监督。由于供应商在政府采购活动中处于弱势地位，为保障其知情权并发挥其监督作用，《政府采购法》第六章对供应商询问，质疑，投诉的方式，途径和时限，以及采购人、采购代理机构和政府采购监督管理部门进行答复，对处理的方式和时限都做了明确的规定。供应商对采购活动事项有疑问的，可以向采购人或者采购代理机构提出询问。采购人或者采购代理机构应当及时作出答复，但答复的内容不得涉及商业机密。供应商认为采购文件、采购过程和中标、成交结果使自己的权益受到损害的，可以在规定的时间内，以书面形式向采购人或者采购代理机构提出质疑。采购人或者采购代理机构应该在规定的时间内作出书面答复。质疑供应商对采购人、采购代理机构的答复不满意或者采购人、采购代理机构未在规定的时间内作出答复的，可以在规定时间内向同级政府采购监督管理部门投诉。接受投诉的政府采购监督管理部门应当在规定的时间内对投诉作出书面处理决定并通知有关当事人。投诉人对政府采购监督管理部门的投诉处理决定不服或者政府采购监督管理部门逾期未作处理的，可以通过行政复议和司法救济途径依法寻求救济。

（5）自主、平等地签订政府采购合同的权利。不论是通过公开招标，邀请招标，还是通过竞争性谈判，单一来源采购等其他方式确定的供应商，在签订合同时，采购人和供应商始终是平等的主题。其政府采购合同的签订必须基于平等、自愿的原则，切实维护好双方的共同利益。虽然供应商一旦确定，供应商就负有同采购人签订合同的义务，但双方签订合同的实质性内容必须在招标、谈判或询价已经明确了的前提下。当事人双方都不得随意更改，而采购人或者采购代理人不得利用行政权力等手段迫使供应商接受不合法或不合理的条件或要求。我国《政府采购法》明确规定政府采购合同适用《合同法》。这从立法上明确了供应商和采购人处于平等主体地位。双方的行为应当基于意思自治。

（6）要求采购人或采购代理机构保守其商业秘密的权利。在公开招标、邀请招标、竞争性谈判和询价采购方式执行过程中，采购人或采购代理机构获悉供应商的商业秘密的，采购人或采购代理机构有保守秘密的义务。供应商有要求采购人或采购代理机构保守相关秘密的权利。在采购人或采购代理机构泄密，造成供应商损失的情况下，供应商有权要求赔偿。采购人或采购代理机构应当承担责任。

（7）监督整个政府采购过程依法公开、公正地进行的权利。政府采购过程是否公开、公正是供应商权利是否实现的关键。供应商有权监督政府采购过程是否公开、透明和公正。如果在政府采购过程中出现一些非法因素影响供应商公平竞争的权利，供应商有权向政府采购监督管理部门提出质疑和投诉。政府采购监督管理部门逾期未作处理或者供应商对其处理决定不服的，供应商可以提起行政复议和行政诉讼来维护自己的合法权益。国际经验表明，供应商的监督是最有效的监督，因此，供应商应当成为政府采购工作的有力监督者。只有供应商积极参与，才能发挥供应商的监督作用，政府采购的公开、公正和公平原则才能真正有所保障。

（8）保护自身的正当、合法权利不受侵害的权利。由于采购人的原因而使供应商受到损害，供应商有要求采购人给予赔偿的权利。供应商的合法权利不受任何人非法侵害，当然也包括采购人和采购代理机构。双方的权利和义务在签订政府采购合同时就已经确定。如果政府采购人或采购代理机构因故要变更、中止或终止采购合同，必须与供应商进行协商，供应商有权要求保护自身正当利益，要求采购人给予合理的赔偿。

（9）其他合法权益，如对采购人或采购代理机构的各种乱收费行为和各种不正当要求，供应商可以依法拒绝等。

总之，供应商的权利集中于保护供应商与采购人之间，供应商与供应商之间在整个政府采购过程中处于平等的主体地位，使供应商不因其在公法上的弱势地位而失去在私法上的平等地位，使双方的行为建立在市场的基础之上，使双方利益最终能够在不损害国家利益和公共利益的基础上最大化。

2.供应商的义务

供应商在享有一定权利的同时，也必须承担相应的义务，主要表现为：

（1）遵守政府采购的各项法律、法规和规章的义务。

（2）按规定接受供应商资格审查，在资格审查中客观真实地反映企业情况的义务。

（3）在政府采购活动中，满足采购人或采购代理机构的正当要求并提供合格的采购的义务。供应商是政府采购活动的重要参加者，其最终目的是希望中标、成交、获取经济利益。为了达到这一目的，有的供应商就可能采取各种非正当的方式和手段，甚至会出现犯罪行为。

（4）在政府采购活动中，按照采购人或者集中采购机构的正当要求，保证投标文件的内容真实可靠。投标文件的内容的真实可靠直接关系采购项目质量能否得到保证，同时也是供应商公平竞争的基础。

（5）按时递交投标文件，交纳投标保证金。交纳投标保证金有助于供应商摒弃获得非法利益和使用非法手段的侥幸心理。

（6）供应商不得向采购人、采购代理机构、评标委员会的组成人员、竞争性谈判小组的组成人员、询价小组的组成人员行贿或者采取其他不正当手段谋取中标或者成交。在开标、评标现场，供应商需要按招标人的要求对投标文件进行答疑。

（7）投标中标后，按规定的程序与政府采购机构或采购人签订合同，并交纳履约保证金。在采购代理机构确定供应商后，采购人和供应商都附有同对方签订采购合同的义务。

（8）严格履行政府采购合同的义务。

（9）供应商投诉实行实名制，其投诉应当有具体的投诉事项及事实根据，不得进行虚假、恶意投诉。如果供应商有虚假、恶意投诉，政府采购监督管理部门应该驳回投诉，并将其列入不良行为记录名单，依法予以处罚。有下列情形之一即可认定属于虚假、恶意投诉：一年内三次以上投诉均查无实据的；捏造事实或者提供虚假投诉材料的。恶意投诉造成其他供应商损失的，恶意投诉供应商应该承担相应的责任。

界定供应商的权利和义务，目的在于确保市场秩序的公正、公平，以维护整体利益。供应商如果滥用权利或者不履行义务，应该承担相应的责任。其中包括：处以罚款；禁止一定时期参加政府采购活动；没收违法所得；情节严重的，吊销营业执照；构成犯罪的，依法追究刑事责任。如果取得了中标、成交资格，则中标成交无效。如果给他人造成损失，还应当依照有关民事法律规定承担民事责任。

采购代理机构是指经财政部门认定资格的，依法接受采购人委托，从事政府采购货物、工程和服务的招标、竞争性谈判、询价等采购代理业务，以及政府采购咨询，培训等相关专业服务（以下统称代理政府采购事宜）的社会中介机构。它是采购人在政府采购活动中的代理人，它的采购行为的结果归属于采购人。

采购代理机构分为一般采购代理机构和集中采购代理机构。一般采购代理机构的资格由国务院有关部门认定。根据财政部《政府采购管理暂行办法》的有关规定，具备下列条件的社会中介机构，可以申请取得政府采购业务代理资格：（1）依法成立，具有法人资格。（2）熟悉国家有关政府采购方面的法律、法规和政策，接受过省级以上财政部门政府采购业务培训的人员比例达到机构人员的20%以上。（3）具有一定数量能胜任工作的专业人员，其中，中级和高级专业技术人员应分别占机构人员总数的60%和20%以上。（4）具有使用现代科学手段完成政府采购代理工作的能力。（5）符合财政部及省级人民政府规定的其他条件。

集中采购机构作为采购代理机构的一种，由设区的市、自治州以上人民政府根据本级政府采购项目的需要依法设立。一般采购代理资格的非营利事业法人，其职能是负责以下政府事务：（1）统一组织纳入集中采购目录的政府采购项目。（2）组织由财政部拨款的大型政府采购项目。（3）受其他采购机构的委托，代其采购或组织招标投标事宜。（4）办理财政部门交办的其他政府采购事务。集中采购机构是进行政府集中采购的法定代理机构。纳入集中采购目录的政府采购项目，采购人必须委托集中采购机构采购，除非属于特殊的采购项目，并经省级人民政府批准。政府采购监督管理部门有权对集中采购机构及政府采购活动进行监督检查，但不得自己设置采购机构，也不得参与政府采购项目的采购活动。集中采购机构与行政机关之间不得存在隶属关系和其他利益关系。

集中采购必须委托集中采购机构代理，但集中采购机构也可以自愿接受其他委托采购项目。一般的采购代理机构实质是以营利为目的的中介机构，与集中采购机构互相补充，中心负责集中采购的业务，社会中介负责分散采购的代理。

【真题演练】下列各项中，属于政府采购供应商应具备的条件的有（　　　　）。（2013年，多项选择题）

A.具有独立承担民事责任的能力

B.有依法缴纳税收和社会保障资金的良好记录

C.具有履行合同所必需的设备和专业技术能力

D.具有良好的商业信誉和健全的财务会计制度

【答案】ABCD

【解析】本题考核政府采购当事人应具备的条件。

（三）采购代理机构

1.采购代理机构的权利

采购代理机构最基本的职责是通过采购代理行为实现采购人的采购需求。其最主要的权利表现为：

（1）接受采购人的采购委托，承办实施有关采购项目的采购事宜的权利。采购代理机构的性质为社会中介组织。它完全独立于政府采购中的采购人和供应商之外，在采购活动中，应保持其客观、公正地履行职责，提供优质的服务，特别注意不要受政府有关行政部门的干预。采购代理机构与采购人之间的关系属于委托代理关系。它的一切权利均来自于采购人的授权。代理机构应在授权的范围内行使权利。因此，接受采购人的采购委托、承办实施有关采购项目的采购事宜的权利，是采购代理机构应享有的最基本的权利，是采购代理机构其他权利的基础。采购人员与相关人员与供应商有利害关系的，必须回避。

（2）执行政府采购法律、法规、规章和政策规定；建立政府采购信息网络，搜集和整理供应商、产品和服务信息，记录政府采购过程，总结采购经验。

（3）依法组织实施具体采购工作，包括编制招标文件、发布采购信息，组织接标、开标、评标和定标等活动。

（4）按照委托协议的要求，代理采购人与中标供应商签订采购合同、监督合同履行和对采购结果进行验收。

（5）拒绝、防范任何单位和个人对采购过程实施非法干预的权利。

（6）按规定向采购人收取法定的代理费用的权利。采购代理机构独立于政府采购人之外，是自主经营、自负盈亏的法人。其向采购人提供的服务为有偿服务，在代理采购活动后，当然有权利向采购人收取服务报酬。

2.采购代理机构的义务

采购代理机构作为政府采购活动中的一个特殊利益主体，应当对包括自身在内的政府采购当事人负责。自觉履行《政府采购法》规定的义务，依法开展代理采购活动，维护国家利益和社会公共利益。就具体操作过程而言，其义务和责任表现为以下几个方面：

（1）依法开展代理采购活动并提供良好服务的义务。政府采购集中代理机构应当自觉接受采购人的委托代理集中采购目录以内的采购项目。集中采购机构进行政府采购活动，应当符合采购价格低于市场平均价格、采购效率高、采购质量优良和服务优良的要求。社会招标代理机构应当按照"谁委托谁出资就为谁实施代理采购活动"的规则行事。任何单位和个人都不得干预和指定社会招标代理机构。采购代理机构要遵守有关制度规定和政策要求，为采购人提供良好的服务。

（2）依法发布采购信息的义务。采购代理机构对代理的公开招标采购项目，应当在财政部或省级财政部门指定的政府采购信息披露媒体上发布采购信息；不属于公开招标的采购信息，如有供应商提出要求，采购代理机构同样有义务将有关情况告知这些供应商。

（3）依法接受监管和监督的义务。采购代理机构要积极配合政府采购监督管理部门的监督考核工作，如实提供有关资料和数据，接受政府采购监督管理部门的业务培训和指导，要自觉接受监察、审计部门的监督、审查；任何单位和个人都有权对采购代理机构的采购代理活动进行监督，但不能干预政策的监督检查工作。

（4）不得向采购人行贿或者采取其他不正当手段谋取非法利益的义务。采购代理机构在开展义务时，应诚实守信，遵守行业道德。特别是一般采购代理机构，不得为了争揽业务等而采用向采购人行贿等非法手段，与其他采购代理机构形成不公平竞争。

（5）不得以任何手段排斥其他供应商参与政府采购活动的义务。采购代理机构在进行采购活动的时候，应坚持公平、公正、平等的原则，平等地对待所有供应商。

采购代理机构及其工作人员如果不履行义务，必须承担相应的责任。可以给予取消代理资格、通报批评、进行相应的经济处罚等处分；对不履行义务的国家工作人员要给予行政处分；对行为触犯法律的采购代理机构及其工作人员，必须依法惩治。

> 【真题演练】政府采购当事人的范围不包括（　　　　）。（2012年，单项选择题）
> A.采购人
> B.供应商
> C.政府采购监督管理机构
> D.采购代理机构
> 【答案】C
> 【解析】本题考核政府采购当事人的范围。

五、政府采购方式

政府采购方式有：公开招标、邀请招标、竞争性谈判、单一来源采购、询价采购。

1.公开招标

我国《政府采购法》规定：采购人采购货物或者服务应当采用公开招标方式的，其具体数额标准，属于中央预算的政府采购项目，由国务院规定；属于地方预算的政府采购项目，由省、自治州、直辖市人民政府规定；因特殊情况需要采用公开招标以外的采购方式的，应当在采购活动开始前获得设区的市、自治州人民政府采购监督管理部门的批准。采购人不得将应当以公开招标方式采购的货物或者服务化整为零或者以其他任何方式规避公开招标采购。

2.邀请招标

我国《政府采购法》规定，符合下列情形之一的货物或者服务采用邀请招标方式采购：具有特殊性，只能从有限范围的供应商处采购的；采用公开招标方式的费用占政府采购项目总价值的比例过大的。

3.竞争性谈判

我国《政府采购法》规定，符合下列情形之一的货物或者服务，可以依照本法采用竞争性谈判方式采购：招标后没有供应商投标、没有合格的供应商或者重新招标未能成立的；技术复杂或者性质特殊，不能确定详细规格或者具体要求的；采用招标所需时间不能满足用户紧急需要的；不能事先计算出价格总额的。

4.单一来源采购

我国《政府采购法》规定，符合下列情形之一的货物或者服务，可以依照本法采用单一来源方式采购：只能从唯一供应商处采购的；发生了不可预见的紧急情况不能从其他供应商处采购的；必须保证原有采购项目一致性或者服务配套的要求，需要继续从原供应商处添购，且添购资金总额不超过原合同采购金额10%的。

5.询价采购

我国《政府采购法》规定，采购的货物规格、标准统一、现货货源充足且价格变化幅度小的政府采购项目，可以依照本法采用询价方式采购。

【真题演练】根据《政府采购法》的规定，对于具有特殊性，只能从有限范围的供应商处采购的货物，其适用的政府采购方式是（　　）。（2012年，单项选择题）

A.公开招标方式　　　　　　　　B.邀请招标方式
C.竞争性谈判方式　　　　　　　D.单一来源方式

【答案】B

【解析】邀请招标——邀请3家以上供应商。符合下列情形之一的货物或者服务，可以依照法律采用邀请招标方式采购：（1）具有特殊性，只能从有限范围的供应商处采购的；（2）采用公开招标方式的费用占政府采购项目总价值的比例过大的。

六、政府采购的监督检查

（一）政府采购监督管理部门的监督

政府采购监督管理部门应当加强对政府采购活动及集中采购机构的监督检查。政府采购监督管理部门实施监督检查具体包括三个方面的主要内容：

1.检查有关政府采购的法律、行政法规和规章的执行情况

政府采购法是规范政府采购行为的基本法律。围绕政府采购法的贯彻实施，国务院将制定有关实施办法。财政部以及地方人大、政府也要制定一系列的地方性法规、规章和其他具体办法。在政府采购实施过程中，还需要适用招标投标、合同管理等方面的法律、行政法规和规章。所有与政府采购有关的法律制度是否得到全面、正确的执行，都会对政府采购活动产生直接影响。因此，政府采购监督管理部门必须加强对有关政府采购的法律、行政法规和规章的执行情况的全面监督检查。

2.检查采购范围、采购方式和采购程序的执行情况

按照法律规定的采购范围、采购方式和采购程序实施采购，是贯彻政府采购公

平、公开、公正原则的重要基础。基于目前的现实情况，不按照规定的采购范围、采购方式和采购程序实施采购的现象依然不同程度地存在。比如采购人对纳入集中采购目录的政府采购项目不委托集中采购机构实行集中采购，对应当实行公开招标方式采购的项目擅自采用竞争性谈判等其他方式采购，在采用招标、竞争性谈判、询价方式采购中不完全遵循法定程序等等，严重影响了政府采购的严肃性、公正性，损害了国家利益、社会公共利益和供应商的合法权益。因此，政府采购监督管理部门必须重点抓好采购范围、采购方式和采购程序执行情况的监督检查。

3.检查政府采购人员的职业素质和专业技能

采购人员具备良好的职业素质和较高的专业技能，是有效遏制采购中的腐败行为、提高政府采购的质量和效益、保证政府采购活动顺利进行的基础和关键。采购人、采购代理机构虽然会对采购人员加强教育和培训，不断提高其职业素质和专业技能，但由于客观条件的限制或者受其他因素的制约，采购人员的职业素质和专业技能往往不可能完全符合采购工作的需要。因此，政府采购监督管理部门在制定采购人员职业素质与专业技能的具体标准和要求的同时，必须大力加强对采购人员的职业素质和专业技能的监督检查。

（二）集中采购机构的内部监督

集中采购机构应当建立健全内部监督管理制度。采购活动的决策和执行程序应当明确，并相互监督、相互制约。

（三）采购人的内部监督

采购人必须按照《政府采购法》规定的采购方式和采购程序进行采购。政府采购项目的采购标准和采购结果应当公开。

（四）政府其他有关部门的监督

依照法律、行政法规的规定对政府采购负有行政监督职责的政府部门，应当按照其职责分工，加强对政府采购活动的监督。

（五）政府采购活动的社会监督

任何单位和个人对政府采购活动中的违法行为，有权控告和检举，有关部门、机关依照各自职责及时处理。

【真题演练】下列选项中，可以对政府采购进行监督的有（　　）。（2012年，多项选择题）

A.财政部门

B.审计部门

C.监察部门

D.社会上的个人

【答案】ABCD

【解析】本题考查政府的监督检查。

第三节 国库集中收付制度

一、国库集中收付制度的概念

2001年，我国就开始了中央财政国库管理制度改革试点，要求中央试点单位的财政性资金通过国库单一账户体系储存、支付和清算。国库单一账户制度是国外普遍采用的一种有效的政府财政资金管理制度。这里所指的财政性资金包括财政预算内资金、纳入财政预算管理的政府性基金、纳入财政专户管理的预算外资金和其他财政性资金。

国库集中收付制度一般也称为国库单一账户制度，包括国库集中支付制度和收入收缴管理制度，是指由财政部门代表政府设置国库单一账户体系，所有的财政性资金均纳入国库单一账户体系收缴、支付和管理的制度。实行国库集中收付制度，改革以往财政性资金主要通过征收机关和预算单位设立多重账户分散进行缴库和拨付的方式，有利于财政性资金按规定程序在国库单一账户体系内规范运作，有利于收入缴库和支出拨付过程的有效监管，有利于预算单位单位用款及时和便利，解决了财政性资金截留、挤占、挪用等问题。

【真题演练】国库集中收付意味着所有财政性资金的收付、存储及资金清算活动均在国库单一账户体系内运行。（　　）（2011年，判断题）

【答案】√

【解析】国库集中收付制度一般也称国库单一账户制度，包括国库集中支付制度和收入收缴管理制度，是指由财政部门代表政府设置国库单一账户体系，所有财政性资金均纳入国库单一账户体系收缴、支付和管理的制度。

二、国库单一账户体系

(一) 国库单一账户体系的概念

国库单一账户体系是指以财政国库存款账户为核心的各类财政性资金账户的集合。所有财政性资金的收入、支付、存储及资金清算活动均在该账户体系运行。

(二) 国库单一账户体系

国库单一账户体系由下列账户构成：

(1) 财政部门在中国人民银行开设的国库单一账户（简称"国库单一账户"）；

(2) 财政部门在商业银行开设的零余额账户（简称"财政部门零余额账户"）；

(3) 财政部门在商业银行为预算单位开设的零余额账户（简称"预算单位零余额账户"）；

(4) 财政部门在商业银行开设的预算外资金财政专户（简称"预算外资金专

户");

（5）经国务院或国务院授权财政部批准为预算单位在商业银行开设的特殊专户（简称"特设专户"）。

财政部门是持有和管理国库单一账户体系的职能部门，任何单位不得擅自设立、变更或撤销国库单一账户体系中的各类银行账户。中国人民银行按照有关规定，对国库单一账户和代理银行进行管理和监督。这里所指的代理银行，是指财政部门确定的、具体办理财政性资金支付业务的商业银行。

> 【真题演练】用于财政直接支付和与国库单一账户支出清算的账户是（　　）。（2013年，单项选择题）
> A.国库单一账户　　　　　　B.财政部门零余额账户
> C.特殊专户　　　　　　　　D.预算单位零余额账户
> 【答案】B
> 【解析】本题考核国库单一账户体系。注意区分B和D项，财政部门零余额账户用于财政直接支付和与国库单一账户支出清算；预算单位零余额账户用于财政授权支付和清算。

三、财政收支的方式

（一）收缴方式

财政收入的收缴方式分为直接缴库和集中汇缴两种方式。

1.直接缴库

直接缴库是指由缴款单位或缴款人按有关法律法规规定，直接将应缴收入缴入国库单一账户或预算外资金财政专户。

2.集中汇缴

集中汇缴是指由征收机关（有关法定单位）按有关法律规定，将所收的应缴收入汇总缴入国库单一账户或预算外资金财政专户。

（二）支付方式

财政支出支付方式有：财政直接支付和财政授权支付。

1.财政直接支付

财政直接支付是指由财政部门向中国人民银行和代理银行签发支付指令，代理银行根据支付指令通过国库单一账户体系将资金直接支付到收款人（即商品或劳务的供应商等，同下）或用款单位（即具体申请和使用财政性资金的预算单位，同下）账户。

2.财政授权支付

财政授权支付是指预算单位按照财政部门的授权，自行向代理银行签发支付指令，代理银行根据支付指令，在财政部门批准的预算单位的用款额度内，通过国库单一账户体系将资金支付到收款账户。

> **【真题演练】**财政收入收缴方式中，由征收机关（有关法定单位）按有关法律法规规定，将所有收入汇总缴入国库单一账户或预算外资金财政专户的方式是（　　）。（2012年，单项选择题）
>
> A.分次汇缴　　　　　　　　　B.直接缴库
>
> C.集中汇缴　　　　　　　　　D.汇总缴纳
>
> **【答案】**C
>
> **【解析】**本题考核财政收入收缴方式。集中汇缴是指由征收机关（有关法定单位按有关法律法规规定，将所收的应缴收入汇总缴入国库单一账户或预算外资金财政专户。

▶▶ 同步练习

一、单项选择题

1.根据《预算法》的规定，（　　）审查中央和地方预算草案及中央和地方预算执行情况的报告。

A.财政部

B.国务院

C.全国人民代表大会

D.县级以上地方各级人民代表大会

2.预算年度又称财政年度或会计年度，是编制政府预算时规定的收支起止期限，通常为（　　）。

A.半年　　　　　　B.1年　　　　　　C.5年　　　　　　D.10年

3.根据《预算法》的规定，（　　）具体编制中央预算、决算草案，具体组织中央和地方预算的执行。

A.国务院财政部门

B.地方各级人民政府财政部门

C.全国人民代表大会

D.县级以上地方各级人民代表大会

4.政府采购的原则不包括（　　）。

A.公开透明　　　　B.公平竞争　　　　C.公正严明　　　　D.诚实守信

5.政府采购的主体范围是（　　）。

A.指采购方的组织性质、组织类别等

B.指采购资金来源、资金渠道等

C.采购人编制政府采购预算和计划的依据，也是政府采购监督管理部门进行监督检查的依据

D.指采购目的物的属性、形式等

6.《政府采购法》于（　　）起施行。

A.2004年1月1日

B.2003年1月1日

C.2003年6月1日

D.2004年6月1日

7.下列选项中不属于我国国家预算体系的是（　　）。

A.中央预算

B.省级（省、自治县、直辖市）预算

C.县市级（县、自治县、不设区的市、市辖区）预算

D.县级以上地方政府的派出机关预算

8.下列各项中，不属于《预算法》中划分预算职权的原则的是（　　）。

A.统一领导　　　　　B.各级独立　　　　　C.分级管理　　　　　D.权责结合

9.根据国库集中收付制度的规定，国库单一账户在（　　）中使用。

A.国库会计　　　　　　　　　　　B.财政总预算会计

C.行政单位会计　　　　　　　　　D.事业单位会计

10.下列关于财政授权支付的表述中，不正确的是（　　）。

A.预算单位按照财政部门授权自行向代理银行签发支付指令

B.代理银行根据支付指令在财政部门批准的预算单位的用款额度内支付

C.代理银行通过预算单位基本户将资金支付到收款人账户

D.代理银行通过国库单一账户体系将资金支付到收款人账户

二、多项选择题

1.国家预算的构成包括（　　）。

A.中央预算　　　　　B.地方预算　　　　　C.总预算　　　　　D.部门单位预算

2.以下属于预算收入的有（　　）。

A.税收收入　　　　　　　　　　　B.专项收入

C.外事服务收入　　　　　　　　　D.依照规定应当上缴的国有资产收益

3.政府采购的执行模式包括（　　）。

A.集中采购　　　　　B.集体采购　　　　　C.分散采购　　　　　D.个人采购

4.财政支出方式包括（　　）。

A.财政直接支付　　　　　　　　　B.财政授权支付

C.财政间接支付　　　　　　　　　D.财政指令支付

5.下列各项中构成国库单一账户体系的有（　　）。

A.国库单一账户

B.财政部门零余额账户

C.预算单位零余额账户

D.经国务院和省级人民政府批准或授权财政部门批准开设的特殊专户

6.各单位在预算管理中的职权主要包括（　　）。

A.编制本单位预算、决算草案　　　　B.按照国家规定上缴预算收入

C.安排预算支出　　　　　　　　　　D.接受国家有关部门的监督

7.政府采购方式包括（　　）。

A.指定采购　　　　　B.公开招标　　　　　C.国外采购　　　　　D.询价

8.下列各项中，（   ）属于各级国家权力机关、政府及其财政审计部门对各级政府预决算进行监督的内容。

A.对预算编制的监督　　　　　　　　B.对预算执行的监督

C.对预算调整的监督　　　　　　　　D.对决算的监督

9.下列各项中，（   ）属于应当公开的政府采购信息。

A.政府采购法规政策

B.供应商不良行为记录名单

C.采购代理机构不良行为记录名单

D.财政部门受理政府采购投诉的投诉处理决定

10.下列关于实行国库集中收付制度的表述中，正确的有（   ）。

A.有利于提高财政资金的拨付效率和规范化运作程度

B.有利于加强对收入缴库和支出拨付过程的监管

C.有利于预算单位用款及时和便利

D.有利于增强财政资金收付过程的透明度

三、判断题

1.目前国际上采用跨年制的国家最多。我国采用历年制预算年度。　　　　（   ）

2.中央预算由全国人民代表大会审批，地方各级政府预算由本级人民代表大会审批。　　　　　　　　　　　　　　　　　　　　　　　　　　　　　　（   ）

3.节约财政支出、提高采购资金的使用效益是政府采购功能之一。　　　（   ）

4.政府采购当事人分别为采购人、供应商和销售商。　　　　　　　　　（   ）

5.财政部门零余额账户是财政部门按资金使用性质在中国人民银行开设的零余额账户。　　　　　　　　　　　　　　　　　　　　　　　　　　　　　　（   ）

6.国库集中收付意味着所有财政性资金的收付、存储及资金清算活动均在国库单一账户体系内运行。　　　　　　　　　　　　　　　　　　　　　　　　（   ）

7.国家预算是国家在一定期间内预定的财政收支计划。作为一种收支计划，它不具有法律效力。　　　　　　　　　　　　　　　　　　　　　　　　　　（   ）

8.财政预算部门以部门编制预算作为起点。　　　　　　　　　　　　　（   ）

9.集中采购的资格，必须由国务院有关部门或省级人民政府有关部门认定。

（   ）

10.国库单一账户在财政总预算会计中使用。行政单位和事业单位会计中不设置该账户。　　　　　　　　　　　　　　　　　　　　　　　　　　　　　　（   ）

四、案例分析题

1.甲市某财政重大项目预算在执行过程中，因核心采购原料价格急剧上涨，导致项目采购预算不足。该项目财务负责人刘某认为，应当申请预算调整，以确保项目如期完工。该项目总负责人张某认为，项目预算调整是正常活动，只要报请财政部门审批即可。

请根据以上资料回答如下与预算有关的问题。

（1）下列关于甲市预算调整原因的叙述正确的有（　　）。

A.原批准的预算在执行中因特殊情况需要增加支出

B.原批准的预算在执行中因特殊情况需要减少收入

C.原批准的收支平衡的预算的总支出超过总收入

D.原批准的预算中举借债务的数额增加的部分变更

（2）下列各项中，甲市政府提出预算调整申请应当编制（　　）。

A.决算方案　　　　　　　　　　　B.预算调整方案

C.预算执行情况报告　　　　　　　D.预算批复报告

（3）根据《预算法》的规定，负责编制预算方案的为（　　）。

A.甲市人民代表大会　　　　　　　B.甲市人民代表大会常务委员会

C.甲市政府审计部门　　　　　　　D.甲市政府财政部门

（4）下列各项中，负责审查和批准甲市政府预算调整方案的是（　　）。

A.甲市人民代表大会　　　　　　　B.甲市人民代表大会常务委员会

C.甲市政府审计部门　　　　　　　D.甲市政府财政部门

（5）下列各项中，甲市政府预算调整方案应当列明的内容有（　　）。

A.原因　　　　　B.项目　　　　　C.数额　　　　　D.措施

2.甲事业单位拟对其办公设备（均未纳入集中采购目录）进行政府采购，其中，A设备是不具备竞争条件的物品，只能从乙供应商处取得采购货物。根据B设备的采购条件，甲事业单位选择采用邀请招标方式予以采购。根据C设备的采购条件，甲事业单位选择采用竞争性谈判方式予以采购。报据D设备的采购条件，甲事业单位选择采用单一来源方式予以采购。

根据以上资料，请回答下列问题。

（1）以下采购方式中，可以作为甲事业单位政府采购方式的为（　　）。

A.公开招标　　　B.邀请招标　　　C.竞争性谈判　　　D.询价

（2）对于甲事业单位拟政府采购的A设备，应当采用的采购方式为（　　）。

A.公开招标　　　B.邀请招标　　　C.竞争性谈判　　　D.单一来源采购

（3）以下情形中，甲事业单位对B设备可以采用邀请招标方式采购的为（　　）。

A.B设备具有特殊性，只能从有限范围的供应商处采购

B.B设备采用公开招标方式的费用占政府采购项目总价值的比例过大

C.发生了不可预见的紧急情况，B设备不能从其他供应商处采购

D.B设备只能从唯一供应商处采购

（4）以下情形中，甲事业单位对C设备可以采用竞争性谈判方式采购的为（　　）。

A.C设备招标后没有供应商投标或者没有合格标的或者重新招标未能成立

B.C设备技术复杂或者性质特殊，不能确定详细规格或者具体要求

C.C设备采用招标所需时间不能满足甲事业单位紧急需要

D.不能事先计算出C设备价格总额

（5）以下情形中，甲事业单位对D设备可以采用单一来源方式采购的为（　　）。

A.D设备只能从唯一供应商处采购

B.D设备具有特殊性，只能从有限范围的供应商处采购

C.发生了不可预见的紧急情况，设备不能从其他供应商处采购

D.D设备必须保证原有采购项目一致性或者服务配套要求，需要继续从原供应商处添购，且添购资金总额不超过原合同采购金额10%

第五章
会计职业道德

考情分析

    本章主要涉及的考点有会计职业道德的功能、会计职业道德的含义、加强会计职业道德教育的途径、会计职业道德规范的主要内容等。

    主要题型有单项选择题、多项选择题、判断题和案例分析题。

    学习的重点是会计职业道德规范的主要内容。

第一节 会计职业道德概述

一、职业道德的特征与作用

（一）职业道德的概念

职业道德是指在一定职业活动中应当遵循的、体现一定职业特征的、调整一定职业关系的职业行为准则和规范。

道德是指社会为了调整人们之间的关系所提倡的行为原则、行为规范的总和。道德作为一种意识形态，经历了从萌芽到形成，从少数人的明确意识到多数人意识的漫长的历史发展过程。在不同历史阶段，道德的内容、特征和职能都有所不同，但在调整人们的各种社会关系和社会活动、形成良好的社会环境和氛围等方面发挥着重要的作用。

职业道德是道德在职业方面的具体体现。长期从事某种职业的人们，由于特殊的活动方式，受过特殊的职业训练，往往会具有特殊的职业兴趣、爱好、习惯等心理传统，形成特殊的职业责任心、职业荣誉感和职业纪律，并在此基础上逐步建立从业人员应遵守的职业道德。

（二）职业道德的特征

职业道德具有职业性（行业性）、实践性、继承性和多样性等特征。

（1）职业性（行业性）。职业道德的内容与职业实践活动紧密相连，反映特定职业活动对从业人员行为的道德要求。

（2）实践性。由于职业活动都是具体的实践活动，因此，根据职业实践经验概括出来的职业道德规范具有较强的针对性、实践性。

（3）继承性。职业道德具有较强的相对稳定性和历史继承性的特点。

（4）多样性。职业道德与具体的职业相联系，而社会上的职业是复杂、多样的，因此有多少种职业就有多少种职业道德。

（三）职业道德的作用

职业道德的作用主要有：促进职业活动的有序进行、对社会道德风尚会产生积极的影响。

（四）职业道德的基本内容

根据《公民道德建设实施纲要》，职业道德的基本内容包括爱岗敬业、诚实守信、办事公道、服务群众、奉献社会。

（1）爱岗敬业。爱岗敬业是职业道德的基础，也是社会主义职业道德所倡导的首要规范。

（2）诚实守信。诚实守信是做人的基本准则，是企业等社会组织安身立命的根本。因此诚实守信也是职业道德的精髓。

（3）办事公道。办事公道体现公道正派、客观公正、公平公开、不偏不倚。

（4）服务群众。服务群众是职业道德的核心。

（5）奉献社会。奉献社会要求每一个从业人员把社会利益放在首位，是职业道德的出发点和归宿，是职业道德的最高境界。

二、会计职业道德的概念与特征

（一）会计职业道德的概念

职业道德来源于职业实践，会计亦不例外，会计职业道德是会计人员在长期的职业实践活动中逐步形成和总结出来的。会计职业道德是指在会计职业活动中应当遵循的、体现会计职业特征的、调整会计职业关系的职业行为准则和规范。广义上，会计职业道德调整规范对象有：总会计师、注册会计师、会计主管人员和拥有会计从业资格证书的人员等。会计职业道德的调整对象有：调整会计职业关系，调整会计职业中的经济利益关系，调整会计职业内部从业人员之间的关系。

会计职业道德是调整会计职业活动中各种利益关系的手段，会计职业道德具有相对稳定性和广泛的社会性。

一种职业道德的形成是一代代人通过长期的职业实践活动逐渐积累起来的。社会生产力的进一步发展，促进了会计职业实践活动的丰富和深化，使得会计职业关系日趋复杂，人们对会计职业活动的客观要求也日趋明确、增加，为了处理好会计职业关系，保证会计活动的正常进行，会计职业道德应运而生，并不断发展、完善。从新中国成立后到《会计法》颁布这段时期，对会计人员职业行为的要求散见于各种财务会计行政规章制度中，如1984年的《会计人员工作规则》、1996年的《会计基础工作规范》等。

（二）会计职业道德的特征

会计作为社会经济活动中的一种特殊职业，除具有职业道德的一般特征外，还具有一定的强制性和较多关注公众利益的特征。

1.强制性

法律是具有强制性的，它要求人们必须执行；而道德一般不具有强制性，它要求人们应该如何做。在我国，会计职业道德和其他道德不同，许多内容都直接纳入了会计法律制度，如《会计法》、《会计基础工作规范》等都规定了会计职业道德的内容和要求。因此，会计职业道德是一种"思想立法"，它已经超出"应该如何做"的界限，跨入"必须这样做"的范围。如果不按照"守则"、"准则"、"条例"等去做，有时虽谈不上犯罪，但也是违反职业纪律的，更是职业道德所不允许的。会计职业道德的这种独特的强制性是由会计工作在市场经济活动中的特殊地位所决定的。当然，会计职业道德的许多非强制性内容仍然存在，而且也在发挥着作用。例如，会计职业道德中的提高技能、强化服务、参与管理、奉献社会等内容虽然是非强制性要求，但其直接影响到专业胜任能力、会计信息质量和会计职业的声誉，也要求会计人员遵守。

2.较多关注公众利益

会计职业的一个显著特征是会计职业活动与社会公众利益密切联系。在会计工作中，会计确认、计量、记录和报告的程序、标准和方法，在选择和运用上发生任何变化，都会引起与经济主体有关的各方经济利益受到直接的影响。会计人员自身的经济利益往往与其所处的经济主体的利益一致，所以当经济主体利益与国家利益和社会公众利益出现矛盾时，会计人员的利益指向如果偏向经济主体，那么国家和社会公众的利益就会受损，便产生了会计职业道德危机。因此，会计职业的特殊性，对会计职业道德提出了更高的要求，要求会计人员客观公正，在会计职业活动中，发生道德冲突时要坚持准则，把社会公众利益放在第一位。

三、会计职业道德的功能与作用

（一）会计职业道德的功能

会计职业道德的功能主要有：指导功能、评价功能、教化功能。

1.指导功能

指导功能，即指导会计人员行为的功能。会计行为是由会计人员内心的信念来支配的。会计职业道德对会计行为提出了具体要求，比如诚实守信、客观公正等，引导会计人员树立正确的职业观念，遵循职业道德要求，以达到规范会计行为的目的。

2.评价功能

评价功能，即对会计人员的行为，根据一定的道德标准进行评价。会计目标就是为会计职业关系中的各个服务对象提供有用的会计信息。会计职业道德是否实现可以评价会计目标是否有效。如果会计人员不遵守诚实守信的职业道德要求，故意提供不充分、不可靠的会计信息，就会造成会计信息严重失真，使服务对象的决策失误，甚至导致社会经济秩序混乱。因此，会计职业道德规范约束着会计人员的职业行为，是评价会计目标的重要指标。

3.教化功能

道德具有引导人的行为的功能，其特点是劝善戒恶，并辅之以社会舆论的赞扬或谴责，进而作用于人的道德良心和道德情感。职业道德状况对社会道德风尚起到教化作用，经济的发展和社会的进步对会计人员的素质要求越来越高。会计职业道德是会计人员素质的重要体现。一个高素质的会计人员应当爱岗敬业，这正是会计职业道德的主要内容。要倡导会计职业道德，加强思想教育，同时结合会计活动，引导会计职业者进一步加强自我修养，提高专业水平，促进会计人员整体素质的提高。

（二）会计职业道德的作用

会计职业道德的作用主要有：

（1）会计职业道德是规范会计行为的基础

动机是行为的先导，有什么样的动机就有什么样的行为。会计职业道德对会计的行为动机提出了相应的要求，如诚实守信、客观公正等，引导、规劝、约束会计人员树立正确的职业观念，建立良好的职业品行，从而达到规范会计行为的目的。

（2）会计职业道德是实现会计目标的重要保证

从会计职业关系角度讲，会计目标就是为会计职业关系中的各个服务对象提供真实、可靠的会计信息。会计职业活动既是技术性的处理过程，同时又涉及对多种经济利益关系的调整。会计目标能否顺利实现，既取决于会计从业者专业技能水平，又取决于会计从业者能否严格履行职业行为准则。如果会计从业者故意或非故意地提供了不真实、不可靠的会计信息，就会导致服务对象的决策失误，甚至导致社会经济秩序混乱。因此，依靠会计职业道德规范约束会计从业者的职业行为，是实现会计目标的重要保证。

（3）会计职业道德是对会计法律制度的重要补充

会计职业道德是对会计法律制度的重要补充。在现实生活中，人们的很多行为很难由法律作出规定。例如，会计法律只能对会计人员不得违法的行为作出规定，不宜对他们如何爱岗敬业、诚实守信、提高技能等提出具体要求，但是，如果会计人员缺乏爱岗敬业的热情和态度，缺乏诚实守信的做人准则，没有必要的职业技能，则很难保证会计信息达到真实、完整的法定要求。很显然，会计职业道德是其他会计法律制度所不能替代的。会计职业道德是对会计法律规范的重要补充。

（4）会计职业道德是提高会计人员职业素养的内在要求

会计从业人员的职业素质与专业胜任能力不仅仅是加强自我修养的一部分，也是会计职业者遵循会计职业道德的可靠保证。如果会计从业者没有足够的专业能力完成会计工作，保证会计信息能够真实、完整地呈现，也就不可能达到会计职业道德的要求。

四、会计职业道德与会计法律制度的关系

会计职业道德是会计法律制度正常运行的社会和思想基础。会计法律制度是促进会计职业道德规范形成和遵守的制度保障。

（一）会计职业道德与会计法律制度的联系

会计法律制度是国家意志在会计领域中的法律表现，是根据国家利益和需要来进行调整、处理会计工作与其他各方面关系的特殊行为规范，也是国家领导和管理会计工作的重要手段。会计职业道德和会计法律制度一样，都是由社会经济关系决定的社会意识形态和上层建筑，都为经济基础服务。共同的基础决定目的和内容的一致性，都是服务于我国的现代化建设。从内容上看，会计法律制度禁止的行为，也是职业道德谴责的行为；相反，会计法律制度鼓励的行为也是职业道德倡导的行为。这些都表现它们的一致性。因此，会计职业道德是会计法律制度正常运行的社会和思想基础，会计法律制度是促进会计职业道德规范形成和遵守的制度保障。两者有着共同的目标、相同的调整对象，承担着同样的职责。

会计职业道德与会计法律制度的联系主要有：

（1）在作用上相互补充、相互协调

在规范会计行为中，我们不可能完全依赖会计法律制度的强制功能而排斥会计职业道德的教化功能，会计行为不可能都由会计法律制度进行规范，不需要也不宜由会计法律制度进行规范的行为，可通过会计职业道德规范来实现，同样，那些基本的会计行为必须运用会计法律制度强制规范。会计职业道德是会计法律制度正常运行的社会和思想基础，会计法律制度是促进会计职业道德规范形成和遵守的重要保障。

（2）在内容上相互借鉴，相互吸收

会计法律制度中含有会计职业道德规范的内容，同时，会计职业道德规范中也包含会计法律制度的某些条款。最初的会计职业道德规范就是对会计职业行为约定俗成的基本要求，后来制定的会计法律制度吸收了这些基本要求，便形成了会计法律制度。可以说，会计法律制度是会计职业道德的最低要求。

（二）会计职业道德与会计法律制度的区别

会计职业道德与会计法律制度作为社会规范，均属于会计人员行为规范的范畴，两者既有联系，也有区别。

1.性质不同

会计法律制度具有很强的他律性，而会计职业道德具有很强的自律性。会计法律制度充分体现统治阶级的愿望和意志，在一个阶级社会里只有一种会计法律制度体系。会计职业道德并不是统治阶级的意志，很多来自职业习惯和约定俗成。会计职业道德依靠会计从业人员的自觉性，并依靠社会舆论和良心来实现。因此，会计法律制度通过国家机器强制执行，具有很强的他律性。会计职业道德主要依靠会计从业人员的自觉性，具有很强的自觉性。

2.作用范围不同

会计法律制度侧重于调整会计人员的外在行为和结果的合法化；会计职业道德则不仅要调整会计人员的外在行为，还要调整会计人员内在的精神世界。会计法律制度的各种规定是会计职业关系得以维系的最基本的条件，是对会计从业人员行为的最低限度的要求，用于维系现有的会计职业关系和正常的会计工作秩序。在会计职业活动的实践中，虽然有很多不良的会计行为在违反了会计法律制度的同时，也违反了会计职业道德，但有的不良的会计行为只是违反了会计职业道德而没有违反会计法律制度，如会计人员不钻研业务，不加强新知识的学习，缺乏胜任工作的能力。这只能说会计人员没有很好地遵守会计职业道德，但不能说其违反了会计法律制度。再如，某些会计人员对本职工作仅满足现状、不求进取、应付差事，尽管不能说这种现象违反了会计法律制度，但它违背了爱岗敬业、提高技能等会计职业道德规范的要求。

3.表现形式不同

会计法律制度的实现形式是具体的、明确的、正式形成文字的成文规定；会计职业道德出自于会计人员的职业生活和职业实践，其实现形式既有明确的成文规定，又有不成文的规定，存在于人们的意识和信念之中。

4.实施保障机制不同

会计法律制度由国家强制力保障实施；会计职业道德既有国家法律的相应要求，又需要会计人员自觉遵守。会计法律制度不仅仅是一种权利和义务的规定，为了达到有法必依、执法必严、违法必究的目的，还需要一套保障机制。会计法律制度的这种保障机制不仅体现在其法律规范的内容中，而且体现在具备与之相配合的权威的制裁和审判机关。人们对会计职业道德上的权利与义务发生争议时，没有像会计法律那样得到明确裁定的保障机制，主要靠有关部门的惩戒处罚和社会舆论良心、道义上的谴责，靠会计人员的自觉遵守。

5.评价标准不同

会计法律是以会计人员享有的权利和义务为标准来判定其行为是否违法；而会计职业道德则以善恶为标准来判定人们的行为是否违背道德规范。善与恶是道德评价的标准，也可作为会计职业道德评价的标准。一般来讲，会计职业道德善恶标准具有客观性、相对性、绝对性。

【真题演练】会计职业道德与会计法律制度的区别主要体现在（ ）。（2012年，多项选择题）

A.两者的性质不同

B.两者作用范围不同

C.两者表现形式不同

D.两者实施保障机制不同

【答案】ABCD

【解析】会计职业道德与会计法律制度的区别主要包括：二者的性质不同，作用范围不同，表现形式不同，实施保障机制不同，评价标准不同。

第二节　会计职业道德规范的主要内容

一、爱岗敬业

（一）爱岗敬业的含义

爱岗敬业是指忠于职守的事业精神，这是会计职业道德的基础。要求会计人员热爱会计工作，安心本职岗位，忠于职守，尽心尽力，尽职尽责。对劳动者来说，爱岗就意味着在任何时候和任何场合下都要做到忠于职守，尽心尽力，尽职尽责。敬业就是会计人员应该充分认识本职工作在社会经济活动中的地位和作用，认识本职工作的社会意义和道德价值，具有会计职业的荣誉感和自豪感，在职业活动中具有高度的劳动热情和创造性，以强烈的事业心、责任感，从事会计工作。

爱岗敬业包括爱岗和敬业两个方面。如果说爱岗是职业道德的前提和基础，那么敬业就是整个职业道德的核心，敬业与爱岗相互促进、相辅相成。对会计人员来说，只有把职业权利和职业义务有机地结合起来，才能恪尽职守，出色完成所承担的任务和责任。做好本职工作，这就是爱岗意识在会计工作中的具体体现。敬业精神要求会计人员在工作中要做到"勤学"、"勤练"、"勤思"。勤学就是要勤奋学习，会计作为一项经济管理工作，对会计人员的业务素质有着相当高的要求，不仅要求会计人员具有较高的经济理论水平、政策法规水平、文字表达水平和相关业务知识水平，而且还要具备较强的会计理论水平、会计操作能力、财务管理能力等。这就要求会计人员要不断学习。勤练就是多操练，会计不仅是一门理论性很强的科学，而且更是一项注重实践，具有较强操作技能的技术工作。除了要有广博精深的理论知识外，还要有精深的专业业务技术，所以会计从业人员必须积极地实践，通过反复操练，勤练，了解新情况，增加新知识，使自己能够适应不断发展变化的会计工作。勤思就是在学中思，不断学习、思考、实践、探索、总结经验，不断提高自己的业务素质水平。

（二）爱岗敬业的基本要求

爱岗敬业的基本要求是：

（1）正确认识会计职业，树立职业荣誉感

会计人员应该充分认识本职工作在社会经济活动中的地位和作用，认识本职工作的社会意义和道德价值，具有会计职业的荣誉感和自豪感，在职业活动中具有高度的劳动热情和创造性，以强烈的事业心、责任感，从事会计工作。如果会计人员对所从事的职业重要性缺乏正确的认识，必然会自觉或不自觉地反映到其职业行为中导致职业道德问题。

（2）热爱会计工作，敬重会计职业

会计人员只有热爱本职工作，敬岗爱业，才能忠于职守，干好本职工作。树立正确的职业观，必须对自己从事的职业的重要性有个正确的认识。一个人对自身职业的热爱，最根本的一条就是对这一职业要有深刻的理解。因此，敬重会计职业也来自会计人员对会计工作的深刻理解和热爱。

（3）安心工作，任劳任怨

安心工作既要求会计人员要潜下心来"勤学多思，勤问多练"，以真正成为会计行业的行家。任劳任怨既要求会计人员具有不怕吃苦，不计较个人得失的思想境界，具有"对工作极端负责任"的敬业精神和方便群众、勤奋工作的工作态度。

（4）严肃认真，一丝不苟

从业者对自己本职工作的热爱，必定会体现在对工作所必需的职业技能的态度上，体现在对自己工作成果的追求上。这就是对工作严肃认真、一丝不苟，对技术精益求精。会计工作是一项严肃细致的工作。没有严肃认真的工作态度和一丝不苟的工作作风，就容易出现偏差。对一些损失浪费、违法乱纪的行为和一切不合法、不合理的业务开支，要严肃认真地对待，把好费用支出关。严肃认真、一丝不苟的职业作风贯穿于会计工作的始终，不仅要求数字计算准确，手续清楚完备，而且绝不能有"都是熟人不会错"的麻痹思想和"马马虎虎"的工作作风。

（5）忠于职守，尽职尽责

忠于职守，不仅要求会计人员认真地执行岗位规范，而且要求会计人员在各种复杂的情况下，能够抵制各种诱惑，忠实地履行岗位职责。尽职尽责具体表现为会计人员对自己应承担责任和义务所表现出的一种责任感和义务感，这种责任感和义务感包含两方面的内容：一是社会或他人对会计人员规定的责任；二是会计人员对社会或他人所负的道义责任。

【真题演练】爱岗敬业是会计职业道德的精髓。（　　　）（2015年，判断题）

【答案】×

【解析】爱岗敬业是会计职业道德的基础。

【真题演练】下列各项中，体现会计职业道德关于"爱岗敬业"要求的有（　　　）。（2014年，多项选择题）

A.工作一丝不苟　　　　　　　　B.工作尽职尽责

C.工作精益求精　　　　　　　　D.工作兢兢业业

【答案】ABCD

【解析】本题考核爱岗敬业要求。爱岗敬业基本要求包括：正确认识会计职业，树立职业荣誉感；热爱会计工作，敬重会计职业；安心工作，任劳任怨；严肃认真，一丝不苟；忠于职守，尽职尽责。

二、诚实守信

（一）诚实守信的含义

诚实是指言行思想一致，不弄虚作假、不欺上瞒下，做老实人，说老实话，办老实事。守信就是遵守自己所作出的承诺，讲信用、重信用，信守诺言，保守秘密。诚实守信是做人的基本准则，是人们在古往今来的交往中产生出的最根本的道德规范，也是会计职业道德的精髓。

诚实与守信具有内在的因果联系，一般来说，诚实即为守信，守信就是诚实。有诚无信，道德品质得不到推广和延伸；有信无诚，信就失去了根基，德就失去了依托。诚实必须守信。

（二）诚实守信的基本要求

诚实守信的基本要求是：

（1）做老实人，说老实话，办老实事，不搞虚假

做老实人，要求会计人员言行一致，表里如一，光明正大。说老实话，要求会计人员说话诚实，是一说一，是二说二，不夸大、不缩小、不隐瞒，如实反映和披露单位经济业务事项。办老实事，要求会计人员工作踏踏实实，不弄虚作假，不欺上瞒

下。总之，会计人员应言行一致。

（2）保守秘密，不为利益所诱惑

所谓保守秘密就是指会计人员在履行自己的职责时，应树立保密观念，做到保守商业秘密，对机密资料不外传、不外泄，守口如瓶。在市场经济中，秘密可以带来经济利益，严守单位的商业秘密是极其重要的，它往往关系到单位的生死存亡。会计人员因职业特点经常接触到单位和客户的一些秘密，如单位的财务状况、经营情况、成本资料及重要单据、经济合同等。因而，会计人员应依法保守单位秘密。这是会计人员应尽的义务，也是诚实守信的具体体现。

泄密，不仅是一种不道德的行为，也是违法行为，是会计职业的大忌。会计人员在没有得到法律规定或经单位规定程序批准外，不能以任何借口或方式把单位商业秘密泄露出去。会计人员如果泄露本单位的商业秘密，不仅会对单位的利益产生威胁，同时也将会损害会计人员自身的形象和利益。首先，会计人员是单位的一分子，泄露单位的商业秘密后会使单位利益受损，单位的损失最终将不同程度地反映到每位员工身上，会计人员也会深受其害。其次，泄露商业秘密属于违法行为，一旦查出，泄露秘密的会计人员将承担法律责任。最后，会计人员泄漏商业秘密将对整个会计职业的社会声誉产生负面影响，使会计职业信誉"受到怀疑"，整个行业的利益蒙受损失。在这一点上，对注册会计师的影响尤为显著。

会计人员要做到保密守信，就要注意不在工作岗位以外的场所谈论、评价企业的经营状况和财务数据。此外，在日常生活中会计人员也应有必要的警惕性，防止无意泄密。俗话说，说者无意，听者有心。人们在日常交流中经常会对熟知的事情脱口而出，而没有想到后果。为了防止这种情况的发生，会计人员要了解自己所知的信息中，哪些是商业秘密，哪些是无关紧要的事项，以防止无意泄密的情况发生，要抵制住各种各样的利益诱惑，绝对不能将商业秘密作为谋利的手段。

（3）执业谨慎，信誉至上

在讲究公平与效率的社会主义市场经济社会中，会计人员要想得到社会及人们的尊重和信任，必须对自己所处的社会，对自己所从事的会计职业，对社会交往的规则持一种执业谨慎、信誉至上的态度。市场经济社会中的会计人员都要靠对自己的社会的尊重、信任。会计人员能诚心诚意地怀着执业谨慎的态度对待自己的会计工作。这样，会计工作就会更有效率，也会产生更多先进的会计思想。会计工作有效、有成果，自然会有社会信誉。

三、廉洁自律

（一）廉洁自律的含义

廉洁就是不贪污钱财，不收受贿赂，保持清白。自律是指自律主体按照一定的标准，自己约束自己、自己控制自己的言行和思想的过程。廉洁自律是会计职业道德的前提，也是会计职业道德的内在要求。

廉洁自律是中华民族的一种传统美德，也是社会主义职业道德规范的重要内容之一。在古代，中国人把那些清正廉明、秉公执政、不苟得、不妄取、不敛财、不弄权的官吏称为"清官""廉吏"，进行称赞、歌颂。儒家认为，清廉是为政之本、为官之德。如今，全心全意为人民服务成为社会主义职业道德的核心，廉洁自律必将成为社会主义职业道德的重要内容。在会计职业中，廉洁自律有其特定的含义。会计职业是一项极为特殊的职业，是一项与钱、财、物直接打交道的职业。在市场经济环境下，每一个人首先是一个经济人，其次才是一个社会人。正所谓："天下熙熙，皆为利来；天下攘攘，皆为利往。"廉洁自律要求会计人员公私分明、不贪不占、遵纪守法、清正廉洁。

（二）廉洁自律的基本要求

廉洁自律的基本要求有：

（1）树立正确的人生观和价值观

价值观是人们对于价值的根本观点和看法。它是世界观的一个组成部分，包括对价值的分析、功能、创造、认识、实现等有关价值的一系列问题的基本观点和看法。人生观就是指人生价值观，是人们对人生的目的和意义的总的看法和观点，其核心是人生价值问题。正确的价值观和人生观可以使人们正确认识金钱的作用。就是说，会计人员以马克思主义、毛泽东思想、邓小平理论为指导，树立正确的人生观和价值观，才能自觉地在会计工作中实现廉洁自律，抵制享乐主义、个人主义、金钱万能论等错误思想。总的来说，正确的人生观和价值观可以产生廉洁自律，廉洁与自律是相互促进的关系，廉洁自律反过来又可以固化正确的价值观和人生观。

（2）公私分明，不贪不占

正人先正己，无私才无畏。公私分明是一名会计人员做到廉洁自律的基础。会计人员由于处于管家理财的特殊地位，随时随地都可能遇到不道德的行为，特别是面对金钱的诱惑，可能不知不觉地产生不道德的欲望。只有公私分明、不贪不占，才能做到保持廉洁清正，不为金钱、私利所诱惑，在不断提高自己政治觉悟的同时，依靠个人的良心、内心信念的力量严格约束自己的行为。不贪不占，会计人员在自己的岗位上保持洁身自好、不贪不占的高尚品德，必须彻底摒弃"金钱至上、金钱万能"的人生哲学，在不义之财面前决不动心，在执行财会法规时刚正不阿，决不利用手中权力贪占便宜。

（3）遵纪守法，一身正气

遵纪守法，一身正气，就是会计从业人员在从事会计职业时，要按照国家法律法规规定履行职责，自尊，自爱，自律，珍惜会计人员的身份，品质和荣誉，严格约束自己的行为，不仅自己不以权谋私，不违法乱纪，并且要一身正气，抵制行业不正之风，敢于同违纪现象做斗争。

四、客观公正

（一）客观公正的含义

客观是指按事物的本来面目去反映，不掺杂个人的主观意愿，也不为他人意见所左右。公正就是平等、公平、正直，没有偏失。客观公正是会计职业道德所追求的理想目标。客观公正是会计人员必须具备的行为品德，是会计职业道德规范的灵魂。所谓客观，是指会计人员在处理会计事务时必须以实际发生的交易或事项为依据，如实反映企业的财务状况、经营成果和现金流量情况，不掺杂个人主观意愿，不为单位领导的意见左右；所谓公正，是指会计人员应该具备正直、诚实的品质，不偏不倚地对待有关利益各方，做到一碗水端平。客观公正，不只是一种工作态度，更是会计人员追求的一种境界。做好会计工作无疑需要丰富的专业知识和专业技能，但是，这并不足以保证会计信息的质量，没有客观公正的工作态度，很可能提供虚假信息甚至串通舞弊。

社会经济是复杂多变的，会计法律制度不可能对所有的经济事项作出规范，那么会计人员对经济事项的职业判断就可能会出现偏差。因此，客观公正是会计工作和会计人员追求的目标，应通过不断提高专业技能，正确理解、把握并严格执行会计准则、制度，不断消除非客观、非公正因素的影响，做到最大限度的客观公正。

（二）客观公正的基本要求

客观公正的基本要求有：

（1）依法办事

依法办事，认真遵守法律法规，是会计工作保持客观公正的前提。当会计人员有了端正的态度和专业知识技能之后，必须依据《会计法》《企业会计准则》等法律、法规和制度的规定进行会计业务处理，并对复杂疑难的经济业务，作出客观的会计职业判断。总之，只有熟练掌握并严格遵守会计法律法规，才能客观公正地处理会计业务。

（2）实事求是

在实际生活中，要做到"客观公正"，最根本的是要有"实事求是"的科学态度。没有实事求是的严谨态度，主观地、片面地、表面地看问题，就无法根据客观情况来公正地处理问题。即使主观上想"客观公正"，客观上也无法实现。

（3）如实反映

应该如实反映单位经济业务活动情况，不为个人和小集团利益伪造账目，弄虚作假，损害国家和社会公众利益。

五、坚持准则

（一）坚持准则的含义

坚持准则是指会计人员在处理业务过程中，要严格按照会计法律制度办事，不为主观或他人意志左右。

坚持准则，要求会计人员熟悉国家法律、法规和国家统一的会计制度，始终坚持按法律法规和国家统一的会计制度的要求进行会计核算，实施会计监督。

坚持准则是会计人员做到依法办事的核心内容。会计人员的依法办事所涵盖的内容很多。这里的法律包括基本法规、经济法规、税收法规、财会审计法规、内部财务管理制度等等。不坚持准则，会计人员在工作中将无所适从，会计人员的权益得不到保障，相应的义务也无法有效地履行。因此，只有坚持准则，会计人员依法办事才有意义。

坚持准则是会计人员胜任本职工作的基础。会计作为一种经济管理工作，对会计人员业务素质有着相当高的要求。财务会计专业知识和能力是会计业务素质的核心。要做业务精、技术硬的会计人员，需要不断学习，不断提高自身的素质水平。对于从事会计职业的劳动者来说，只有运用会计准则中的理论作为指导，才能在实际工作中，面对不断变化的经济形势和新情况，作出正确的职业处理和职业判断。

会计准则是用来规范企业法人组织经济行为的法规。由于组织的经济行为表现为一定的会计业务，因而会计人员对正确处理有关的经济活动起着至关重要的作用。也就是说，组织的经济行为是否符合会计准则的规定，会计人员具有识别、监督和反映的责任。因此，会计人员必须熟悉和掌握准则的具体规定，并在工作中遵守这些规定和要求，保护企业、国家、债权人、投资人和其他相关当事人之间的经济利益。

（二）坚持准则的基本要求

坚持准则的基本要求有：

（1）熟悉准则

熟悉准则是指会计人员应了解和掌握《会计法》和相关会计法规。这是遵循准则和坚持准则的前提。会计人员在记账、算账和报账过程中会时时、事事、处处涉及政策界限、利益关系的处理，需要遵循准则、执行准则、坚持准则。只有熟悉准则，才能按准则办事，才能遵纪守法，保证会计信息的真实、完整。会计人员应当根据自己的实际需要，了解和熟悉与会计相关的经济法律，如税收、金融、证券、票据和同等法律制度。此外，还要熟悉本部门、本单位指定的管理制度。只有熟悉准则，才有可能提高会计人员的守法能力。这是做好会计工作的前提。

（2）遵循准则

遵循准则即执行准则。会计人员在会计核算和监督时要自觉、严格地遵守各项准则，自律在先，同时，也要求他人遵守准则，将单位具体的经济业务事项和经济行为与法律制度相对照，先作出是否合法合规的判断，对不合法的经济业务不予受理。会计人员要经常学习、掌握准则的最新变化，了解本部门、本单位的实际情况，准确地理解和执行准则，还要在面对实际经济生活中出现新情况、新问题以及准则未涉及的经济业务或事项时，通过运用所掌握的会计准则理论和技能，作出客观的职业判断，予以妥善处理。

（3）敢于同违法行为做斗争

市场经济是利益经济，在企业的经营活动中，国家利益、集体与单位、部门以及个人利益经常发生冲突。在实际工作中，会计人员坚持准则、行使会计监督职权时常会遇到挑战。一些单位负责人为了个人利益和小团体利益对会计人员施压。为了切实维护会计人员的合法权益，《会计法》强化了单位负责人对本单位会计工作和会计资料的真实、完整负责任，改善了会计执法环境。《会计法》还规定：会计人员必须按照国家统一的会计制度的规定对原始凭证进行审核，对不真实、不合法的原始凭证有权不予以接受，并向单位负责人报告；对记载不准确、不完整的原始凭证予以退回，并要求按照国家统一会计制度的规定更正。会计人员对违反《会计法》和国家统一会计制度规定的会计事项，有权拒绝办理或者按照职权予以纠正。会计人员应依法履行会计监督职责，发生道德冲突时，应敢于同违法行为作斗争，确保会计信息的真实性和完整性。

> 【真题演练】坚持依法办理会计事项，体现（　　　）方面的会计职业道德。（2014年，单项选择题）
>
> A.坚持准则 B.提高技能
>
> C.参与管理 D.廉洁自律
>
> 【答案】A
>
> 【解析】坚持准则是会计人员胜任本职工作的基础，故本题选择A选项。

六、提高技能

（一）提高技能的含义

提高技能是指会计人员通过学习、培训和实践等途径，持续提高会计职业技能，以达到和维持足够的专业胜任能力的活动。会计工作者必须不断地提高职业技能，这是会计人员的义务，也是做到客观公正、坚持准则的基础，是参与管理的前提。

所谓会计职业技能，是指一切从事会计工作的人员必须具备的专业知识和经验，以及应用这些知识和经验处理具体会计问题的能力，包括会计理论水平、会计实务能力、职业判断能力、沟通交流能力等。会计工作的特征决定了会计职业技能具备以下几个特点：一是政策性强。会计职业活动必须依据党和国家制定的方针政策、法令、制度进行。每一项经济政策、法令、制度的颁布实施，都直接或间接地反映在会计工作上。因此，广大会计人员在职业实践活动中必须不折不扣地按照政策办事，否则就是失职。二是涉及面广。会计工作是一项综合性工作，一方面是通过执行经济政策、法令、制度，对各项经济活动进行直接或间接的管理，另一方面指导和协助有关部门或单位拟定财务会计制度，完善单位内部管理。三是技术性强。会计工作是经济管理专业性工作，自觉掌握各种专业知识和专业技能才能完成会计工作任务。会计人员知识面越广，专业技术越熟练，工作质量和工作效率就会越高。因此，提高技能就是要求会计人员增强提高专业技能的自觉性和紧迫感，勤学苦练，刻苦钻研，不断进取，提高业务水平。

（二）提高技能的基本要求

提高技能的基本要求有：

（1）具有不断提高会计专业技能的意识和愿望

随着市场经济的发展、全球经济一体化以及科学技术日新月异，会计在经济发展中的作用越来越明显，对会计的要求也越来越高，会计人才的竞争也越来越激烈。会计人员要想生存和发展，就必须具有不断提高会计专业技能的意识和愿望，才能不断进取，才会主动地求知、求学，刻苦钻研，使自身的专业技能不断提高，使自己的知识不断更新，从而掌握过硬的本领，在会计人才的竞争中立于不败之地。

（2）具有勤学苦练的精神和科学的学习方法

①会计人员学习会计知识、进行会计核算、监督经济活动都要以一定的科学文化知识为后盾，所以会计人员首先要学习科学文化知识。会计知识是会计人员进行会计工作的基础，它可以指导会计准则和会计制度的设计。会计专业技术是在实践中培训形成的，它是会计人员在掌握了一定的科学文化知识和会计理论知识后，根据会计准则和会计制度，结合具体经济业务事项的处理锻炼出来的工作本领。所以，会计人员应该以过硬的科学文化知识、会计知识为前提，在实践中不断磨炼自己，提高专业技术水平。

②在会计实践中不断提高会计职业能力。会计是一种时间性很强的工作，会计业务的操作能力是在工作中逐渐锻炼培养出来的。因此，一方面应该认真学习会计理论、会计准则等会计知识；另一方面，要不断强化专业操作能力的训练。提高专业操作能力的途径有两个，一是进行课堂中的会计业务处理训练，二是在具体会计岗位上学习。在会计岗位上，可以学到书本上没有的知识和与书本中相异的知识。通过实践学习，不仅可以了解新情况，学习新知识，还可以培养一个人的综合素质和业务能力，开阔视野，启发思维。理论联系实践是最好的学习方法之一，它可以把理性的东西和感性的东西结合起来，全面认识事物。特别是对于层次不高的会计人员来说，理论联系实际的学习方法可以使晦涩难懂的会计理论变得活灵活现，容易掌握，更有利于提高会计工作能力。

③精益求精，不断提高业务素质。现代会计是集高科技、高知识于一体的事业，会计理论的不断创新，新的会计科学分支的不断出现，会计电算化和网络化的发展，这些都要求会计人员对专业技能精益求精。没有精益求精的"敬业"精神，就不能很好地为企业的发展出谋划策，解决工作中的难题。精益求精就是博览专业书籍，掌握会计技能，学习相关知识。不学无术，鄙视专业技能，轻视会计业务，以为其微不足道或者对其似懂非懂、似通非通，对会计工作者来说是不道德的表现。

【真题演练】下列各项中，属于会计技能的有（　　　）。（2005年，多项选择题）

A.提供会计信息能力　　　　B.会计实务操作能力

C.职业判断能力　　　　　　D.沟通交流能力

【答案】ABCD

【解析】会计职业技能包括：会计理论水平、会计实务能力、职业判断能力、自动更新知识能力、提供会计信息的能力、沟通交流能力以及职业经验等。

七、参与管理

（一）参与管理的含义

参与管理是指参加管理活动，为管理者当参谋，为管理活动服务。会计管理是企业管理的重要组成部分，在企业管理中具有十分重要的作用。会计工作的性质决定了会计在企业管理活动中更多的是从事间接管理活动。参与管理就是要求会计人员积极主动地向单位领导反映本单位的财务、经营状况及存在的问题，主动提出合理化建议，积极地参与市场调研和预测，参与决策方案的制订和选择，参与决策的执行、检查和监督，为领导的经营管理和决策活动，当好助手和参谋。如果没有会计人员的积极参与，企业的经营管理就会出现问题，决策就可能出现失误。会计人员特别是会计部门的负责人，必须强化自己参与管理、当好参谋的角色意识和责任意识。

（二）参与管理的基本要求

参与管理的基本要求有：

（1）努力钻研业务，熟悉财经法规和相关制度，提高业务技能，为参与管理打下坚实的基础

娴熟的业务，精湛的技能，是会计人员参与管理的前提。会计人员只有努力钻研业务，不断提高业务技能，深刻领会财经法规和相关制度，才能参与管理，改善经营管理，提高经济效益服务。钻研业务、提高技能，首先要求会计人员要有扎实的基本功，掌握会计的基本理论、基本方法和基本技能，做好会计核算的各项基础性工作，确保会计信息真实、完整。其次，要充分利用掌握的大量会计信息，运用各种管理分析方法，对单位的经营管理活动进行分析、预测，找出经营管理中的问题和薄弱环节，提出改进意见和措施，把管理结合在日常工作中。从而使会计的事后反映变为事前的预测和事中的控制，真正起到当家理财的作用，成为决策层的参谋助手。

（2）熟悉服务对象的经营活动和业务流程，使管理活动更具针对性和有效性

会计人员应当了解本单位的整体情况，特别是要熟悉本单位的生产经营、业务流程和管理情况，掌握单位的生产经营能力、技术设备条件、产品市场及资源状况等情况。只有如此，才能充分利用会计工作的优势，更好地满足经营管理的需要，才能在参与管理的活动中有针对性地拟订可行性方案，从而提高经营决策的合理性和科学

性，更有效地服务于单位的总体发展目标。

> 【真题演练】下列各项中，符合会计职业道德"参与管理"的行为有（　　）。（2013年，多项选择题）
>
> A.对公司财务会计报告进行综合分析并提交风险预警报告
>
> B.参加公司重大投资项目的可行性研究和投资效益论证
>
> C.分析坏账形成原因，提出加强授信管理、加快货款回收的建议
>
> D.分析现企业盈利能力，查找存在的问题，提出多记费用减少纳税的措施
>
> 【答案】ABC
>
> 【解析】减少纳税是不合法的，不是参与管理的内容。

八、强化服务

（一）强化服务的含义

强化服务就是要求会计人员具有文明的服务态度、强烈的服务意识和优良的服务质量。会计职业道德水平的高低并不是虚无的、观念的东西，并不是看不见、摸不着，而是可通过一定的表现形式体现出来的，这就是会计职业的服务。通过强化会计人员的服务态度，提高会计人员的服务质量、服务效果和服务水平，可以体现会计职业的精神风貌和职业道德水平。会计职业强化服务的结果就是奉献社会。如果说爱岗敬业是会计职业道德的出发点，那么，强化服务、奉献社会就是会计职业道德的归宿点。

（二）强化服务的基本要求

强化服务的基本要求有：

（1）强化服务意识

会计人员要树立强烈的服务意识，为管理者服务、为所有者服务、为社会公众服务、为人民服务。不论服务对象的地位高低，都要摆正自己的工作位置，管钱管账是自己的工作职责，参与管理是自己的义务。只有树立了强烈的服务意识，才能做好会计工作，履行会计职能，为单位和社会经济的发展作出应有的贡献。

（2）提高服务质量

强化服务的关键是提高服务质量。单位会计人员的服务质量表现在，是否真实地记录单位的经济活动，向有关方面提供可靠的会计信息，是否积极主动地向单位领导反映经营活动情况和存在的问题，提出合理化建议，协助领导决策，参与经营管理活动。注册会计师的服务质量表现在，是否以客观、公正的态度正确评价委托单位的财务状况、经营成果，出具恰当的审计报告，为社会公众及信息使用者服好务。需要注意的是，在会计工作中提供上乘的服务质量，并非无原则地满足服务主体的需要，而是在坚持原则、坚持准则的基础上尽量满足用户或服务主体的需要。

【真题演练】某公司资金紧张，需向银行贷款500万元。公司经理请张会计对公司提供给银行的会计报表进行技术处理。张会计很清楚公司目前的财务状况和偿债能力，做这种技术处理是很危险的，但在经理的反复开导下，张会计感恩于经理平时对自己的照顾，于是编制了一份经过技术处理后"漂亮"的会计报告。公司获得了银行的贷款。下列对张会计行为的认定中正确的是（　　　）。（2012年，单项选择题）

A.张会计违反了爱岗敬业、客观公正的会计职业道德要求

B.张会计违反了客观公正、坚持准则的会计职业道德要求

C.张会计违反了参与管理、坚持准则的会计职业道德要求

D.张会计违反了强化服务、客观公正的会计职业道德要求

【答案】B

【解析】"在经理的反复开导下，张会计感恩于经理平时对自己的照顾，于是编制了一份经过技术处理后'漂亮'的会计报告"，张会计违反了客观公正、坚持准则的会计职业道德要求。

第三节　会计职业道德教育

一、会计职业道德教育的含义

会计职业道德教育是根据会计工作的特点，有目的、有组织、有计划地对会计人员施加系统的会计职业道德影响，促使会计人员形成会计职业道德品质，履行会计职业道德义务的活动。会计职业道德教育的主要任务是帮助和引导会计人员培养会计职业道德情感，树立会计职业道德信念，遵守会计职业道德规范，使会计人员懂得：什么是对的，什么是错的；什么是可以做的，什么是不应该做的；什么是必须提倡的，什么是坚决反对的。

二、会计职业道德教育的形式

会计职业道德教育的形式有：

1.接受教育（外在教育）

接受教育即外在教育，是指通过学校或培训单位对会计人员进行以职业责任、职业义务为核心内容的正面灌输，以规范其职业行为，维护国家和社会公众利益的教育。接受教育具有导向作用。对职业道德教育的组织者，接受教育是主动开展正面教育和灌输；对会计人员则是被动学习、被动接受教育。

2.自我修养（内在教育）

自我修养是相对于接受教育而言的，是一种通过自我学习提升自身道德修养的行

为活动。把外在的会计职业道德的内容要求逐步转变为会计人员内在的职业道德认识、会计职业道德情感、会计职业道德意志和会计职业道德信念，要通过内在的自我教育才能实现。要大力提倡和引导会计人员自我教育，在社会实践中不断地加强职业道德修养，养成良好的道德行为，从而实现道德境界的升华。

三、会计职业道德教育的内容

会计职业道德教育内容包括：

（1）会计职业道德观念教育。会计职业道德观念教育就是在社会上广泛宣传会计职业道德基本常识，使广大会计人员懂得什么是会计职业道德，了解会计职业道德对社会经济秩序、会计信息质量的影响，以及违反会计职业道德将受到的惩戒和处罚，并利用广播电视、报纸杂志等媒介，表彰坚持原则、德才兼备的会计人员，鞭笞违法违纪的会计行为，最终形成遵守职业道德光荣，违反职业道德可耻的社会氛围。

（2）会计职业道德规范教育。会计职业道德规范教育就是指对会计人员开展以会计职业道德规范为内容的教育。会计职业道德规范的主要内容包括爱岗敬业、诚实守信、廉洁自律、客观公正、坚持准则、提高技能、参与管理和强化服务等。这是会计职业道德教育的核心内容，应贯穿会计职业道德教育的始终。

（3）会计职业道德警示教育。会计职业道德警示教育就是指通过开展对违反会计职业道德行为和对违法会计行为典型案例的讨论和剖析，给会计人员以启发和警示，从而可以提高会计人员的法律意识和会计职业道德观念，提高会计人员辨别是非的能力。

（4）其他教育。

四、会计职业道德教育的途径

（一）接受教育的途径

接受教育的途径主要有：

（1）岗前职业道德教育。岗前职业道德教育是指对将要从事会计职业的人员进行的道德教育。教育的侧重点应放在职业观念、职业情感及职业规范等方面。

①会计学历教育中的职业道德教育。《公民道德建设实施纲要》中指出："学校是进行系统道德教育的重要阵地。各级各类学校必须认真贯彻党的教育方针，全面推进素质教育。"在我国，大专院校是培养各类专门人才的基地，其会计类专业就读的学生，是会计队伍的预备人员。他们当中大部分将走入会计队伍，从事会计工作。会计学历教育的阶段是他们的会计职业情感、道德观念和是非善恶判断标准初步形成的时期，所以会计专业类大专院校是会计职业道德教育的重要阵地，是会计人员岗前道德教育的主要场所，在会计职业道德教育中具有基础性地位。据统计，我国每年有10万名左右的大中专毕业生进入会计队伍的行列。为保证

进入到会计队伍的新鲜血液具有良好的职业道德观念，会计职业道德教育必须从会计学历教育抓起。

②获取会计从业资格中的职业道德教育。在我国，根据财政部门的有关规定，从事会计工作必须持证上岗。要从事会计工作的从业人员，必须通过考试取得会计从业资格。为了使希望从事会计职业的人员在进入会计岗位时具备一定的会计职业道德，财政部在会计从业资格考试科目中增加了《财经法规与会计职业道德》。我国注册会计师资格考试《审计》科目的考试中，也加入了注册会计师职业规范体系和注册会计师法律责任的内容。这就是说，从事会计工作，就要接受必要的会计职业道德教育。

（2）岗位职业道德继续教育。继续教育是指从业人员在完成某一阶段的工作和学习后，重新接受一定形式的、有组织的、知识更新的教育和培训活动。会计人员继续教育是强化会计职业道德教育的有效形式。继续教育要针对不同对象确定不同的教育内容，采取不同的教育方法，解决实际问题。因此，会计人员继续教育具有适应性、针对性和灵活性的特点。

会计职业道德教育应贯穿整个会计人员继续教育的始终。会计人员每年参加继续教育不得少于24小时。继续教育应体现社会经济的发展变化对道德的要求，也就是说，在不同的阶段，道德教育的侧重点应有所不同。就现阶段而言，会计人员继续教育中的会计职业道德教育目标是适应新的市场经济形势的发展变化，在不断更新、补充、拓展会计人员业务能力的同时，使其政治素质、职业道德水平不断提高。会计人员继续教育的形式包括接受教育和自我修养两种，具体包括以下内容：

①形势教育。教育的重点是要贯彻"以德治国"重要思想和"诚信为本，操守为重，坚持准则，不做假账"的指示精神，进一步全面、系统地加强会计职业道德培训，提高广大会计人员的政治水平和思想道德意识。

②品德教育。教育的重点是引导会计人员自觉地用会计职业道德规范指导和约束自身的行为，提高职业道德自律能力，最终形成良好的、稳定的道德品行。

③法制教育。教育的重点是引导会计人员熟悉并了解不同历史时期的会计法律法规政策，学会运用法律的手段处理会计事务。

【真题演练】相对学历教育而言，会计人员继续教育具有的特点为（ ）。（2013年，多项选择题）

A. 针对性　　　　　　　B. 周期性
C. 适应性　　　　　　　D. 灵活性

【答案】ACD

【解析】相对学历教育而言，会计人员继续教育具有针对性、适应性、灵活性的特点。故A、C、D选项正确。

【真题演练】会计人员继续教育，只有培训一种形式。（   ）（2013年，判断题）

【答案】×

【解析】会计人员继续教育的形式以接受培训为主，在职自学是会计人员继续教育的重要补充。

（二）自我修养的途径

自我修养的途径主要有：

（1）慎独慎欲。会计职业道德修养的最高境界在于做到"慎独"，即在一个人单独处事、无人监督的情况下，也应该自觉地按照道德准则去办事。慎独的前提是坚定的职业信念和职业良心。会计职业道德修养讲"慎独慎欲"，就是要求每个会计人员严格要求自己，注意节制自己的不良欲望，在履行职责时自律谨慎，在独立工作、无人监督时，仍能坚持自己的道德信念，依据一定的道德原则行事，坚持准则，不做任何对国家、对社会、对他人不道德的事情，也不管财经法规、制度是否有漏洞，都按照职业道德的要求去办。

（2）慎省慎微。慎省慎微就是认真自省，就是通过自我反思、自我解剖、自我总结而发扬长处、克服短处，不断地自我升华、自我超越，同时"勿以恶小而为之"、"防微杜渐"。按照会计职业道德的基本要求，在自身道德品质方面进行自我教育、自我改造、自我锻炼、自我提高，从而达到一定的职业道德境界。

（3）自警自励。每个行业都有先进的人物，也有给行业抹黑的事件。向先进人物虚心学习是提高自身职业道德修养的环节。从这些人物中学习自己所缺少的，不断完善自我，平时多读一些先进人物、事迹，多思考，逐渐向这些人靠近，提高职业素质。对于行业披露的违反会计法律法规、有悖于会计职业道德的事件，也要提醒自己，避免重蹈覆辙。

【真题演练】会计职业道德教育的途径主要包括（   ）。（2006年，多项选择题）

A.通过会计学历教育进行

B.通过各种会计考试的方式进行

C.通过会计继续教育进行

D.通过会计人员自我教育进行

【答案】ACD

【解析】会计职业道德教育的途径主要包括：接受教育的途径和自我修养的途径。其中接受教育的途径主要包括：岗前职业道德教育和岗位职业道德继续教育。岗前职业道德教育主要包括：会计学历教育中的职业道德教育，获取会计从业资格中的职业道德教育。

第四节　会计职业道德建设组织与实施

一、财政部门的组织推动

各级财政部门应当负起组织和推动本地区会计职业道德建设的责任，把会计职业道德建设与会计法制建设紧密结合起来。《会计法》第七条规定：国务院财政部门主管全国的会计工作，县级以上地方各级人民政府财政部门管理本行政区域内的会计工作。会计职业道德建设是会计管理工作的重要组成部分，是实现《会计法》立法宗旨的德治建设，是当前会计管理工作的一项十分重要的内容，应当切实抓好。要做好会计职业道德建设，必须发挥财政部门的政府主导作用。

（一）采用多种形式开展会计职业道德宣传教育

各级财政部门会计管理机构和中央会计从业资格管理部门应当结合本地区的实际情况，有计划、有步骤地开展会计职业道德宣传教育工作，要制订切实可行的宣传教育方案和规划，明确任务，落实责任；要采取灵活多样的宣传形式，充分利用广播、电视、网络、报纸、杂志等媒体，广泛宣传会计职业道德先进典型，弘扬正气，树立诚实守信等会计新风尚；要通过座谈会、研讨会、演讲会、论坛、知识竞赛、有奖征文等活动，研讨和宣传加强会计职业道德建设的必要性和具体措施，引导广大会计人员积极参与会计职业道德建设，同时发挥思想文化阵地在职业道德建设中的作用，营造会计职业道德建设的氛围。

（二）会计职业道德建设与会计从业资格证书注册登记管理相结合

会计从业资格证书注册登记制度，是指取得会计从业资格的人员，被单位聘用从事会计工作时，应由本人或本人所在单位提出申请，按照会计从业资格管理部门规定的时间到会计从业资格管理部门进行注册登记。年检即年度检查验证制度。根据《会计从业资格管理办法》的规定，会计从业资格证书实行定期年检制度。年检时审查的内容包括持证人员遵守财经纪律、法规和会计职业纪律情况，依法履行会计职责情况。不符合有关规定的不予通过年检。

《会计基础工作规范》第二十四条规定："财政部门、业务主管部门和各单位应当定期检查会计人员遵守职业道德的情况，并作为会计人员晋升、晋级、聘任专业职务，表彰奖励的重要考核依据。会计人员违反职业道德的，由所在单位进行处罚；情节严重的，由会计从业资格证书发证机关吊销其会计从业资格证书。"

因此，将会计从业资格证书注册登记和年检制度与会计职业道德检查结合起来，有利于强化对会计人员行为的约束，强制引导会计人员遵守会计职业道德。对那些不遵守会计职业道德规范、道德考核不合格的人，不予通过年检。这样就会使会计人员像重视自己的从业资格一样重视自身的职业道德操守，自觉遵守会计职业道德规范的要求。

为了加强对会计人员职业道德情况的考核检查，财政部门正在考虑建立会计持证人员诚信档案。目前，财政部门对会计从业资格证书档案实行电子计算机管理，为建立会计人员诚信档案创造了有利条件。可以结合会计从业资格证书注册登记、年检和其他行政检查工作，将会计人员执行会计法规制度和会计职业道德情况，以及受到的奖惩情况等，输入电子档案，形成会计人员的诚信档案，不仅可以作为财政部门监管会计人员的依据，也可以向用人单位和社会公众开放，从而督促、约束、激励会计人员严格自律，认真执行会计职业道德规范。

（三）会计职业道德建设与会计专业技术资格考评、聘用相结合

根据财政部、人事部联合印发的《会计专业技术资格考试暂行规定》及其实施办法规定，报考初级资格、中级资格的会计人员，应"坚持原则，具备良好的职业道德品质"等。会计专业技术资格考试管理机构在组织报名时，应对参加报名的会计人员职业道德情况进行检查。有不遵循会计职业道德记录的，应取消其报名资格。

目前，高级会计师资格实行考试与评审相结合的方式。由于高级会计师资格的取得采取考试和评审相结合的方式，因此有必要在考试和评审两个方面对其会计职业道德进行检查、考核。一是在考试方面，考虑到职业道德对高级会计师的重要性，有必要增设职业道德的内容，从理论上加深其对会计职业道德的理解和认识。二是在评审方面要对申报人的会计职业道德情况进行严格审查。三是规定一些关于职业道德规范的否决条款。比如，如果申报人曾因违法犯罪行为而受过刑事处罚，则不能参加高级会计师资格的评审。将会计职业道德奖惩与会计专业技术资格的考、评、聘联系起来，必将使广大会计人员像重视自己专业技术职称一样重视自己的职业道德形象，在日常的学习工作中不断提高自身的职业道德修养。

（四）会计职业道德建设与会计法执法检查相结合

财政部门作为《会计法》的执法主体，可以依法对社会各单位执行会计法律制度情况及会计信息质量进行不同形式的检查或抽查。通过检查，一方面可以督促各单位严格执行会计法律法规，另一方面也是对各单位会计人员执行会计职业道德情况的检查和检验。

改革开放以来，我国财政部经常开展全国性的财经大检查。2001年1月，财政部在全国范围内又组织开展了《会计法》执行情况的检查。财政部门在执法检查过程中查出的违法违规行为，《会计法》等都有较详细的处理规定。违反《会计法》的行为，同时也一定是违反了会计职业道德要求的行为。会计人员若存在这种行为，不仅要承担《会计法》规定的法律责任，受到行政处罚或刑事处罚，同时还必须接受相应的道德制裁，可以在会计行业范围内通报批评、指令其参加一定学时的继续教育课程、暂停从业资格、在行业内部的公开刊物上予以曝光等。法律惩罚和道德惩罚两者是并行不悖、不可替代的，应同时并举。

（五）会计职业道德建设与会计人员表彰奖励制度相结合

对会计人员遵守职业道德情况进行考核和奖惩，对自觉遵守会计职业道德的优秀会计工作者进行表彰、宣传，可以使受奖者感到对遵守道德规范的回报和社会肯定，从而促使其强化道德行为。同时，还可以树立本行业的楷模、榜样，使会计职业道德原则和规范具体化、人格化，使广大会计工作者从这些富于感染性、可行性的道德榜样中获得启示、获得动力，在潜移默化中逐渐提高自身的职业道德素质。奖励是积极的，是对一个人的肯定。它利用人的上进心，调动人的荣誉感，使其遵纪守法、尽职尽责，并发挥内在的潜能。它带给人的是满足、自尊、自豪感。惩罚则是消极的。它利用人的恐惧心理，使人循规蹈矩。过分的惩罚会使人产生挫折感，损伤自尊心和自信心。

实践中的大量事实表明，奖励和惩罚相结合的方法优于只奖不罚或只罚不奖。赏罚结合可以带来双重的激励效果。因此，在对违反会计职业道德的行为进行惩戒的同时，还应对自觉遵守会计职业道德的先进人物进行表彰。我国会计人员的庞大队伍中蕴藏着许许多多优秀的先进人物和动人事迹。在会计职业道德检查中，应善于发现典型、树立榜样。通过对优秀会计工作者进行表彰、奖励，营造抑恶扬善的环境，从而在潜移默化中提高全体会计人员的职业道德素质。

二、会计行业的自律

要充分发挥协会等会计职业组织的作用，改革和完善会计职业组织自律机制，有效发挥自律机制在会计职业道德建设中的促进作用。应当借鉴国外通过会计职业组织实施职业道德约束的做法和经验，除注册会计师协会外，应在会计学会、总会计师协会等职业组织中设立职业道德委员会，专司职业道德规范的制定、解释、修订和实施之职，建立健全行业自律制度。

三、企事业单位的内部监督

形成内部约束机制，防范舞弊和经营风险，支持并督促会计人员遵循会计职业道德，依法开展会计工作。按照财政部《内部会计控制基本规范》的规定：内部控制应当保证事业单位内部机构、岗位及其职责权限的合理设置和分工，坚持不相容职务相互分离，确保不同机构和岗位之间"权责分明、相互制约、相互监督"。事业单位内部必须保证设置会计、出纳、审核三个岗位，并按照会计法规的规定，分别赋予其不同的职能，形成出纳、会计、审核既相互分离又相互制约，权、钱、账既相互分离又紧密衔接的监督机制。在健全职能、细分职责的基础上，要制定严格的会计岗位考核规定，通过考核促进会计核算的规范化。同时，要完善会计处理程序。完善的会计处理程序应包括会计科目的设置、会计凭证的审核与传递、会计核算的方法、会计账簿设置与记账要求等内容。通过会计处理程序控制、手续控制和复核控制等措施，确保会计信息的真实、及时和完整。确保企事业单位有一个有利于会计职业道德建设的实施环境。

四、社会各界的监督与配合

加强会计职业道德建设，既是提高广大会计人员素质的一项基础性工作，又是一项复杂的社会系统工程；不仅是某一个单位、某一个部门的任务，也是各地区、各部门、各单位的共同责任。要广泛开展会计职业道德的宣传教育，加强舆论监督，在全社会会计人员中倡导诚信为荣、失信为耻的职业道德意识，引导会计人员加强职业修养。

全面加强会计职业道德建设，提高会计人员道德素质，是一项重大而紧迫的任务。各部门、行业、会计职业组织和社会各界应积极行动起来，共同把会计职业道德建设搞好。在依法治国与以德治国相结合的思想指导下，有政府部门的组织推动、会计职业组织的自律约束、社会各界的齐抓共管，会计职业道德建设一定会开创新的局面，会计职业一定会以崭新的姿态、高尚的精神风貌、优良的社会公信力，为全面建设小康社会，建设中国特色社会主义事业作出新的贡献。

> 【真题演练】财政部门对会计人员遵守职业道德的情况进行检查，并根据检查结果进行表彰或惩戒。这种机制属于（　　）。（2013年，单项选择题）
>
> 　　A.服务机制　　　　B.他律机制　　　　C.自律机制　　　　D.行政管理机制
>
> 【答案】D
>
> 【解析】上述机制属于行政管理机制。

第五节　会计职业道德的检查与奖惩

一、会计职业道德检查与奖惩的意义

会计职业道德检查与奖惩的意义主要有：

（1）具有促使会计人员遵守职业道德规范的作用

奖惩机制利用人类趋利避害的特点，以利益的给予或剥夺为砝码，对会计人员起着引导或威慑的作用，使会计行为主体不论出于什么样的动机，都必须遵循会计职业道德规范，否则就会遭受利益上的损失。奖惩机制把会计职业道德要求与个人利益结合起来，体现了义利统一的原则。

（2）裁决与教育作用

奖惩机制对有违规动机，心存不正当欲望的会计从业人员是种警示，对会计人员具有深刻的教育作用。

（3）有利于形成抑恶扬善的社会环境

就道德规范自身特点而言，它主要是依靠传统习俗、社会舆论和内心信念来维系的。这种非刚性的特征也就决定了它的落实、实施还必须同时借助政府部门的行政监管、职业团体自律性监管和企事业单位内部纪律等外在的硬性他律机制。只有这样，才能有效地发挥道德规范潜在的裁判和激励效力。

二、会计职业道德检查与奖惩机制

为了建立健全会计职业道德体系，充分发挥会计职业道德的作用，建立职业道德规范和加强职业道德教育的基础，要对会计从业人员的职业道德规范遵循情况进行检查，并根据检查结果进行相应的表彰、奖励和惩罚，建立健全会计职业道德检查和奖惩机制。这是会计职业道德整治的一个重要组成部分。建立健全会计职业道德的检查和奖惩机制是一个复杂的系统工程。目前，我国会计职业道德的检查和奖惩机制尚处于初级阶段，需要政府引导，行业组织、单位、会计从业人员积极参与，不断建设和完善。财政部门可以利用行政管理的优势，对会计职业道德情况进行监督检查，会计行业协会可以通过行业管理开展会计职业道德的纪律与约束，政府、行业组织、单位可以依据法律法规，对会计从业人员遵守职业道德情况进行考核奖惩。严重违反会计职业道德，并违反《会计法》的，必须依法给予行政处罚或刑事处罚。

会计职业道德检查与奖惩机制包括：

1.财政部门的监督检查

财政部门作为会计工作的行政管理部门，利用其行政管理职能等资源，开展对会计职业道德监督检查，是十分有效的。财政部门将《会计法》执法检查与会计职业道德检查相结合，将会计从业资格管理与会计职业道德检查相结合，将会计专业技术资格考评、聘用与会计职业道德检查相结合，引导建立健全会计职业道德检查与奖惩机制。

（1）会计法执法检查与会计职业道德检查相结合

财政部门作为《会计法》的执法主体，可以依法对单位执行会计法律、法规情况及会计信息质量情况进行检查。

（2）会计从业资格证书注册登记管理与会计职业道德检查相结合

会计从业资格证书注册登记制度是根据财政部《会计从业资格管理办法》的规定，持有会计从业资格证书的人员从事会计工作，应按规定向会计从业资格管理机构办理注册登记。会计从业资格管理机构应当建立持证人员从业档案信息系统，及时记载持证人员因违反会计法律、法规规章和会计职业道德被处罚情况等相关信息。同时，会计从业资格管理机构还应当对持证人员遵守会计职业道德情况和接受继续教育情况实施监督检查。《会计基础工作规范》第二十四条规定："财政部门、业务主管部门和各单位应当定期检查会计人员遵守职业道德情况，并作为会计人员晋升、晋级、聘任专业职务、表彰奖励的重要考核依据"。由此可见，将会计从业资格证书注册登记制度与会计职业道德检查结合起来具有制度基础，对于建立健全会计职业道德检查与奖惩机制起着十分重要的作用。目前，可以结合会计从业资格证书管理和持证人员的从业档案信息，建立会计人员诚信档案作为财政部门监督管理的依据，也可以向用人单位开放，从而督促、约束、激励会计人员严格自律，认真执行会计职业道德规范。

（3）会计专业技术资格考评、聘用与会计职业道德检查相结合

我国会计专业技术资格分为高级会计师、会计师、助理会计师和会计员4个级别，其中会计员、助理会计师为初级资格，会计师为中级资格。初级资格、中级资格通过全国专业技术资格考试取得。取得初级资格的，可聘任会计员职务，满足国家有关规定条件的可聘任助理会计师职务；取得中级资格的，并符合国家有关制度规定，可聘任会计师职务。根据财政部、人事部联合印发的《会计专业技术资格考试暂行规定》及其实施办法的规定，报考初级资格、中级资格的人员应"坚持原则，具备良好的职业道德品质"等，对报考人员的遵守会计职业道德情况提出要求。各单位在聘任会计人员专业技术职务时，除必须具备同级专业技术资格外，还应考察其遵守职业道德情况。对于有违法犯罪行为而受过刑事处罚，因在财务会计工作中犯有严重错误而受到行政处分，或者参与所在单位偷税、逃税、通同舞弊等活动，组织会计作假等其他违反会计职业道德行为的，可以不聘用。这些人的专业技术水平越高，给单位带来的会计、财务等风险也可能越大。

2.会计行业组织的自律管理与约束

在会计职业道德建设中，会计行业组织对会计职业道德进行自律管理与约束十分重要。在经济生活中，大量违反会计职业道德的行为并没有违反会计法律、法规。对于这种情况，应对其行为进行道德谴责和行业惩戒。这对建立健全我国会计职业道德检查与奖惩机制具有十分重要的意义。在会计行业中，对违反职业道德规范的行为，应由行业协会根据情节轻重，进行通报批评、警告、参加教育等方式进行处理。例如，我国已经建立了比较完备的注册会计师协会体系。中国注册会计师协会，作为注册会计师行业的组织，为加强行业自律建设，先后发布了《中国注册会计师职业道德基本准则》、《中国注册会计师职业道德规范指导意见》以及《注册会计师、注册资产评估师行业诚信建设实施纲要》等，提出了行业诚信建设的七个方面任务：一是大力加强职业道德和专业素质教育，提升执业人员的职业道德水平和专业胜任能力；二是强化行业制度建设，提升行业专业服务的独立性；三是研究和完善执业机构的组织形式和内部运行机制，构造行业发展的微观基础；四是强化行业自律监管体系，加强执业质量的监督检查；五是加强协会建设，提高协会服务水平；六是积极营造有利于行业诚信建设的社会氛围；七是大力培育行业诚信文化。同时，相关规定还要求建立惩戒委员会等行业自律性组织，对违反执业规则和职业道德规范的注册会计师，依照行规行律进行道德谴责和惩戒；关注接任前任注册会计师的审计业务以及同行诋毁、恶性压价等不正当竞争行为，对有关当事人或者执业机构采取谈话提醒制度，对其面临的审计风险及时作出警示和指导，并且将有关执业机构或执业人员的不良行为记入诚

信档案，逐步使行业自律和惩戒规范化、制度化。

3.激励机制的建立

《会计法》第六条规定："对认真执行本法，忠于职守，坚持原则，作出显著成绩的会计人员，给予精神的或者物质的奖励。"所以，对于那些模范遵守会计职业道德的优秀会计人员，各级政府及其财政部门、各单位可以依法给予精神的或物质的奖励。

>> 同步练习

一、单项选择题

1.关于会计法律制度与会计职业道德的联系与区别，下列说法错误的是（　　）。

A.调整对象相同 　　　　　　　　B.职责相同

C.目标一致 　　　　　　　　D.二者均具有普遍的法律效力

2.下列人员中，不属于会计职业道德调整规范的对象是（　　）。

A.单位负责人 　　　　　　　　B.总会计师

C.会计机构负责人 　　　　　　　　D.会计主管人员

3.下列各项中，体现公私分明、不贪不占的会计职业道德的是（　　）。

A.爱岗敬业 　　　　　　　　B.诚实守信

C.廉洁自律 　　　　　　　　D.客观公正

4.自我修养的途径不包括（　　）。

A.慎独慎欲 　　　　　　　　B.自律慎独

C.慎省慎微 　　　　　　　　D.自警自励

5.下列各项中，属于职业道德最高境界的是（　　）。

A.爱岗敬业 　　　　　　　　B.诚实守信

C.办事公道 　　　　　　　　D.奉献社会

6.会计人员在独立工作、无人监督时，仍能坚持自己的道德信念，依据一定的道德原则行事，坚持准则，不做任何对国家、对社会、对他人不道德的事情，也不管财经法规、制度是否有漏洞，都按照职业道德的要求去办。这种自我修养的途径属于（　　）。

A.慎独慎欲 　　　　　　　　B.慎省慎微

C.自律慎独 　　　　　　　　D.自警自励

7.下列各项中，不属于会计职业道德教育途径的是（　　）。

A.会计学历教育 　　　　　　　　B.岗位职业道德继续教育

C.会计人员自我修养 　　　　　　　　D.会计专业技术资格考试

8.下列各项中，属于注册会计师行业自律组织的是（　　）。

A.财政部会计司 　　　　　　　　B.审计署指导司

C.中国注册会计师协会　　　　　　　D.中国会计学会

9.下列各项中,(　　)是保障会计法律制度实施的机构。

A.国家执法机关　　　　　　　　　　B.会计行业组织

C.财政部门　　　　　　　　　　　　D.金融机构

10.下列情形中,不能作为吊销会计从业资格证书依据的是(　　)。

A.经常迟到、早退

B.私设会计账簿

C.随意变更会计处理方法

D.未按规定保管会计资料,以致会计资料损毁、灭失

二、多项选择题

1.下列有关会计职业道德与会计法律制度的表述中,正确的有(　　)。

A.会计职业道德是会计法律制度正常运行的社会和思想基础

B.会计法律制度是促进会计职业道德规范形成和遵守的重要保障

C.会计职业道德与会计法律制度具有不同的目标、不同的职责,调整着不同的对象

D.会计职业道德规范是柔性规范,缺乏强制力,需要会计法律制度等刚性规范来支持

2.会计职业道德具有的基本功能主要有(　　)。

A.指导功能　　　B.评价功能　　　C.教化功能　　　D.处罚

3.会计工作的特征决定了会计职业技能具备(　　)特点。

A.政策性强　　　B.涉及面广　　　C.技术性强　　　D.操作性强

4.下列各项中,符合会计职业道德"爱岗敬业"基本要求的有(　　)。

A.正确认识会计职业,树立职业荣誉感

B.热爱会计工作,敬重会计职业

C.严肃认真,一丝不苟

D.忠于职守,尽职尽责

5.下列(　　)属于会计职业道德规范教育的核心内容。

A.爱岗敬业、客观公正　　　　　　　B.诚实守信、提高技能

C.廉洁自律、参与管理　　　　　　　D.坚持准则、强化服务

6.会计人员继续教育中,会计职业道德教育包括(　　)的内容。

A.形势教育　　　　　　　　　　　　B.专业理论教育

C.品德教育　　　　　　　　　　　　D.法制教育

7.下列关于会计人员继续教育的说法中,正确的有(　　)。

A.继续教育要针对不同对象确定不同的教育内容,采取不同的教育方法,解决实际问题

B.会计人员每年参加继续教育不得少于24小时

C.会计人员继续教育的形式包括接受教育和自我修养两种

D.会计人员继续教育的内容仅限于会计理论与实务以及财务、会计法规制度

8.下列各项中，（ ）属于财政部门将会计职业道德建设与会计从业人员管理相结合机制内容。

A.会计从业人员资格准入制度

B.会计从业人员退出制度

C.会计从业人员考核奖惩制度

D.会计从业人员继续教育制度

9.会计职业道德奖惩机制包括的内容有（ ）。

A.对遵守职业道德的会计人员给予奖励、褒扬

B.对违背职业道德的会计人员给予惩处、贬抑

C.对违法的会计人员给予行政处罚

D.对严重违法的会计人员给予刑事处罚

10.在会计职业道德建设的组织与实施中，应当发挥（ ）作用。

A.财政部门　　　　　　　　　　B.会计职业团体

C.企事业单位　　　　　　　　　D.会计学术团体

三、判断题

1.会计人员行为违反了会计职业道德，但不一定就违反了会计法律制度。

（ ）

2.会计职业道德既有国家法律相应要求，也要求会计人员自觉遵守。 （ ）

3.会计职业道德情感、会计职业道德意志和会计职业道德信念，要通过内在的自我教育实现。因此，有效开展会计职业道德教育的唯一途径就是自我教育。 （ ）

4.在评价某些项目重要性时，很大程度上取决于会计人员的职业判断。 （ ）

5.会计职业道德教育包括职业道德观念教育、职业道德规范教育和职业道德警示教育及其他教育。 （ ）

6.会计职业道德的自我教育与自身修养不可能将会计职业道德转化为会计人员的职业本能。 （ ）

7.聘任会计人员专业职务时，仅需考察其是否具备同级专业技术资格，不需考察其遵守职业道德情况。 （ ）

8.会计职业道德的检查与奖惩内容包括财政部门对会计职业道德进行监督检查。 （ ）

9.财政部门可以通过将会计从业资格证书注册登记管理与会计职业道德检查相结合的途径来实现会计职业道德建设。 （ ）

10.各单位应当定期检查会计人员遵守职业道德情况，并作为会计人员晋升、晋级、表彰奖励的重要参考依据。 （ ）

四、案例分析题

2016年年初，某集团公司财务部拟组织本系统进行会计职业道德培训。为了使培训工作更具针对性，公司财会部就会计职业道德概念、会计职业道德与会计法律制度的关系、会计职业道德规范的内容、会计职业道德教育以及组织实施等问题，分别与会计人员周某、李某、朱某、刘某等4人进行了座谈。

根据上述情况，回答下列问题：

（1）关于会计职业道德概念问题，4人观点正确的有（　　）。

A.周某认为，会计职业道德是会计人员在社会交往和公共生活中应当遵循的行为准则

B.李某认为，会计职业道德是指会计职业活动中应当遵循的行为准则

C.朱某认为，会计职业道德是体现会计职业特征、调整会计职业关系的职业行为准则和规范

D.刘某认为，会计职业道德涵盖了人与人、人与社会、人与自然之间的关系

（2）关于会计职业道德与会计法律制度的关系问题，4人观点不正确的有（　　）。

A.周某认为，两者在性质、实现形式上都一样

B.李某认为，两者在性质、实现形式上都不一样

C.朱某认为，两者性质一样、实现形式不一样

D.刘某认为，两者实现形式一样、性质不一样

（3）关于会计职业道德规范的内容，4人观点正确的有（　　）。

A.周某认为，会计人员的根本任务就是强化服务，应当无条件服从领导，不折不扣地贯彻领导意图

B.李某认为，会计职业是一项极为特殊的职业，整天与钱财打交道，如果爱贪爱占，很容易走上犯罪的道路，会计职业的特殊性决定了会计人员必须做到"常在河边走，就是不湿鞋"

C.朱某认为，会计人员应该热爱本职工作，尽职尽责

D.刘某认为，会计人员在处理业务过程中，应严格依法办事

（4）关于会计职业道德教育问题，4人观点正确的有（　　）。

A.周某认为，开展会计职业道德教育的唯一途径就是依靠学历教育，只有这样，才能培养会计职业道德观念，强化会计道德情操

B.李某认为，会计职业道德教育途径包括会计学历教育、会计继续教育、会计人员的自我修养与教育

C.朱某认为，会计职业道德教育需要内外结合

D.刘某认为，会计职业道德教育不能片面强调学历教育，无视或忽视会计人员继续教育、自我教育与修养

（5）对财政部门检查中发现的违反《会计法》的行为，4人观点正确的有

（ ）。

A.周某认为，应对相关人员在会计行业范围内通报批评

B.李某认为，应指令相关人员参加一定学时的继续教育

C.朱某认为，应对相关人员暂停从业资格

D.刘某认为，应在行业内部的公开刊物上予以曝光

附录一
模拟试题

模拟试题一

一、单项选择题

1.根据设置会计工作岗位的基本原则，会计工作岗位的设置应符合（　　）的要求。

A.内部监督制度

B.内部控制制度

C.内部牵制制度

D.国家统一会计制度

2.持证人员调转工作单位且继续从事会计工作的应办理（　　）。

A.注册登记

B.离岗备案登记

C.调转登记

D.变更登记

3.在下列各项中，不属于代理记账业务范围的是（　　）。

A.代办工商登记

B.根据委托人提供的原始凭证和其他资料进行会计核算

C.向税务机关提供税务资料

D.对外提供财务会计报告

4.记账人员与经济业务事项和会计事项的审批人员、经办人员、财务保管人员的职责权限应当明确，并（　　）、相互制约。

A.相互监督

B.职责分明

C.职务分离

D.相互分离

5.下列表述，符合《会计法》会计记录文字要求的有（　　）。

A.民族自治地区，会计记录可以只使用当地通用的一种民族文字

B.在我国境内的外国企业，会计记录可以只使用其本国文字

C.在我国境内的外国企业，会计记录在使用中文的同时，可以使用其本国文字

D.我国在境外的企业，会计记录必须使用中文

6.对同一课税对象，无论其数额大小，都按照相同比例征税的税率是（　　）。

比例税率　　　　　B.累进税率　　　　C.定额税率　　　　D.幅度税率

7.下列各项中，属于消费型增值税特征的是（ ）。

A.允许一次性全部扣除外购固定资产所含的增值税

B.允许扣除外购固定资产计入产品价值的折旧部分所含的增值税

C.不允许扣除任何外购固定资产的价款

D.上述说法都不正确

8.某石油化工厂2016年1月，销售汽油25吨，柴油18吨，提供给本厂基建工程车辆、设备使用柴油5吨，将9吨汽油进行提炼生产高品质汽油，则该厂当月应纳消费税税额为（ ）元（已知汽油1吨=1 388升，柴油1吨=1 176升；汽油的税率为定额税率1.52元/升；柴油的定额税率1.2元/升）。

A.34 700　　　　　B.21 638.4　　　　　C.85 201.6　　　　　D.68 830.4

9.下列不属于消费税纳税人的是（ ）。

A.生产销售卷烟的烟厂

B.进口化妆品的企业

C.委托加工木质一次性筷子的个体工商户

D.生产销售电视机的单位

10.下列各项中，（ ）负责编制各级政府总预算。

A.本级政府财政部门　　　　　　　B.本级政府审计部门

C.本级政府统计部门　　　　　　　D.本级人民代表大会

11.我国国家预算年度是指（ ）。

A.自公历12月31日起，至次年12月31日止

B.自公历1月1日起，至次年1月1日止

C.自公历1月1日起，至12月31日止

D.自公历6月30日起，至12月31日止

12.下列不属于政府采购原则的是（ ）。

A.公开透明原则　　　　　　　　　B.公平竞争原则

C.诚实信用原则　　　　　　　　　D.公允原则

13.下列关于预算审批的说法中，错误的是（ ）。

A.预算的审批是指国家各级权力机关对同级政府所提出的预算草案进行审查和批准的活动

B.预算批准后要向国家机关备案

C.预算草案经审批生效，就成为正式的国家预算，并具有法律约束力，并一律不得改变

D.中央预算由全国人民代表大会审查和批准

14.下列属于负责制定统一的支付结算法律制度的是（ ）。

A.中国人民银行总行　　　　　　　B.中国银行总行

C.国家政策性银行　　　　　　　　D.商业银行总行

15.支付结算的基本原则是银行、企事业单位、个体经营户、承包商和个人办理结算必须遵循的（　　　　）。

A.行为准则　　　　　　　　　　B.行为规范

C.法律规范　　　　　　　　　　D.职业规范

16.下列票据中提示付款期限最长的是（　　　　）。

A.银行汇票

B.银行本票

C.支票

D.6个月期的经提示承兑的商业承兑汇票

17.根据购销合同由收款人发货后委托银行向异地付款人收取款项，由付款人向银行承认付款的结算方式是（　　　　）。

A.委托收款　　　　　　　　　　B.托收承付

C.汇兑　　　　　　　　　　　　D.信用证

18.下列属于会计职业道德教育的核心内容并贯穿始终的是（　　　　）。

A.会计职业道德观念教育　　　　B.会计职业道德警示教育

C.会计职业道德规范教育　　　　D.会计职业道德形势教育

19.下列选项中，不属于职业道德特征的是（　　　　）。

A.行业性　　　　　　　　　　　B.强制性

C.多样性　　　　　　　　　　　D.继承性

20.下列选项中，不属于自我修养的途径是（　　　　）。

A.慎独慎欲　　　　　　　　　　B.慎省慎微

C.自警自励　　　　　　　　　　D.自省自监

二、多项选择题

1.会计从业资格证书管理的内容包括（　　　　）。

A.注册登记　　　　　　　　　　B.换岗备案

C.调转登记　　　　　　　　　　D.变更登记

2.根据《会计法》和《注册会计师法》规定，注册会计师审计和内部审计的区别主要有（　　　　）。

A.职责不同　　　　　　　　　　B.独立性不同

C.审计方式不同　　　　　　　　D.作用不同

3.根据《中华人民共和国会计法》的规定，下列各项中，属于财政部门实施会计监督检查的内容有（　　　　）。

A.是否依法设置会计账簿

B.是否按时进行纳税申报

C.是否按时足额缴纳税款

D.是否按照实际发生的经济业务进行会计核算

4.下列关于会计专业技术资格的表述中，正确的有（　　）。

A.会计专业职务是一种技术职称，会计专业技术资格是担任会计专业职务的任职资格

B.会计专业技术资格分为初级资格、中级资格和高级资格

C.中级会计资格实行考试制度

D.高级会计师资格实行考试与评审相结合制度

5.根据税法的功能作用的不同，可以将税法分为（　　）。

A.税收行政法规　　　　　　　　B.税收实体法

C.税收程序法　　　　　　　　　D.国际税法

6.按照现行规定，下列纳税人可以被认定为一般纳税人的有（　　）。

A.年不含税销售额在100万元以上的从事货物生产的纳税人

B.年不含税销售额在80万元以下，会计核算制度不健全的从事货物零售的纳税人

C.年不含税销售额在80万元以上的从事货物批发的纳税人

D.年不含税销售额在50万元以下，会计核算制度健全的从事货物生产的纳税人

7.下列各项中，符合应税消费品销售数量规定的有（　　）。

A.生产销售应税消费品的，为应税消费品的销售数量

B.自产自用应税消费品的，为应税消费品的生产数量

C.进口应税消费品的，为海关核定的应税消费品进口征税数量

D.委托加工应税消费品的，为纳税人收回的应税消费品数量

8.下列关于税收与税法的关系表述正确的有（　　）。

A.税法是税收的法律依据和法律保障

B.税收属于经济基础范畴，而税法属于上层建筑范畴

C.税收活动必须严格依照税法的规定进行

D.国家和社会对税收收入与税收活动的客观需要，决定了与税收相对应的税法的存在

9.各单位的职权包括（　　）。

A.编制本单位预算、决算草案

B.按照国家规定上缴预算收入

C.安排预算支出

D.定期向本级财政部门报告预算的执行情况

10.下列各项中，构成国库单一账户体系的有（　　）。

A.国库单一账户

B.财政部门零余额账户

C.预算单位零余额账户

D.经国务院和省级人民政府批准或授权财政部门批准开设的特殊专户

11.下列情形中，体现政府采购功能中的"节约财政支出，提高采购资金的使用效益"功能的有（　　）。

A.优先采购国产的货物

B.通过规范化的政府采购以避免暗箱操作

C.实行政府集中采购

D.将采购资金直接拨付给供应商，减少了资金流通环节

12.下列关于政府采购当事人的表述中正确的是（　　）。

A.政府采购当事人是指在政府采购活动中享有权利和承担义务的各类主体

B.采购代理机构是指具备一定条件，经政府有关部门批准而依法拥有政府代理资格的社会中介机构

C.采购代理机构分为一般采购代理机构和集中采购机构

D.政府采购代理机构作为一种特殊的利益主体，应当对包括自身在内的政府采购当事人负责，自觉履行政府采购法律规定的义务，依法开展代理采购活动，维护国家利益和社会公共利益

13.关于汇票的提示付款期限，下列说法中正确的有（　　）。

A.见票即付的汇票无须提示付款

B.见票即付的汇票，自出票日起1个月内向付款人提示付款

C.定日付款的汇票，自到期日起10日内向承兑人提示付款

D.见票后定期付款的汇票，自到期日起10日内向承兑人提示付款

14.下列关于商业汇票出票的效力表述正确的有（　　）。

A.对收款人的效力：就票据金额享有付款请求权、在请求权不能满足时享有追索权、依法转让票据权

B.对付款人的效力：基于对付款人的付款委托使其具有承兑人的地位，在其对汇票进行承兑后，即成为汇票上的主债务人

C.对出票人的效力：出票人在汇票得不到承兑或者付款时，应当向持票人清偿法律规定的金额和费用

D.对出票人的效力：收款人在向付款人行使票据权利而得不到满足时，出票人必须就此承担票据责任，该责任是一种担保责任

15.根据规定，下列属于提示承兑汇票的有（　　）。

A.定日付款的汇票

B.见票后定期付款的汇票

C.汇票上记载有"见票即付"的汇票

D.汇票上没有记载付款日期的汇票

16.下列关于信用卡的使用，表述正确的有（　　）。

A.单位卡不得用于10万元以上的商品交易、劳务供应款项的结算，不得支取现金

B.准贷记卡的透支期限最长为60天。贷记卡的首月最低还款额不得低于其当月透支余额的20%

C.免息还款期最长为60天

D.发卡银行对于贷记卡中的存款不计付利息

17.下列各项中,属于职业道德的作用的是（　　　）。

A.促进职业活动的有序进行

B.对社会道德风尚产生积极的影响

C.对职业规划指明方向

D.为陶冶个人情操提供标准

18.会计职业道德修养的境界和方法包括（　　　）。

A.慎省　　　　　　　B.慎微　　　　　　　C.慎欲　　　　　　　D.慎独

19.会计职业道德教育的形式包括（　　　）。

A.接受教育　　　　　　　　　　B.自我修养

C.法制教育　　　　　　　　　　D.业务教育

20.会计职业道德规范中的"强化服务"对会计人员的要求是（　　　）。

A.强烈的服务意识　　　　　　　B.优良的服务质量

C.保持应有谨慎性　　　　　　　D.文明的服务态度

三、判断题

1.对单位未按照规定保管会计资料,致使会计资料毁损、灭失的行为,其中违法情节严重的会计人员,由省级以上人民政府财政部门吊销其会计从业资格证书。
（　　　）

2.经济事项又称经济交易,是指单位与其他单位和个人之间发生的各种经济利益交换,如产品销售。
（　　　）

3.财政部门在实施会计监督中发现重大违法嫌疑时,可以向与被监督单位有经济业务往来的单位和被监督单位开立账户的金融机构查询有关情况。
（　　　）

4.《会计法》规定,会计账簿登记,必须以经过审核的记账凭证为依据,并符合有关法律、行政法规和国家统一的会计制度的规定。
（　　　）

5.税收作为一种经济活动,属于经济基础范畴。税法是一种法律制度,属于上层建筑范畴。
（　　　）

6.如果税法规定某一税种的起征点是800元,那么,超过起征点的,只对超过800元的部分征税。
（　　　）

7.小规模纳税人和采用简易办法征税的一般纳税人,适用低税率。（　　　）

8.委托个人加工的应税消费品,由受托方向其机构所在地或者居住地主管税务机关申报纳税。
（　　　）

9.国库单一账户体系是指以国库存款账户为核心的各类财政性资金账户的集合。
（　　　）

10.两个以上的自然人、法人或者其他组织可以组成一个联合体，以一个供应商的身份共同参加政府采购。 （　　）

11.预算收入征收部门，必须按照法律、行政法规的规定，及时、足额征收应征的预算收入。不得违反法律、行政法规规定，擅自减征、免征或者缓征应征的预算收入，不得截留、占用或者挪用预算收入。 （　　）

12.政府采购中，采购人具有审查政府采购供应商的资格的权利。 （　　）

13.在付款人依法足额付款后，只解除付款人的责任，其他汇票债务人的责任不一定同时解除。 （　　）

14.背书人的禁止背书应记载在汇票的正面。 （　　）

15.保证不得附有条件，附有条件的，不影响对汇票的保证责任。 （　　）

16.商业银行向个人和单位发行的，凭以向特约单位购物、消费和向银行存取现金，且具有消费信用的特制载体卡片指的是借记卡。 （　　）

17.对于会计职业活动而言，客观主要是包括真实性和可靠性。 （　　）

18.会计人员陈某认为，会计工作只是记记账、算算账、与单位经营决策关系不大，没有必要要求会计人员"参加管理"。陈某的观点是正确的。 （　　）

19."客观公正"是会计职业道德所追求的理想目标。 （　　）

20.会计学历教育是会计职业道德教育的重要途径。 （　　）

四、案例分析题

1.某商场为增值税一般纳税人，5月份发生以下购销业务：

（1）购入服装两批，货款均已支付。第一批货物货款为23.4万元（含税），尚未取得增值税专用发票；第二批货物取得增值税专用发票上注明支付的价款36万元，增值税税额6.12万元。先后购进这两批货物时已分别支付运费0.26万元和4万元。第一批货物支付运费取得销售方开具的普通发票，第二批货物支付运费取得承运单位开具的增值税专用发票。

（2）批发销售服装一批，取得不含税销售额18万元，采用委托银行收款方式结算，货已发出并办妥收款手续，货款尚未收回。

（3）零售各种服装，取得含税销售收入37.44万元，同时将零售价为1.755万元（含税）的服装作为礼品赠送给了顾客。

说明：有关票据在本月均通过主管税务机关认证并申报抵扣。月初增值税抵扣为0。

要求：根据以上材料，回答下列问题。

（1）该商场支付运费可抵扣的增值税进项税额为（　　）。

A.0.44万元　　　　B.0.2982万元　　　　C.0.0182万元　　　　D.0

（2）该商场5月份可抵扣的增值税进项税额为（　　）。

A.6.12万元　　　　B.9.8182万元　　　　C.6.56万元　　　　D.9.52万元

（3）该商场销售服装的增值税销项税额为（　　）。

A.3.06万元   B.5.44万元   C.8.5万元   D.9.4248万元

（4）该商场将服装赠送给顾客的增值税额为（   ）。

A.0.228万元   B.0.202万元   C.0.298万元   D.0.255万元

（5）该商场5月份应缴纳的增值税税额为（   ）。

A.2.075万元   B.2.195万元   C.2.1万元   D.0

2.2016年1月5日，某国有企业厂长要求本单位出纳员李某，将收到的下脚料销售款8 000元另行存放不入账。李某没有按照厂长的要求执行，而是按规定作为零星收入入账，致使厂长很不高兴。他要求会计部门负责人王某召开会议予以整顿。会上，王某说，《会计法》规定了单位负责人对本单位会计信息的真实性负责，作为会计人员应该服从领导安排，领导让干啥就干啥。4月份，厂长召开办公会，以李某不适合会计工作为由，将李某调出会计部门，安排到企业机修车间当操作工。

要求：根据上述情况，回答下列问题。

（1）李某的行为坚持了会计职业道德的要求有（   ）。

A.客观公正   B.坚持准则

C.廉洁自律   D.诚实守信

（2）对王某的行为下列说法正确的有（   ）。

A.市场经济是利益经济，在发生道德冲突时应该坚持单位利益至上

B.会计人员在处理业务过程中，要严格按照会计法律制度办事，不为主观或他人意志左右，王某的说法不符合会计职业道德规范的要求

C.王某不是直接责任人，不应当承担相应责任

D.王某作为会计人员，应当承担相应责任

（3）对该厂长的行为下列说法正确的有（   ）。

A.厂长有人事权，可以自由决定李某的职务

B.厂长的行为构成了对李某的打击报复

C.对受打击报复的会计人员，应当恢复其名誉和原有职务级别

D.尚不构成犯罪的，应进行民事赔偿

（4）会计职业道德修养的公正要求的含义有（   ）。

A.国家的会计准则、制度要公正

B.会计资料要真实、可靠

C.执行会计准则、制度的人员要做到公正

D.注册会计师在进行会计鉴证时应做到公正

（5）会计职业道德坚持准则的基本要求有（   ）。

A.熟悉准则   B.遵循准则

C.遵纪守法   D.保持独立性

模拟试题二

一、单项选择题

1.根据会计法律制度的规定，保管期满的会计档案，应当由（　　）提出销毁意见，会同（　　）共同鉴定，严格审查，编造销毁清册，报（　　）批准后，由（　　）派员监销。

A.单位档案管理机构、会计机构、单位负责人、单位档案管理机构

B.会计机构、单位档案管理机构、会计机构负责人、会计机构

C.会计机构、单位档案管理机构、单位负责人、单位档案管理机构和会计机构共同

D.单位档案管理机构、会计机构、单位负责人、单位档案管理机构和会计机构共同

2.根据规定，企业的年度财务会计报告应当于年度终了后（　　）内对外提供。

A.3个月　　　　　　　　B.4个月　　　　　　　　C.5个月　　　　　　　　D.6个月

3.《中华人民共和国会计法》规定，单位负责人、主管会计工作的负责人、会计机构负责人（会计主管人员）在财务会计报告上签章的下列做法中，符合规定的是（　　）。

A.签名　　　　　　　　　　　　B.签章

C.签名或盖章　　　　　　　　　D.签名并盖章

4.单位在审核原始凭证时，发现外来原始凭证的金额有错误，应由（　　）。

A.接受凭证单位更正并加盖公章

B.原出具凭证单位更正并加盖公章

C.原出具凭证单位重开

D.经办人员更正并报领导审批

5.关于支票，下列表述错误的是（　　）。

A.个人不能使用支票

B.支票的基本当事人是出票人、付款人、收款人

C.支票是见票即付的票据

D.支票是由出票人签发的

6.票据丧失后，不能采取的补救措施是（　　）。

A.挂失止付　　　　　　　　　　B.公示催告

C.申请仲裁　　　　　　　　　　D.普通诉讼

7.根据《支付结算办法》的规定，下列票据和结算凭证上的记载事项，（　　）是原记载人可以更改的。

A.金额　　　　　　　　　　　　B.出票或签发时间

C.付款时间　　　　　　　　　　D.收款人名称

8.存款人因附属的非独立核算单位或派出机构发生的收入汇缴或业务支出需要，可以开立（　　　）。

　　A.专用存款账户　　　　　　　　　　B.临时存款账户

　　C.一般存款账户　　　　　　　　　　D.基本存款账户

9.下列各项中，属于个人所得税居民纳税人的是（　　　）。

　　A.在中国境内无住所，居住也不满一年的个人

　　B.在中国境内无住所且不居住的个人

　　C.在中国境内无住所，而在境内居住超过6个月不满1年的个人

　　D.在中国境内有住所的个人

10.下列各项中，适用超额累进税率的是（　　　）。

　　A.劳务报酬所得　　　　　　　　　　B.稿酬所得

　　C.利息、股息红利所得　　　　　　　D.个体工商户生产经营所得

11.某大学教授利用业余时间出版了一本小说，取得稿酬所得10 000元。贾某应缴纳的个人所得税为（　　　）元。

　　A.4 80　　　　　　　B.1 120　　　　　　　C.1 600　　　　　　　D.2 000

12.目前纳税人采取的网上申报方式属于纳税申报方式中的（　　　）。

　　A.直接申报方式　　　　　　　　　　B.邮寄申报方式

　　C.数据电文申报方式　　　　　　　　D.简并征期

13.以下不属于国家预算基本作用的是（　　　）。

　　A.财力保证作用　　　　　　　　　　B.促进经济发展作用

　　C.调节制约作用　　　　　　　　　　D.反映监督作用

14.下列不属于全国人民代表大会预算管理职权的是（　　　）。

　　A.批准中央预算和中央预算执行情况的报告

　　B.审查中央和地方预算草案及中央和地方预算执行情况的报告

　　C.撤销本级政府关于预算、决算的不适当的决定和命令

　　D.改变或者撤销全国人民代表大会常务委员会关于预算、决算的不适当的决议

15.从《政府采购法》的规定来看，供应商的权利包括（　　　）。

　　A.要求采购代理机构遵守委托协议约定的权利

　　B.特殊情况下提出特殊要求的权利，例如，对于纳入集中采购目录属于本部门、
　　　本系统有特殊要求的项目，可以实行部门集中采购

　　C.平等地获得政府采购信息的权利

　　D.遵守各项法律法规

16.政府采购中优先购买国货，这体现其政府采购的功能是（　　　）。

　　A.保护民族产业　　　　　　　　　　B.节约财政支出

　　C.活跃市场经济　　　　　　　　　　D.强化宏观调控

17.某电子公司会计李某的丈夫在一家私有电子企业任总经理，李某将在工作中

接触的公司新产品的研发计划及相关的会计资料复印件提供给其丈夫，给公司带来了一定的损失。李某的行为违反了（　　）的会计职业道德的要求。

A.爱岗敬业、参与管理、坚持准则

B.诚实守信、廉洁自律

C.客观公正、提高技能

D.强化服务、坚持准则

18.会计人员张某认为会计工作整天就是与数字打交道，没有什么前途，工作中马马虎虎、积极性不高。张某的做法违背了（　　）的会计职业道德要求。

A.爱岗敬业　　　　　　　　　　　B.诚实守信

C.廉洁自律　　　　　　　　　　　D.坚持准则

19.会计人员在处理涉及各方利益的会计事务时，应做到尊重事实，不为他人所左右，不因个人好恶而取舍，一碗水端平，这是（　　）会计职业道德的要求。

A.提高技能　　　　　　　　　　　B.客观公正

C.坚持原则　　　　　　　　　　　D.诚实守信

20."理万金分文不沾"、"常在河边走，就是不湿鞋"体现的会计职业道德是（　　）。

A.参与管理　　　　　　　　　　　B.廉洁自律

C.提高技能　　　　　　　　　　　D.强化服务

二、多项选择题

1.下列属于违反《会计法》，应承担法律责任的行为有（　　）。

A.不依法设置会计账簿的

B.为提高会计信息质量而变更会计处理方法的

C.私设会计账簿的

D.任用会计人员不符合《会计法》规定的

2.根据《会计法》的规定，伪造、变造、隐匿或故意销毁会计资料的行政责任包括（　　）。

A.通报　　　　　　　　　　　　　B.责令限期改正

C.罚款和行政处分　　　　　　　　D.吊销会计从业资格证

3.下列各项中，应当在单位对外提供的财务会计报告上签名并盖章的有（　　）。

A.单位负责人　　　　　　　　　　B.总会计师

C.会计机构负责人　　　　　　　　D.单位内部审计人员

4.某企业拟销毁一批保管期满的会计档案，其中包括两张未结清的债权债务原始凭证。主管会计工作的副厂长在会计档案销毁清册上签署销毁意见后，由该企业的档案管理部门负责对该批会计档案进行销毁，销毁后遂向单位负责人报告。下列销毁过程中做法错误的是（　　）。

A.销毁了会计档案中未结清的债权债务原始凭证

B.销毁会计档案由副厂长在销毁清册上签署意见

C.会计档案的销毁有档案管理部门负责

D.会计档案销毁后向单位负责人报告

5.根据《票据法》规定，支票按支付票据的方式不同，分为（ ）。

A.现金支票 B.转账支票

C.通用支票 D.普通支票

6.下列关于票据签章的表述中，正确的有（ ）。

A.票据和结算凭证上的签章，为签名、盖章或者签名加盖章

B.单位、银行在票据上的签章和单位在结算凭证上的签章，为该单位、银行的盖章加其法定代表人或其授权的代理人的签名或盖章

C.个人在票据和结算凭证上的签章，为个人本名的签名或盖章

D.票据签章是票据行为生效的重要要件，也是票据行为表现形式中必须记载的事项

7.根据支付结算法律制度的规定，下列情形中，可以申请开立异地银行结算账户的是（ ）。

A.营业执照注册地与经营地不在同一行政区域需要开立基本存款账户的

B.办理异地借款需要开立一般存款账户的

C.存款人因附属的非独立核算单位发生的收入汇缴或业务支出需要开立专用存款账户的

D.异地临时经营活动需要开立临时存款账户的

8.存款人有下列情形的，可以申请开立临时存款账户的有（ ）。

A.设立临时机构 B.注册验资

C.基本建设资金 D.异地临时经营活动

9.下列属于免税收入的有（ ）。

A.在中国境内设立机构、场所的非居民企业从居民企业取得与该机构、场所有实际联系的股息、红利等权益性投资收益

B.符合条件的非营利组织的收入

C.国债利息收入

D.符合条件的居民企业之间的股息、红利等权益性收益，是指居民企业直接投资于其他居民企业取得的投资收益

10.下列各项中，纳税人在计算企业所得税应纳税所得额时不得扣除的项目有（ ）。

A.企业发生的公益性捐赠支出 B.企业所得税税款

C.税收滞纳金 D.未经核准的准备金支出

11.下列人员中，属于自行申报缴纳个人所得税的纳税义务人有（ ）。

A.从中国境外取得所得的

B.取得应纳税所得，没有扣缴义务人的

C.自2006年1月1日起，年所得12万元以上的

D.从中国境内两处或者两处以上取得工资、薪金所得的

12.根据《个人所得税法》的规定，下列所得中，适用比例税率的是（　　　）。

A.财产租赁所得　　　　　　　　　　B.特许权使用费所得

C.工资、薪金所得　　　　　　　　　　D.承包经营所得

13.供应商参加政府采购活动应当具备下列条件（　　　）。

A.具有独立承担民事责任的能力

B.参加政府采购活动前三年内，在经营活动中没有重大违法记录

C.具有履行合同所必需的设备和专业技术能力

D.法律、行政法规规定的其他条件

14.下列各项中，（　　　）属于各级政府编制年度预算草案的依据。

A.国民经济和社会发展计划、财政中长期计划以及有关的财政经济政策

B.本级政府的预算管理职权和财政管理体制确定的预算收支范围

C.上一年度预算执行情况和本年度预算收支变化因素

D.上级政府对编制本年度预算草案的指示和要求

15.根据《预算法》的规定，与财政部直接发生预算缴款、拨款关系的企业和事业单位等各单位的预算职权主要包括（　　　）。

A.编制本单位预算、决算草案　　　　　B.按照国家规定上缴预算收入

C.安排预算支出　　　　　　　　　　D.接受国家有关部门的监督

16.下列关于公开招标方式的说法中，正确的有（　　　）。

A.货物或服务采购项目达到公开招标数额标准的，可以采用公开招标方式或者其他方式

B.采购人采购货物或者服务应当采用公开招标方式的，其具体数额标准，属于中央预算的政府采购项目，由国务院规定

C.采购人采购货物或者服务应当采用公开招标方式的，其具体数额标准，属于地方预算的政府采购项目，由省、自治区、直辖市人民政府规定

D.因特殊情况需要采用公开招标以外方式的，应当在采购活动开始前获得设区的市、自治州以上人民政府财政部门的批准

17.（　　　）是职业道德中"坚持准则"的基本要求。

A.熟悉准则　　　　　　　　　　　　B.遵循准则

C.敢于同违法行为做斗争　　　　　　D.完善准则

18.某公交公司因经营管理不善而长年亏损，新上任财务部经理张某抓住公司经营管理中的薄弱环节，以强化成本核算和管理为突破口，将成本逐层分解至每一辆车辆及其司乘人员，并创建了成本监控中心，不仅使每日、每车的运营收支情况一目了然，而且对异常成本变动能立即采取应对措施。有效的成本管理为公司领导作出扩大

购车规模、增加营运能力的决策提供了科学依据。经过努力，公司营业收入在3年内翻两番，彻底扭转了亏损局面。从会计职业道德角度分析，下列表述中，正确的有（   ）。

A.张某的行为体现了参与管理会计职业道德的要求

B.张某的行为体现了客观公正会计职业道德的要求

C.张某的行为体现了诚实守信会计职业道德的要求

D.张某的行为体现了强化服务会计职业道德的要求

19.下列各项中，不符合会计职业道德"强化服务"要求的有（   ）。

A.总会计师在单位负责人外出开会的情况下，代替单位负责人在财务会计报告上签章

B.会计机构负责人在单位负责人苦于无法实现盈利目标时，主动提出虚构销售同，虚增利润的建议

C.出纳人员在稽核会计生病期间主动提出兼任稽核检查的工作

D.会计人员在采购部门人手不足的情况下，代理采购人员办理采购业务

20.下列各项中属于会计职业道德客观公正基本要求的是（   ）。

A.依法办事   B.诚实守信

C.实事求是   D.如实反映

三、判断题

1.伪造会计资料，是指用涂改、挖补等手段来改变会计凭证的真实内容，歪曲事实真相的行为。 （   ）

2.原始凭证开具单位对填制有误的原始凭证，负有更正和重新开具的法律义务，不得拒绝。 （   ）

3.国家机关、社会团体、企业、事业单位、其他组织和公民个人，都应当设置会计账簿，进行会计核算。 （   ）

4.单位负责人与会计人员之间对会计行为和会计资料质量的责任划分，应是单位内部的委托授权关系，由单位负责人通过制定内部规章制度予以明确并督促落实。

（   ）

5.未在银行开立存款账户的个人为收款人的，委托收款凭证必须记载委托银行名称。 （   ）

6.在普通支票左上角划两条平行线的，为划线支票。划线支票只能用于支取现金，不能用于转账。 （   ）

7.票据的出票，是出票人依据《票据法》的规定在原始票据上记载法定事项并签章，作成票据。 （   ）

8.异地银行结算账户只能是单位开立。 （   ）

9.企业所得税按年计征，分月或者分季预缴，年终汇算清缴，多退少补。

（   ）

10.个人所得税的征税对象仅包括个人。　　　　　　　　　　　　　（　　）

11.对偶然所得一次收入畸高的，可以实行加成征收。　　　　　　　（　　）

12.个人从公开发行和转让市场取得的上市公司股票，持股期限超过1年的，股息红利所得暂免征收个人所得税。　　　　　　　　　　　　　　　　（　　）

13.采用招标所需时间不能满足用户紧急需要的，可采用邀请招标。　（　　）

14.国家预算由预算收入和预算支出组成。　　　　　　　　　　　　（　　）

15.国库集中收付制度是以国库单一账户体系为基础的。　　　　　　（　　）

16.政府采购当事人包括采购人、供应商和采购代理机构。　　　　　（　　）

17.会计职业道德与会计法律制度实质是一回事，两者在性质、表现形式上都一样。会计人员遵纪守法就是遵守了职业道德。　　　　　　　　　　　（　　）

18.会计法律制度是会计职业道德的最低要求。　　　　　　　　　　（　　）

19.会计职业道德是对会计法律制度的重要补充。　　　　　　　　　（　　）

20.会计职业道德应当靠会计人员自觉遵守，对违反会计职业道德行为，不能进行惩罚。　　　　　　　　　　　　　　　　　　　　　　　　　　（　　）

四、案例分析题

1.某县税务局在2015年6月进行了以下的税务活动：

（1）6月1日实施检查中，发现某商店（个体）2015年5月20日领取营业执照后，未申请办理税务登记。据此，该税务所于2015年6月3日作出责令该商店必须在2015年6月20日前办理税务登记。逾期不办理的，将按《税收征收管理法》有关规定处以罚款的决定。

（2）6月12日接到群众举报，辖区内为民服装厂（系个体）开业近两个月尚未办理税务登记。经查，该服装厂2015年4月24日办理工商营业执照，4月26日正式投产，没有办理税务登记。根据检查情况，税务局于6月16日作出责令为民服装厂于6月23日前办理税务登记并处以500元罚款的决定。

（3）某企业财务人员2011年7月采取虚假的纳税申报手段少缴增值税5万元。2016年6月，税务人员在检查中发现了这一问题，要求追征这笔税款。该企业财务人员认为时间已过3年，超过了税务机关的追征期，不应再缴纳这笔税款。

（4）某服装厂逾期未缴纳税款，该局征管科送达了《催缴税款通知书》进行催缴，服装厂依然未按期缴纳税款，于是经该征管科科长批准，扣押了服装厂价值相当于应纳税款的服装。

要求：根据材料，选择下列符合题意的选项。

（1）根据事项（1），从事生产、经营的纳税人，应当自领取营业执照之日起（　　）日内，向生产、经营地或者纳税义务发生地的主管税务机关申报办理税务登记。

A.15　　　　　　　　B.30　　　　　　　　C.60　　　　　　　　D.90

（2）根据事项（2），针对税务局的处理决定，下列表述正确的有（　　）。

A.处理决定有效

B.处理决定无效

C.未按照规定期限申报办理税务登记，由税务机关责令限期改正，可以处 2 000 元以下的罚款

D.未按照规定期限申报办理税务登记，由税务机关责令限期改正，可以处 1 000 元以下的罚款

（3）根据事项（3），下列表述正确的有（　　）。

A.税务机关可以追征这笔税款

B.税务机关不可以追征这笔税款

C.对偷税、抗税、骗税的，税务机关可以无限期追征其未缴或者少缴的税款、滞纳金或者所骗取的税款

D.对偷税、抗税、骗税的，税务机关应在 3 年内追征其未缴或者少缴的税款、滞纳金或者所骗取的税款

（4）如果是因税务机关的责任，致使纳税人、扣缴义务人未缴或者少缴税款的，税务机关在（　　）年内可以要求纳税人、扣缴义务人补缴税款，但是不得加收滞纳金。

A.1　　　　　　　　　B.3　　　　　　　　　C.5　　　　　　　　　D.无限期

（5）根据事项（4），税务机关采取强制执行措施时必须经（　　）批准。

A.县以上税务局（分局）局长　　　　　B.市以上税务局局长

C.省以上税务局局长　　　　　　　　　D.县级人民政府

2.乙单位是实行国库集中支付的事业单位，经批准，乙单位的工资支出和设备购置实行财政直接支付，日常办公及零星支出实行财政授权支付。2016 年 2 月份，审计机构对该单位财政资金使用进行检查，发现：

（1）2014 年 4 月，该单位通过零余额账户向上级单位基本户划转资金 15 万元，用于为上级单位员工购个人商业保险。

（2）8 月，该单位通过零余额账户向下级单位基本户划拨资金 50 万元，用于为下级单位支付设备采购款。

（3）11 月，乙单位购买办公用品，通过零余额账户向本单位在商业银行开设的基本户转账 17 万元，再通过基本户支付采购款项。

（4）12 月，该单位使用财政性资金购买了一台大型专用设备。该单位通过零余额账户向本单位其他户转账 80 万元，再通过单位基本户向供应商支付设备款。

要求：根据上述资料，回答下列问题。

（1）下列各项中，属于国库单一支付方式的有（　　）。

A.财政集中汇缴　　　　　　　　　　　B.财政直接缴库

C.财政授权支付　　　　　　　　　　　D.财政直接支付

（2）该单位的下列事项表述情形中，错误的有（　　）。

A.通过零余额账户向本单位基本划拨资金，再通过基本户支付本单位大型设备的价款

B.通过零余额账户向上级单划转资金，为上级单位员工购个人商业保险

C.通过零余额账户向本单位基本户划转资金，再通过基本户支付本单位日常零星支出

D.通过零余额账户向下级单划转资金，为下级单位购买设备

（3）下列各项关于预算单位使用零余额账户的表述中，正确的有（　　）。

A.通过零余额账户提取现金，用于支付本单位的日常办公零星支出

B.通过零余额账户转账支付按规定应采用财政直接支付方式发放的职工工资

C.通过零余额账户转账支付本单位的日常办公零星支出

D.通过零余额账户向本单位按账户规定保留的相应账户划拨工会经费

（4）下列银行账户体系中，不属于财政直接支付的账户为（　　）。

A.该单位在商业银行开设的基本户

B.财政部门在商业银行为该单位开设的零余额账户

C.财政部门在商业银行开设的预算外资金财政专户

D.财政部门按资金使用性质在商业银行开设的零余额账户

（5）下列各项关于该单位实行财政直接支付方式的表述中，正确的为（　　）。

A.该单位进行财政直接支付时应先按批复的部门预算和资金使用计划向财政国库支付机构

B.财政直接支付中代理银行应根据财政部门支付指令通过国库单一账户体系将资金直接支付到该单位账户

C.财政直接支付应由财政部门向中国人民银行和代理银行签发支付指令

D.财政直接支付中财政部门应根据支付指令通过国库单一账户体系将资金直接支付到该单位账户

附录二
同步练习参考答案

第一章　会计法律制度

一、单项选择题
1.B　2.B　3.B　4.C　5.C　6.B　7.B　8.D　9.A　10.C　11.B　12.A　13.A　14.D

二、多项选择题
1.ABCD　2.ABCD　3.BCD　4.ABCD　5.BCD　6.ACD　7.ABC　8.ABCD
9.ABCD　10.ABC　11.ABD　12.AC　13.BC　14.CD

三、判断题
1.×　2.√　3.×　4.×　5.√　6.×　7.√　8.×　9.√　10.×　11.×　12.×　13.√
14.√

四、案例分析题
1.（1）ACD　　（2）ABD　　（3）ABC　　（4）CD　　　（5）ACD
2.（1）ABCD　（2）ABCD　（3）ABC　　（4）BD　　　（5）CD

第二章　结算法律制度

一、单项选择题
1.D　2.A　3.C　4.B　5.B　6.A　7.D　8.A　9.B　10.A　11.A　12.C　13.D
14.C　15.D

二、多项选择题
1.ABCD　2.ABCD　3.ABCD　4.ABCD　5.ABCD　6.AB　7.ABC　8.ABCD
9.ABCD　10.BCD　11.ABCD　12. ABD　13.ABCD　14.BD　15.ABCD

三、判断题
1.×　2.×　3.√　4.×　5.×　6.×　7.√　8.√　9.×　10.√　11.√　12.√　13.√
14.×　15.×

四、案例分析题

1.（1）ABCD （2）ABCD （3）A （4）B （5）B

分析提示：

A和B拒绝付款理由均不成立。票据是一种要式证券，只要票据记载事项填列齐全、格式正确、持票人取得票据程序合法，出票人就具有按票据记载无条件支付的义务。代理人超越代理权限不能成为付款人对抗持票人的合法理由。其中，背书日期属于非绝对记载事项，是否记载不影响背书转让的有效性。无论A公司还是B公司，均有无条件付款的义务。若A公司按票据金额支付8万元给C公司，则付款金额超过购货金额的部分由代理人承担责任；若B公司将8万元支付给C公司，可向A公司追索6万元，A公司应无条件支付。如果B公司全额向A公司追索，则A公司可行使抗辩权，因为B公司是票据基础关系中的直接相对人，且B公司只发了6万元货，为完全给付对价。

2.（1）BD （2）D （3）AD （4）AD （5）ACD

第三章 税收法律制度

一、单项选择题

1.B 2.B 3.A 4.B 5.B 6.B 7.C 8.C 9.D 10.C

二、多项选择题

1.ABC 2.ACD 3.ABD 4.AB 5.AC 6.BCD 7.ABD 8.ABC 9.AB 10.ABC

三、判断题

1.× 2.√ 3.× 4.× 5.× 6.√ 7.× 8.× 9.× 10.√

四、案例分析题

（1）A （2）C （3）C （4）D （5）A

分析提示：

（1）月工资薪金应纳税所得额=12 800-3 500=9 300（元）

年工资薪金应纳税额=（9 300×25%-1 005）×12=15 840（元）

（2）特许权使用费收入应纳税所得额=12 000×（1-20%）=9 600（元）

特许权使用费收入应纳税额=9 600×20%=1 920（元）

（3）劳务报酬应纳税所得额=20 000×（1-20%）=16 000（元）

劳务报酬应纳税额=16 000×20%=3 200（元）

（4）稿酬应纳税所得额=3 500-800=2 700（元）

稿酬应纳税额=2 700×20%×（1-30%）=378（元）

（5）张某全年应纳个人所得税税额=15 840+1 920+3 200+378=21 338（元）

第四章 财政法律制度

一、单项选择题

1.C 2.B 3.A 4.C 5.A 6.B 7.D 8.B 9.B 10.C

二、多项选择题

1.ABCD 2.ABCD 3.AC 4.AB 5.ABCD 6.ABCD 7.BD 8.ABCD 9.ABCD
10.ABCD

三、判断题

1.× 2.√ 3.√ 4.× 5.√ 6.√ 7.× 8.√ 9.× 10.√

四、案例分析题

1.（1）A （2）B （3）D （4）B （5）ABCD

2.（1）ABCD （2）D （3）AB （4）ABCD （5）ACD

第五章 会计职业道德

一、单项选择题

1.D 2.A 3.C 4.B 5.D 6.C 7.D 8.C 9.A 10.A

二、多项选择题

1.BD 2.ABC 3.ABCD 4.ABCD 5.ABCD 6.BCD 7.ABC 8.ABCD 9.AB
10.ABCD

三、判断题

1.√ 2.√ 3.× 4.√ 5.√ 6.× 7.× 8.√ 9.√ 10.√

四、案例分析题

（1）BC （2）ACD （3）BCD （4）BCD （5）ABCD

附录三
模拟试题答案速查表

模拟试题一答案速查表

一、单项选择题

题号	答案	题号	答案	题号	答案	题号	答案	题号	答案
1	C	5	C	9	D	13	C	17	B
2	C	6	A	10	A	14	A	18	C
3	A	7	A	11	C	15	C	19	B
4	D	8	C	12	D	16	D	20	D

二、多项选择题

题号	答案	题号	答案	题号	答案	题号	答案	题号	答案
1	ACD	5	BC	9	ABC	13	BCD	17	AB
2	ABCD	6	ACD	10	ABCD	14	ABCD	18	ABCD
3	AD	7	ACD	11	CD	15	AB	19	AB
4	ABCD	8	ABCD	12	ABCD	16	ACD	20	ABD

三、判断题

题号	答案	题号	答案	题号	答案	题号	答案	题号	答案
1	×	5	√	9	√	13	×	17	√
2	×	6	×	10	√	14	×	18	×
3	√	7	×	11	√	15	√	19	√
4	×	8	×	12	√	16	×	20	√

四、案例分析题

题号	答案	题号	答案
（1）	A	（1）	AB
（2）	C	（2）	BD
（3）	C	（3）	BC
（4）	D	（4）	ACD
（5）	B	（5）	AB

模拟试题二答案速查表

一、单项选择题

题号	答案	题号	答案	题号	答案	题号	答案	题号	答案
1	D	5	A	9	D	13	B	17	B
2	B	6	C	10	D	14	C	18	A
3	D	7	C	11	B	15	C	19	B
4	C	8	A	12	C	16	A	20	B

二、多项选择题

题号	答案	题号	答案	题号	答案	题号	答案	题号	答案
1	ACD	5	ABD	9	ABCD	13	ABCD	17	ABC
2	ACD	6	ABCD	10	BCD	14	ABCD	18	AD
3	ABC	7	ABCD	11	ABCD	15	ABCD	19	ABCD
4	ABC	8	ABD	12	AB	16	BCD	20	ACD

三、判断题

题号	答案	题号	答案	题号	答案	题号	答案	题号	答案
1	×	5	×	9	√	13	×	17	×
2	√	6	×	10	×	14	√	18	√
3	×	7	√	11	×	15	√	19	√
4	×	8	×	12	√	16	√	20	×

四、案例分析题

题号	答案	题号	答案
（1）	B	（1）	CD
（2）	AC	（2）	ABD
（3）	AC	（3）	ACD
（4）	B	（4）	B
（5）	A	（5）	ABC

附录四
模拟试题参考答案及解析

模拟试题一参考答案及解析

一、单项选择题

1.C

【解析】本题考核会计工作岗位设置。根据设置会计工作岗位基本原则，会计工作岗位的设置，应符合内部牵制制度的要求。

2.C

【解析】本题考核会计从业资格证书管理的调转登记。会计人员调转工作单位且继续从事会计工作的，自离开之日或办理调出手续之日起90日内办理调转登记。

3.A

【解析】本题考核代理记账业务范围。代理记账业务范围包括：根据委托人提供的原始凭证和其他资料进行会计核算，对外提供财务会计报告，向税务机关提供税务资料，委托人委托的其他会计业务。不包括代办工商登记。

4.D

【解析】本题考核内部会计监督制度的基本要求。记账与经济业务事项和会计事项的审批、经办人员、财务保管为不相容职务，其职责权限应当明确，并相互分离、相互制约。

5.C

【解析】本题考核会计法律制度中关于会计记录使用文字的规定。根据规定，在中国境内的外商投资企业，会计记录文字应当使用中文，同时可以选择一种外文。

6.A

【解析】本题考察的是税率。比例税率是指对同一征税对象，不论金额大小均按同一比例征税的税率。

7.A

【解析】消费型增值税允许一次性全部扣除外购固定资产所含税金。选项 B 属于收入型增值税的特征；选项 C 属于生产型增值税的特征。

8.C

【解析】（1）销售汽油应纳消费税税额=25×1 388×1.52=52 744（元）

（2）销售柴油应纳消费税税额=（18+5）×1 176×1.2=32 457.6（元）

（3）汽油进行提炼生产高品质汽油属于连续生产，不需缴纳消费税。

（4）该厂当月应纳消费税税额=52 744+32 457.6=85 201.6（元）

9.D

【解析】本题考核消费税的纳税人。消费税纳税人包括：（1）生产应税消费品的单位和个人；（2）进口应税消费品的单位和个人；（3）委托加工应税消费品的单位和个人。电视机不属于应税消费品，所以选项D不属于消费税的纳税人。

10.A

【解析】本题考核各级政府财政部门的预算管理职权。

11.C

【解析】本题考核我国预算年度。我国国家预算年度自公历1月1日起至12月31日止。

12.D

【解析】本题考核政府采购的原则。政府采购应当遵循公开透明原则、公平竞争原则、公正原则和诚实信用原则。

13.C

【解析】本题考核预算审批的相关内容。预算草案经审批生效，就成为正式的国家预算，并具有法律约束力，非经法定程序，不得改变。

14. A

【解析】本题考核支付结算法律制度的制定机关。根据规定，中国人民银行总行负责制定统一的支付结算法律制度。

15.C

【解析】《支付结算办法》第5条规定，银行、城市信用合作社、农村信用合作社以及单位和个人（含个体工商户），办理支付结算必须遵守国家的法律、行政法规和本办法的各项规定，不得损害社会公共利益。

16.D

【解析】本题考核提示付款期限。银行汇票的提示付款期限是自出票之日起1个月；商业汇票的付款期限，最长是6个月；银行本票的提示付款期限自出票日起最长不得超过2个月；支票的提示付款期限是自出票日起10日。

17. B

【解析】本题考核支付结算的主要支付工具。托收承付是根据购销合同由收款人发货后委托银行向异地付款人收取款项，由付款人向银行承认付款的结算方式。

18.C

【解析】会计职业道德教育的内容主要包括：会计职业道德观念教育、会计职业道德规范教育、会计职业道德警示教育、其他会计职业道德相关教育。会计职业道规范的主要内容包括爱岗敬业、诚实守信、廉洁自律、客观公正、坚持准则、提高技能、参与管理和强化服务等。这是会计职业道德教育的核心内容，涵盖的内容非常广泛，应贯穿于会计职业道德教育的始终。

19.B

【解析】职业道德具有职业性（行业性）、实践性、继承性和多样性等特征。选项B属于会计职业道德的特征。

20.D

【解析】自我修养的途径主要有：慎独慎欲、慎省慎微、自警自励。

二、多项选择题

1.ACD

【解析】本题考核会计从业资格管理。会计从业资格证书管理包括上岗注册登记、离岗备案（不是换岗备案）、调转登记、变更登记。

2.ABCD

【解析】本题考核注册会计师审计和内部审计的区别。

3.AD

【解析】本题考核财政部门实施会计监督检查的内容。选项B、C不属于财政部门实施会计监督检查的内容。

4.ABCD

【解析】本题考核会计专业技术资格。

5.BC

【解析】按照税法的功能作用不同，可将税法分为税收实体法和税收程序法。

6.ACD

【解析】本题考察的是一般纳税人的认定标准。B项应该属于小规模纳税人。

7.ACD

【解析】本题考察的是消费税的销售量的确定，其中B项正确的说法应为自产自用应税消费品的，为应税消费品的移送数量。

8.ABCD

【解析】本题考核税收与税法的关系，四个选项说法均正确。

9.ABC

【解析】本题考核各单位的预算职权。D属于各部门的职权。

10.ABCD

【解析】本题考核国库单一账户体系的构成。

11.CD

【解析】选项A体现的是"保护民族产业"功能；选项B体现的是"推进反腐倡廉"功能。

12.ABCD

【解析】本题考核政府采购当事人。

13.BCD

【解析】本题考查商业汇票的提示付款期限。

14. ABCD

【解析】本题考查商业汇票出票的效力。

15. AB

【解析】见票即付的汇票无须提示承兑。这种汇票主要包括：一是汇票上记载有"见票即付"的汇票；二是汇票上没有记载付款日期，根据法律规定直接是为见票即付的汇票。

16.ACD

【解析】准贷记卡的透支期限最长为60天。贷记卡的首月最低还款额不得低于其当月透支余额的10%。

17.AB

【解析】职业道德的作用包括：（1）促进职业活动的有序进行；（2）对社会道德风尚产生积极的影响。

18.ABCD

【解析】会计职业道德修养的境界和方法包括：慎独、慎欲、慎微、慎省。

19.AB

【解析】会计职业道德教育的形式包括：接受教育、自我教育。

20.ABD

【解析】强化服务要求会计人员具有文明的服务态度、强烈的服务意识和优良的服务质量。

三、判断题

1.×

【解析】本题考核违反会计法的法律责任。根据规定，对单位未按照规定保管会计资料，致使会计资料毁损、灭失的行为，对违法情节严重的会计人员，由县级以上人民政府财政部门吊销其会计从业资格证书。

2.×

【解析】本题考核经济业务。"经济业务"又称经济交易，是指单位与其他单位或个人之间发生的各种经济利益交换。

3.√

【解析】本题考核财政部门会计监督的相关规定。根据规定，国务院财政部门及其派出机构发现重大违法嫌疑时，可以向与被监督单位有经济业务往来的单位和被监督单位开立账户的金融机构查询有关情况，有关单位和金融机构应当给予支持。

4×

【解析】本题考核会计账簿的登记。会计账簿登记，必须以经过审核的会计凭证为依据，并符合有关法律、行政法规和国家统一的会计制度的规定。

5.√

【解析】本题考查的是税收和税法的关系。本题的内容正好说明了税收和税法两者之间的区别，所以是正确的。

6.×

【解析】起征点是800元，那么超过起征点是对全额征税的。

7.×

【解析】本题考核增值税的税率和征收率。小规模纳税人和采用简易办法征税的一般纳税人，适用征收率。

8.×

【解析】委托个人加工的应税消费品，由委托方向其机构所在地或者居住地主管税务机关申报纳税。

9.√

【解析】本题考核国库单一账户体系。

10.√

【解析】本题考核政府采购当事人的联合。

11.√

【解析】本题考核预算的执行。

12.√

【解析】本题考核政府采购采购人的权利。

13.×

【解析】付款人依法足额付款后，全体汇票债务人的责任解除。

14.×

【解析】本题考核商业汇票的背书。背书人的禁止背书应记载在汇票的背面。

15.√

【解析】本题考核票据保证的相关规定。

16.×

【解析】本题考核信用卡的相关规定。信用卡是指商业银行向个人和单位发行的，凭以向特约单位购物、消费和向银行存取现金，且具有消费信用的特制载体卡片。

17.√

【解析】对于会计职业活动而言，客观公正主要包括两层含义：一是真实性，即以实际发生的经济活动为依据，对会计事项进行确认、计量、记录和报告；二是可靠性，即会计核算要准确，记录要可靠，凭证要合法。

18.×

【解析】会计人员应当参与管理。

19.√

【解析】"客观公正"是会计职业道德所追求的理想目标。

20.√

【解析】本题考核会计职业道德教育的途径。会计学历教育是会计职业道德教育的重要途径。

四、案例分析题

1.（1）A

【解析】销售方开具的普通发票不能抵扣，承运单位开具的运输发票可以按11%的比例抵扣0.44万元（4×11%）。

（2）C

【解析】6.12+0.44=6.56（万元）

第一笔货物发票尚未收到，不能抵扣。

（3）C

【解析】37.44÷1.17×0.17+18×0.17=8.5（万元）

注意，本题是销售服装的增值税。

（4）D

【解析】1.755÷1.17×0.17=0.255（万元）

（5）B

【解析】8.5+0.255-6.56=2.195（万元）

2.（1）AB

【解析】李某没有按照厂长的要求执行，而是按规定作为零星收入入账，说明李某客观公正，坚持准则。

（2）BD

【解析】A选项，在发生道德冲突时应坚持道德原则；C选项，王某是会计部门负责人，应该承担相应的责任。

（3）BC

【解析】BC选项正确。

（4）ACD

【解析】会计职业道德修养的公正要求的含义包括ACD。

（5）AB

【解析】会计职业道德坚持准则的基本要求有：熟悉准则、遵循准则、敢于同违法行为做斗争。

模拟试题二参考答案及解析

一、单项选择题

1.D

【解析】本题考核会计档案的销毁。

2. B

【解析】本题考核财务会计报告的对外提供。根据规定，企业的年度财务会计报告应当于年度终了后4个月内对外提供。

3. D

【解析】本题考核法律对于财务会计报告上签章人员的规定。单位负责人、主管会计工作的负责人、会计机构负责人（会计主管人员）在财务会计报告上签章是签名并盖章。

4. C

【解析】本题考核原始凭证的审核。原始凭证金额出现错误的不得更正，只能由原始凭证开具单位重新开具。

5. A

【解析】本题考核支票的规定。单位和个人在同一票据交换区域的各种款项结算，均可以使用支票；选项A错误。

6. C

【解析】票据丧失后可以采取挂失止付、公示催告、普通诉讼三种形式进行补救。

7. C

【解析】票据和结算凭证的金额、出票或签发日期、收款人名称不得更改，更改的票据无效；更改的结算凭证，银行不予受理。对票据和结算凭证上的其他记载事项，原记载人可以更改，更改时应当由原记载人在更改处签章证明。

8. A

【解析】本题考核异地银行结算账户。存款人因附属的非独立核算单位或派出机构发生的收入汇缴或业务支出，可以根据需要开立专用存款账户。

9. D

【解析】根据规定，居民纳税人的判定标准有两个：一是在中国境内有住所；二是无住所，但在中国境内居住满一个纳税年度。两个标准只要符合其中之一，即为居民纳税人。

10. D

【解析】个体工商户适用5%～35%超额累进税率。

11. B

【解析】应缴纳的个人所得税为1 120元（10 000×（1−20%）×20%×（1−30%））。

12. C

【解析】网上申报方式属于数据电文申报方式。

13. B

【解析】国家预算的作用包括财力保证作用、调节制约作用、反映监督作用。

14. C

【解析】本题考核全国人民代表大会职权。选项 C 是属于县级以上地方各级人民代表大会的职权。

15. C

【解析】选项 C 是供应商的权利，选项 A、B 是采购人的权利。选项 D 是采购人、供应商的义务。

16. A

【解析】本题考核政府采购的功能。

17. B

【解析】李某给其丈夫提供相关资料是因为感情和利益诱惑等因素，违背了诚实守信、廉洁自律的会计职业道德的要求，泄露了公司的商业秘密。

18. A

【解析】小李在职业活动中具有高度的劳动热情和创造性，以强烈的事业心、责任感，从事会计工作，具有爱岗敬业的职业道德；参与管理就是参加管理活动，为管理者当参谋，为管理活动服务。小李主动为企业提供合理化建议体现了他具有参与管理的职业道德。

19. B

【解析】客观是指按事物的本来面目去反映，不掺杂个人的主观意愿，也不为他人意见所左右。公正就是平等、公平、正直，没有偏失。客观公正是会计职业道德所追求的理想目标。

20. B

【解析】考核廉洁自律的基本要求，如果公私分明，就能够廉洁奉公、一尘不染，做到"常在河边走，就是不湿鞋"。不贪不占是指会计人员不贪图金钱和物质享受，不利用职务之便贪污受贿，做到"理万金分文不沾"。

二、多项选择题

1. ACD

【解析】本题考核违反会计制度规定的法律责任。根据《会计法》规定，应承担法律责任的违法会计行为包括：①不依法设置会计账簿的行为，是指违反《会计法》和国家统一的会计制度的规定，应当设置会计账簿的单位不设置会计账簿或者未按规定的种类、形式及要求设置会计账簿的行为。②私设会计账簿的行为，是指不在依法设置的会计账簿上对经济业务事项进行统一会计核算，而另外私自设置会计账簿进行会计核算的行为，即常说的"账外账"。③未按照规定填制、取得原始凭证或者填制、取得的原始凭证不符合规定的行为。④以未经审核的会计凭证为依据登记会计账簿或者登记会计账簿不符合规定的行为。⑤随意变更会计处理方法的行为。⑥向不同的会计资料使用者提供的财务会计报告编制依据不一致的行为。⑦未按照规定使用会计记录文字或者记账本位币的行为。⑧未按照规定保管会计资料，致使会计资料损毁、灭失的行为。⑨未按照规定建立并实施单位内部会计监督制度，或者拒绝依法实施的监督，或者不如实提供有关会计资料及有关情况的行为。⑩任用会计人员不符合《会计法》规定的行为。

2.ACD

【解析】本题考核伪造、变造、隐匿或故意销毁会计资料的行政责任。根据《会计法》的规定，伪造、变造、隐匿或故意销毁会计资料的行政责任包括通报、罚款、行政处分、吊销会计从业资格证。

3.ABC

【解析】本题考核财务会计报告的对外提供。对外报送的财务报告，需经单位负责人、主管会计工作的负责人、会计机构负责人（会计主管人员）签名并盖章。设置总会计师的，还应由总会计师签名并盖章。

4.ABC

【解析】本题考核会计档案的销毁。根据《会计档案管理办法》的规定，未结清的债权债务原始凭证不得销毁，应抽出单独装订。

5. ABD

【解析】本题考核支票的种类。

6. ABCD

【解析】本题考核票据的签章。

7. ABCD

【解析】本题考核异地银行结算账户的适用范围。存款人有下列情形的，可以申请开立异地银行结算账户：①营业执照注册地与经营地不在同一行政区域需要开立基本存款账户的；②办理异地借款需要开立一般存款账户的；③存款人因附属的非独立核算单位发生的收入汇缴或业务支出需要开立专用存款账户的；④异地临时经营活动需要开立临时存款账户的；⑤自然人根据需要在异地开立个人银行结算账户的。

8. ABD

【解析】本题考核临时存款账户的开立范围。选项C，基本建设资金应开立专用存款账户。

9. ABCD

【解析】四个选项均符合要求。

10. BCD

【解析】企业发生的公益性捐赠支出，在年度利润总额12%以内的部分，准予在计算应纳税所得额时扣除。

11. ABCD

【解析】四个选项均符合要求。

12. AB

【解析】财产租赁所得、特许权使用费所得适用20%的比例税率；工资、薪金所得适用七级超额累进税率；承包经营所得适用五级超额累进税率。

13. ABCD

【解析】本题考核政府采购供应商应当具备的条件。

14. ABCD

【解析】本题考核各级政府编制年度预算草案的依据。

15. ABCD

【解析】根据《预算法》的规定，与财政部门直接发生预算缴款、拨款关系的企业和事业单位等各单位的预算职权主要包括：编制本单位预算、决算草案；按照国家规定上缴预算收入，安排预算支出，并接受国家有关部门的监督。

16. BCD

【解析】货物或服务采购项目达到公开招标数额标准的，"必须"采用公开招标方式。

17. ABC

【解析】会计职业道德中"坚持准则"要求会计人员熟悉准则、遵循准则、敢于同违法行为做斗争。

18. AD

【解析】张某的行为体现了参与管理、强化服务会计职业道德的要求。

19. ABCD

【解析】4个选项的内容都是不符合会计法规定的行为。

20. ACD

【解析】客观公正是指：①依法办事；②实事求是；③如实反映。

三、判断题

1. ×

【解析】本题考核伪造会计凭证的含义。伪造会计资料，是指以虚假的经济业务事项为前提编造不真实的会计凭证、会计账簿及其他会计资料。

2. √

【解析】本题考核原始凭证开具单位的义务。根据《会计法》规定，原始凭证记载的各项内容均不得涂改；原始凭证有错误的，应当由出具单位重开或者更正，更正处应加盖出具单位的公章。原始凭证金额有错误的，应当由出具单位重开，不得在原始凭证上更正。

3. ×

【解析】国家机关、社会团体、企业、事业单位、其他组织，都应当设置会计账簿，进行会计核算。

4. ×

【解析】本题考核本单位内部会计管理。单位负责人负责单位内部的会计工作管理，并对单位的会计工作和会计资料的真实性和完整负责；不能通过制定规章制度而免责。

5.×

【解析】未在银行开立存款账户的个人为收款人的，委托收款凭证必须记载被委托银行名称。

6.×

【解析】本题考核划线支票的用途。根据规定，在普通支票左上角划两条平行线的，为划线支票，划线支票只能用于转账，不能用于支取现金。

7.√

【解析】本题考核票据的出票。

8.×

【解析】本题考核异地银行结算账户。自然人根据需要在异地开立的个人银行结算账户，也属于异地银行结算账户。

9.√

【解析】根据规定，企业所得税按年计征，分月或者分季预缴，年终汇算清缴，多退少补。

10.×

【解析】个人所得税的征税对象不仅包括个人，还包括具有自然人性质的企业。

11.×

【解析】对劳务报酬所得一次收入畸高的，可以实行加成征收。

12.√

【解析】根据《财政部 国家税务总局 证监会 关于实施上市公司股息红利差别化个人所得税政策有关问题的通知》（财税〔2015〕101号），个人从公开发行和转让市场取得的上市公司股票，持股期限超过1年的，股息红利所得暂免征收个人所得税。

13.×

【解析】本题考核政府采购方式。采用招标所需时间不能满足用户紧急需要的，可采用竞争性谈判。

14.√

【解析】本题考核我国国家预算的内容。

15.√

【解析】本题考核国库集中收付制度。

16.√

【解析】本题考核政府采购当事人。

17.×

【解析】会计职业道德与会计法律制度两者的性质不同、作用范围不同、实现形式不同、实施保障机制不同。两者在作用上相互补充相互协调；在内容上相互借鉴、相互吸收。

18.√

【解析】本题考核会计职业道德的作用。会计法律制度是会计职业道德的最低要求，会计法律制度只是对极端不良的会计失范行为予以约束。

19.√

【解析】本题考核会计职业道德与会计法律制度的关系。

20.×

【解析】会计职业道德应当靠会计人员自觉遵守，但是，它也具有一定的强制力，对违反会计职业道德的行为，应当进行一定的奖惩。会计人员违反职业道德，情节严重的，由财政部门吊销其从业资格证书。

四、案例分析题

1.（1）B

【解析】从事生产、经营的纳税人，应当自领取营业执照之日起30日内，向生产、经营地或者纳税义务发生地的主管税务机关申报办理税务登记。

（2）AC

【解析】根据规定，未按照规定期限申报办理税务登记、变更或者注销税务登记的，由税务机关责令限期改正，可以处2 000元以下的罚款；情节严重的，处2 000元以上1万元以下的罚款。

（3）AC

【解析】根据规定，对偷税、抗税、骗税的，税务机关可以无限期追征其未缴或者少缴的税款、滞纳金或者所骗取的税款。本题中，该企业少缴税款并非是计算失误，而是违反税法，采取虚假纳税申报，其行为在性质上已构成偷税。因此，税务机关可以无限期追征。

（4）B

【解析】因税务机关的责任，致使纳税人、扣缴义务人未缴或者少缴税款的，税务机关在三年内可以要求纳税人、扣缴义务人补缴税款，但是不得加收滞纳金。

（5）A

【解析】根据规定，税务机关采取强制执行措施时必须经县以上税务局（分局）局长批准。本题中，该征管科没有经县国税局局长批准，而是经征管科科长批准就决定对服装厂采取强制执行措施，不符合法定程序。

2.（1）CD

【解析】本题考核国库支付方式。包括财政直接支付和财政授权支付。

（2）ABD

【解析】本题考核零余额账户的使用。预算单位零余额账户可以办理转账、提取现金等结算业务，可以向本单位按账户管理规定保留的相应账户划拨工会经费、住房公积金及提租补贴，以及经财政部门批准的特殊款项，不得违反规定向本单位其他账户和上级主管单位、所属下级单位账户划拨资金。

（3）ACD

【解析】本题考核预算单位零余额账户的使用。预算单位零余额账户可以办理转账、提取现金等结算业务，可以向本单位按账户管理规定保留的相应账户划拨工会经费、住房公积金及提租补贴，以及经财政部门批准的特殊款项，不得违反规定向本单位其他账户和上级主管单位、所属下级单位账户划拨资金。

（4）B

【解析】财政部门在商业银行为预算单位开设的零余额账户用于财政授权支付和清算。

（5）ABC

【解析】本题考核财政直接支付。财政直接支付是指由财政部门向中国人民银行和代理银行签发支付指令，代理银行根据指令通过国库单一账户体系将资金直接支付到收款人或用款单位账户。